USA

Im Verlag Monsenstein & Vannnerdat
2011 < Onkel Sam tickt anders >
2013 < USA – Jeden Tag viel Schlechtes
und wenig Rechtes >

2013 bei Books on Demand (BoD)
<Onkel Sam tickt anders>

2014 bei Books on Demand (BoD)
<USA - Illusion und Realität>

2015 bei Books on Demand (BoD)
< Tapetenblumen>

2017 vorliegende überarbeitete Neuauflage
<USA – Illussion und Realität> (BoD)

Neuerscheinung Anfang 2018
bei Books on Demand (BoD)
<Typisch Amerikanerin>

Das Buch <Illusion und Realität>,
sowie das Buch <Typisch Amerikanerin>
ist zu einem erheblich reduzierten Preis auch als E Book
lesbar.

*al*Bert Grell

USA

Illusion und Realität

Bibliografische Information der Deutschen Nationalbibliothek
Die Deutsche Nationalbibliothek verzeichnet diese Publikation in der
Deutschen Nationalbibliografie; detaillierte bibliografische Daten
sind im Internet über http://dnb.d-nb.de abrufbar.

2. Auflage
© 2017 *al*Bert Grell
Satz, Umschlaggestaltung, Herstellung und Verlag:
BoD – Books on Demand
ISBN 978-3-7448-7922-4

Inhalt

Wir sind das freieste Volk 7

Ich grüße mein New York 29

Der König von New York 79

Tick tack in Amerika 96

Die Hoffnung der schwarzen Bevölkerung 145

Im Hafen der Toleranz 151

Zuviel Recht hat manchen Herrn gemacht
zum Knecht 177

Money, money 185

Opfer der Immobilienkrise 189

Immobilienfinanz 192

Auf die Karriereleiter mit der Todesstrafe 215

No money for the school 229

Mahlzeit! 239

In einem gesunden Körper steckt auch ein
gesunder Geist 251

Das auserwählte Volk in „God's Own Country" 266

Hanky Panky neulich in Amerika 302

Out of this world in the greatest nation on earth 320

Sportlicher Eiertanz 329

Petri Heil und anderes Glück 334

Nachwort zu dieser Neuauflage 338

ANHANG 340

Albert Grell geb. 1945 von Beruf Diplom Sozialarbeiter (FH) emigrierte 1971 in die USA und kam wieder zurück nach Deutschland, arbeitete als Sozialarbeiter, Dolmetscher und freier Journalist.
Er kennt durch zahlreiche Aufenthalte, die Vereinigten Staaten bestens. Als außenstehender Beobachter schreibt er aus der nötigen Distanz über die oft außergewöhnlichen Verhaltensweisen und die für Europäer faszinierende Mentalität der Amerikaner. Berufsbedingt sieht er vieles im Verhalten der Amerikaner kritischer und in Ergänzung zu sonnigen Reiseberichten beschreibt der kompetente Autor, ungeschminkt, die wenig bekannten Seiten der Amerikaner. 2011 veröffentlichte er sein erstes Buch, seitdem hat er weitere erfolgreiche Bücher geschrieben.

Wir sind das freieste Volk

Auf der USA-Reise mit den berühmten Greyhoundbussen durch den Kontinent offenbart sich ein Großteil der amerikanischen Seele und man bekommt eine Ahnung von den Gegensätzen, die das einfache Leben dieses Kontinents bestimmen. Hier trifft man die, die nicht mit einem goldenen Löffel im Mund auf die Welt kamen und auch heute noch nicht auf Rosen gebettet sind. Lebenskrisenstolperer und Gegenwartsverweigerer. Vom Leben angepisste, Liebessüchtige, Untergangspropheten, die zwischen Zuversicht und Zweifel meistens zum Zweiten neigen, aber auch hintersinnig philosophische Träumer mit der Sehnsucht nach einem dicken Klecks Azurblau im Leben und vor allem, dank phänomenalen Luftpolstern um und unterhalb der Gürtellinie, hüftig daher schwankende Frauen und Männer. Nicht nur einmal drückte mich ein geschätztes Körpergewicht von vier Zentnern in Richtung Seitenfenster. Reichte der Fußraum nicht, streckte man mit raumgreifendem Ego unkompliziert und ohne Umschweife das linke oder rechte Bein in meinen Fußraum. Warum auch nicht, beim schmalbrüstigen Spargeltarzan daneben hat es ja noch Platz. Auf der ganzen Busfahrt hatte ich mehr intensiven Körperkontakt als in meiner gesamten Teenagerzeit, leider weniger freiwillig. Wer einmal, notgedrungenerweise, längere Zeit mit der Nase an der von einem Deodorant bisher nie berührten Achselhöhle eines fettleibigen Mannes verbrachte, weiß wovon die Rede ist. Auf einer langen Strecke ist dies so entspannend wie eine Wurzelbehandlung beim Zahnarzt. Dicke Sitznachbarn sind GAP; das G rößte A nzunehmende P ech. Zu allem Überfluß dampften die Herrschaften wie heiße Suppe, nur nicht so appetitlich. Man geht davon aus, daß in den USA ab 2030 mehr als 40 % Fettleibige leben dürften. Nach anderen Prognosen sogar 75 % der Bevölkerung.

Leider war es nicht möglich mit Verzögerung einzusteigen, um vielleicht einen Sitzplatz neben einer bestimmten Person oder der duftumwaberten Bordtoilette zu vermeiden. Auf dem Logenplatz vor der Bordtoilette zu sitzen und Nasenzeuge zu sein, wie sich die Mitreisenden dem Wunder Bordtoilette widmen, ist eine entbehrliche Lebenserfahrung.

Wer nicht im Bus ist, wenn alle Plätze vergeben sind, muß trotz Fahrkarte draußen bleiben. Platzreservierungen gibt es ohnehin nicht. Wer sind diese Amerikaner? Was sind sie für Menschen?

Ich hatte gehört, die Fahrt mit dem Greyhound würde mich um Erfahrungen mit der amerikanischen Seele reicher machen und ich hatte einige tausend Kilometer Busreise vor mir, die sich, wie sich später herausstellen sollte, anfühlten als wäre ich auf löchrigen Straßen und holprigen Highways Jahre unterwegs. Die Fahrten durch eine Stadt dauerten ewig, man hatte den Eindruck der Bus fährt im Kreis herum, es scheint sich endlos lang zu ziehen. Manche Fahrten durch die verfallenden Innenstädte, die Straßen älterer oder gar abgestorbener Viertel erweckten den Eindruck man befinde sich auf einer Reise durch die Dritte Welt, so trostlos war der Anblick. Das Ausmaß an Verwahrlosung, die abgeblätterte Farbe der Häuser, die morschen und zerbröckelnden Holzveranden, teilweise hatten sie den größten Teil ihres Geländers verloren, hölzerne Stufen die zur Veranda hinaufführten fehlten ganz oder teilweise, die blinden Fenster und deren Anblick muß einen vorurteilslosen Betrachter traurig stimmen, andere mag es deprimieren. Hinter einigen wohnten Schwarze. Die Leute, die dort in den verkommenen, windschiefen Hütten lebten waren sicherlich arbeitslos und lumpenarm, lebten mit unzulänglichen staatlichen Beihilfen oder Almosen der Kirche ein armseliges menschenunwürdiges Leben. Das einzige was sie im Überfluß hatten, waren ganz offenkundig ihre Kinder. Wie ich erfahren habe, liegt in den amerikanischen Armutsgebieten das Schulwesen besonders im Argen. Die High-Schools sind für diese Kinder meistens unerreichbar und die Elementarschulen in den Armutsbezirken so schlecht und unzulänglich, daß die Kinder kaum richtig schreiben und lesen können, wen sie mit der achten Klasse oder schon vorher, die Elementarschule verlassen. Annähernd ein Viertel der amerikanischen Bewerber bei der Armee kann nicht Soldat werden, weil ihr Bildungsstand nicht dazu ausreicht. Um trotzdem die Grenzwertigen in der Armee verwenden zu können, ist man dazu übergegangen die Gebrauchsanweisung für militärische Gerätschaften, z.B. die Bedienungsanleitung für Panzer, in Form von Comics abzufassen.

Wer in den Bereichen der Armut und Unbildung geboren wird, der hat nur sehr geringe Aussicht diese Bereiche je zu verlassen. Diese Realität ist genau das Gegenteil des „American dream", durch Fleiß und der Hände Arbeit aufzusteigen. Wer in den USA als Farbiger geboren wird, hat es besonders schwer, dem ist meist die Anwartschaft auf

Armut mit der Hautfarbe in die Wiege gelegt. 44 % der nichtweißen Amerikaner zählen zu den Armen. Der Lohn der Farbigen (Schwarze, Latinos, etc.) liegt im allgemeinen unter dem der Weißen. Die Farbigen werden zuletzt eingestellt und zuerst entlassen. Durch neue Bürgerrechtsgesetze hat man versucht die Benachteiligung der Farbigen zu beseitigen. Die Frage, ob sie auch bildungsfähig und so leistungsfähig wie die Weißen sind ist damit aber noch nicht entschieden. Dies wird erst dann entschieden sein, wenn die meist versteckte Diskriminierung der amerikanischen Farbigen ein wirkliches Ende gefunden hat.

Wenn man einen Amerikaner des Mittelstandes auf die Armut anspricht, wird er sie entweder leugnen oder schon beinahe stereotyp antworten: „Bei uns gibt es keine Armen, Arme, wieso Arme?“. Wer wirklich arbeiten will, der findet auch Arbeit. Über die Bedingungen spricht man nicht. Wer keine Arbeit und kein richtiges Einkommen hat, der ist nach ihrer Meinung eben arbeitsscheu und erwartet, daß die anderen für seinen Unterhalt sorgen.

Besonders tragisch ist die Altersarmut in Amerika. Jung zu sein und zu bleiben ist das amerikanische Ideal. Wer nicht mehr jung ist, wer der ständig mit allen Mitteln betriebenen Verlockung erlag, mehr auszugeben als er verdiente, wer alt wird, ohne vorgesorgt zu haben, und dann noch arbeitslos oder arbeitsunfähig ist, der hat es sich selbst zuzuschreiben wenn er den Rest seiner Tage in kümmerlichen Verhältnissen verbringen muß. Fast die Hälfte aller Menschen in den Vereinigten Staaten, die über fünfundsechzig sind, sind verarmt. Dies sind Millionen von Menschen. Arme in erschreckender Zahl hat es immer gegeben. Der Großteil der Bevölkerung hat es stets gewußt, und man sah darüber hinweg. Erst neuerdings beginnt die

Öffentlichkeit mit Appellen an die Empathie in „God's own country" die Armut, wenn auch zögerlich, zur Kenntnis zu nehmen. Die übrige Welt muß sich an die Vorstellung erst noch gewöhnen, daß für ein Fünftel bis ein Viertel der Amerikaner das Schlagwort vom „reichen Amerika" nichts anderes ist als Hohn.

Die Hölle, das sind die anderen, heißt es bei Sartre, was damit zu ergänzen wäre, daß die anderen nicht Fremde, sondern allzu oft die Nächsten sind, die bittere Armut erleiden müßen.

Anderen Ortes wechselten sich verwahrloste Viertel und löchrige Straßen mit hübschen Wohnblocks ab. Im krassen Gegensatz dazu die exklusiven Vororte, in die sich die wirklich reichen Leute zurückgezogen haben, mit ihren endlosen Reihen von beeindruckenden Bürgerpalästen und Villen, selbst die einfachsten Häuser erweckten noch den Eindruck von Gediegenheit und bürgerlichem Wohlstand. Amerika ist ein Land der Gegensätze.

Beim ersten Halt an einem Burger King hatte ich noch keinen Appetit auf Fast Food und sah den anderen zu, wie sie mit ihren vollgefüllten braunen Tüten hereinstürmten und wie die Aasgeier in Windeseile die Burger mit Pommes und Muffins oder ihren Double Cheese- and Bacon-Burger in sich hineinstopften. Bald miefte es, neben anderen Düften, wie in einer Pommesbude. Wer auf diese Art von Geruch steht, hätte wie beim Bonbonlutschen an übermäßigem Speichelfluß gelitten. Gab es berechtigte Hoffnung auf etwas Eßbares, das meiner europäischen Vorstellung entsprach?

Am nächsten Halt meinte ich zunächst ich hätte Glück; mein dicker Nebensitzer, der Schwabbeladonis stieg aus, nicht ohne zuvor in schnoddrigem Ton über den Bus zu schimpfen, nachdem er die ganze Fahrt wortkarg neben mir saß. Er meinte die Sitze wären wohl aus Sparsamkeitsgründen zu eng und die durchgesessenen Sitze zu unbequem für normale Menschen. Dickleibigkeit ist ein heikles Thema in den USA. Die Amerikaner vermeiden es dieses Thema anzusprechen, sie wollen niemanden „embarress" d.h. in Verlegenheit bringen. Überhaupt werden sehr persönliche Dinge nicht gerne angesprochen, dazu gehören auch Fragen zu Religion und Politik, dies wäre in ihren Augen nicht korrekt. Trotzdem müssen dickleibige Passagiere, die nicht in ihren Flugsitz passen, bei der Fluggesellschaft United Airlines, ein zweites Flugticket kaufen. Es ist schon vorgekommen, daß ein Fettwanst das Flugzeug wieder verlassen mußte, weil er sich wegen seiner Leibesfülle nicht anschnallen konnte. Die Fluggesellschaften bleiben jedoch bei ihren schmalen Sitzen. Sie müssen in wirtschaftlich harten Zeiten knapp kalkulieren und jede Verbreiterung bedeutet Reduktion der maximalen Besetzung also Verteuerung der Tickets. Einige Airlines lobbyieren für Gewichtszuschläge. Es ist nur ein schmaler Grad in der Debatte zwischen Diskriminierung im Lebensstil oder Behinderung. Die Fluglinien tun sich schwer damit, denn die meisten Fluggesellschaften sind angesichts der ausufernden Personalkosten eigentlich pleite und befinden sich unter Gläubigerschutz. Den Übergewichtigen bleibt alternativ das Auto, denn es gibt nur wenige Züge, die zudem teuer sind, oder der unbeliebte Bus.

Sollte es auf der Busfahrt so weitergehen, bliebe mir mein MP3-Player mit diversen Songs von Bob Dylan, dem einstigen Robert Zimmermann, der vor Jahren sang: „The answer, my friend, is blowin' in the wind...". Ein cooler Hund, kratzig, knarzig und wunderbar verquer. Oder Johnny Cash, die Wahnsinnsstimme mit sägendem Ziegenbocktimbre: „I'm on the road again".

„On the road" zu sein bedeutet nicht nur auf der Straße zu sein, sondern vielmehr unterwegs in Bewegung zu sein, auf seinem Weg nach oben sein, auf dem richtigen Weg in Richtung des persönlichen amerikanischen Traumes, an dessen Ende man es zu etwas gebracht hat. Mittlerweile ist Cash schon über 70 und konnte bereits sein 50. Bühnenjubiläum feiern. Ein Alles-auf-den-Kopf-Steller, der dafür sorgt daß wir ein wenig werden wie er: sperrig, rätselhaft, frei. Nebenbei ein Rebell für den Hausgebrauch.

Zu bestimmten Zeiten war der Bus fast vollkommen leer, dann wieder überfüllt und stickig. Radio oder gar TV im Bus, Fehlanzeige. Eine lange, langweilige Fahrt über zahllose Stunden mit drei Dutzend Unterbrechungen von zehn Minuten bis zu einer Stunde. Und von einer Etappe zur nächsten saßen auf dem Platz neben mir, eine dicke kurzatmige Schwarze mit einem Gesicht so rund wie ein Pfannkuchen, gekleidet in viel Lila und Puffrot. Ein seltsam duftender Inder oder Pakistani. Eine dünne weißhaarige Alte und ein sich ständig räuspernder spitznasiger langhaariger Mensch von so undefinierbarem androgynem Aussehen, daß mir nicht klar war, ob es sich um einen Mann oder eine Frau handelte. Der stellte sich schlafend, kletterte jedoch bei jedem Halt aus dem Bus um zu telefonieren. Ein zugestiegener schweigsamer junger Snob verschlang neben mir seinen neuesten Sex-Thriller. Später kam eine ältere Dame, mit einem Buch, das ich nicht bei ihr erwartet hätte, es war ein Mathematikbuch! Studenten auf den vorderen Reihen waren fleißig dabei ihre Handbücher mit dem Stift zu markieren und nicht nur einer der wortlos stummen Einzelgänger las in der Bibel, dies scheint eine beliebte Lektüre zu sein. Bei einem Schwarzen auf dem Sitz vor mir hatte das Buch den Titel: „Wie halte ich eine Predigt?". Vielleicht war er auf dem Weg zu einem Predigerseminar.

Dann hatte ich noch einmal Glück, der neu zugestiegene unrasierte Mann mit dem fettigen Haar, übersah mich, vielleicht war ich ihm auch unsympatisch, er verschwand nach einem kräftigen Furzgeräusch, schnell im hinteren Teil des Busses. Unter den anfänglichen Geruch nach frischem Kaffee und Aftershave mischte sich nun sein unangehmer Gestank. Nach einer Weile übertönte er mit schnarrender Altweiberstimme und wichtigtuerischem Gerede jeden und alles; wieder einmal gutgegangen dachte ich. Ich bevorzuge das Gespräch mit intelligenten Leuten, die wirklich etwas zu sagen haben und nicht nur irgendwie durch den Tag dümpeln; das ist eine faszinierende Sache.

Weite Ebenen, seltsame kleine Orte, die Holzhäuser mit ihren landesüblichen Veranden, möbliert mit Hollywoodschaukel oder Schaukelstuhl. Orte die grau und verlassen aussehen, dazwischen verstreute, einsame Farmen mit Pferdekoppeln und Silos. Die landschaftlichen Reize in diesem Mittelwesten waren keine aufregende Sache. Meile auf Meile, nur Mais- und Kornfelder in einer Landschaft, die flach und glatt war wie ein Küchenbrett. Die Müdigkeit übermannte mich und ich versuchte zu schlafen. Die aufgerissene Armlehne war, wie der Sitz, kaum gepolstert, folterte meine Armnerven bis schließlich mein Sweatshirt statt als Nackenstütze zu meiner Lenition als Armpolster Verwendung fand.

Irgendwann in dieser Nacht stieg Frank ein, sein wunderschön verzierter breiter Ledergürtel mit einer mächtig großen silbernen Gürtelschnalle in die vier Türkise eingesetzt waren, fiel jedem ins Auge, die Gravur „Johnny Cash" war unübersehbar. Ein schwergewichtiger Hüne von einem Mann, der in seiner knorrigen Individualität im besten Südstaatenslang und seiner volksnahen Sprache, reichlich gewürzt mit „wow", von der Freiheit in Amerika schwärmte. Mit seinen Argumenten wie die meisten in den ländlichen Gebieten ein echter Republikaner, weiße Hautfarbe, Ex-Infanterist und Patriot, angiffslustig und bärbeißig, mit einem hellwachen Geist. Wir sind das freieste Volk, in einer Freiheit wie er sie verstand. Freiheit bedeutete für ihn unbehelligt die Straße hinunterlaufen zu können ohne dabei gleich erschossen zu werden. Er und seine Ansprache erinnerte mich sehr an die Fuzzi Wildwestfilme, die ich einst in meiner frühen Jugend in Stuttgart in einem kleinen Kino namens Flohkiste sah. Ein für mich sehr seltsamer Begriff von Freiheit als ob man außerhalb Amerikas gleich erschossen wird, wenn man sich zu Fuß auf die Straße begibt. Auf die weitere Nachfrage was noch, meinte er das Recht sich einen großen Pick-Up zu kaufen, selbstverständlich mit Achtzylinder und Vierradantrieb „The bigger, the better" – Je größer, desto besser. Dies war sicher nur ein Traum, wäre er denn sonst im Greyhound unterwegs? Es gibt im Mittleren Westen ziemlich viele Amerikaner, die mit Pick-Up-Trucks über die Highways rattern und die Luft verstänkern. Diese monströsen Pritschenwagen mit vergleichsweise hohem Verbrauch liegen voll im Trend. Die meistverkauften Modelle sind alles andere als energiesparende Öko-Fahrzeuge. Die Freunde dieser Vehikel bezeichnen Anhänger eines ökologischen Lebenswandels, wie ihn die Grünen propagieren, geringschätzig und fast abfällig als „tree huggers“. Grüne sind in ihren Augen Spinner mit Neigung zur hochtrabenden Phrase, zur Anhimmelung der Natur, die gern in den Wald gehen und Bäume umarmen, als ob die Natur nur etwas liebliches sei. Sie sind gegen jegliche Ökologiebewegung und haben kein Verständnis für die Sorge um die natürlichen Lebensgrundlagen. Sie bezeichnen dies in einer neuen Wortkreation als „German Angst“. Ein Liter Superbenzin kostet an ihren Tankstellen immer noch zwischen 70 und 80 Cent, wesentlich weniger als in jedem europäischen Land, trotzdem beklagen sich alle über zu hohe Spritpreise. Weil politisch nicht gefördert gibt es, im Verhältnis zur Größe des Landes, kaum Dieselfahrzeuge, ein Tankstellennetz hierzu fehlt. Die Diesel hatten bei ihnen schon immer einen schlechten Ruf als Stinker und der Abgasskandal in 2016 hat sein Übriges dazu beigetragen. Allerdings hat diese Nation nicht nur den Pick-Up hervorgebracht, sondern auch seine profundesten Kritiker. Man muß sich auch hier wieder einmal an die Faustregel erinnern, daß jedes Klischee über Amerika stimmt, während das Gegenteil ebenso zutrifft.

Einige Zeit später, anläßlich eines längeren Aufenthaltes in der Provinz, in einem kleinen idyllischen Kaff mit Bürgersteigen, die im Nichts enden, erinnerte ich mich an das Gespräch bezüglich der großzügigen Freiheit, unbehelligt die Straße herunter laufen zu können, fühlte mich nahe am Leben, wie es gelebt wird. Dort wurde mir gesagt, ich könne hier nicht einfach zu Fuß herumlaufen, um mir die Häuser und vielleicht die Gegend anzusehen, sonst würde mich sofort die Polizei, der Sheriff anhalten. Falls ich keine plausible Antwort hätte, warum ich hier in der Gegend herumlaufe, würde er mich im schlimmsten Fall verhaften. Erschießen jedoch nicht sofort. Die Frage warum man denn nicht so einfach herumlaufen dürfe und ob es wirklich verboten wäre, ergab fassungsloses Erstaunen und die Rückfrage, ob ich noch nie etwas vom muslimischen Terror gehört hätte. Anderen Ortes, in einem geruhsamen Dorf mit Wildwestflair, griff ich diese für mich wundersame Anweisung in einem Gespräch nochmals auf und es wurde mir gesagt, es sei auch schon vor der Zeit des Terrors so gewesen; es wäre die Angst vor Einbrechern und Dieben. Wer zu Fuß unterwegs ist, ist entweder gestrandet oder verdächtig. Bürgersteige dienen nur noch der Erinnerung daran, daß es vor langer Zeit Fußgänger gegeben hat. Man geht nicht mehr zu Fuß. Zu Fuß unterwegs ist der Amerikaner allenfalls für kurze Strecken in den Zentren der Städte vom Parkplatz zum Shoppingcenter oder in sein Büro, allenfalls noch einige wenige junge beim Wandern im Nationalpark. In den Ritzen der Bürgersteige wächst Unkraut und Gras. Und auf weiten Strecken hin sind die Gehwege völlig verschwunden.

Überall gibt es Verbotsschilder, nach ihren Aufschriften ist kein Durchgang – no trespassing, weil gegen das Gesetz – unlawful – against the low, prohibited – verboten oder prosecuted – strafbar, als harmloseste Variante ein schlichtes „keep out". Offensichtlich ist jeder Weg in Privatbesitz. Wo bleibt die viel gepriesene Freiheit?

Vor einiger Zeit wurde ein 17-jähriger Junge mit schwarzer Hautfarbe von einem paranoiden selbsternannten Nachbarschaftsschützer mitten auf der Straße, wie in einem Wild-West-Film, kaltblütig erschossen. Der völlig harmlose junge Schwarze kam zu Fuß vom Einkauf im Supermarkt und war auf dem Weg nach Hause und unbewaffnet. Der Täter, ein 28-Jähriger ging auf eigene Faust Streife in der

Nachbarschaft, verfolgte den Jungen und erschoß ihn nur, weil er ihn nach seiner späteren Aussage für einen Typen hielt, der nichts Gutes vorhat.

Der Todesschütze blieb zunächst unangetastet und in Freiheit. Er hat bei der Polizei glaubhaft eine verlogene Notwehrgeschichte aufgetischt, die ihm von der Polizei abgenommen wurde. So kam es zu keiner Festnahme und Untersuchung des Falles. Er war gewissermaßen sein eigener Vollstrecker, Schöffe und Richter. In den Medien wurde jedoch davon ausgegangen, daß der Vorfall auf einem rassistischen Hintergrund zu sehen ist.

Ein extrem großzügiges Selbstverteidigungsgesetz in Florida macht es möglich, auf eine gefühlte Bedrohung von Leib und Gut mit tödlicher Waffengewalt zu antworten und ohne Anklage davonzukommen. Nach dem Gesetz müssen Floridas Bürger nicht versuchen der Gefahr aus dem Weg zu gehen. Sie dürfen sich sofort mit allen Mitteln wehren – bis hin zur Tötung des mutmaßlichen Angreifers. Diese Regelung gibt es unter dem Begriff „Stand-Your-Ground-Law" auch in anderen Bundesstaaten.

Der brutale Vorfall wurde über Fernsehen und die Zeitungen in den ganzen USA bekannt. Ein Teil der Amerikaner, die sich Gedanken über den Zustand ihrer Gesellschaft und die zunehmende Brutalisierung machen, war zutiefst empört und der Täter wurde doch noch inhaftiert. Durch einen im Internet eingerichteten Solidaritätsfond, der in Kürze 200 000 $ erreichte, wurde er gegen eine Kaution von 150 000 $ freigelassen. Alles übrige Geld floß zunächst auf das Privatkonto des Täters. Schließlich wurden ihm Abhörprotokolle zum Verhängnis und er wurde erneut inhaftiert. Der Vorgang zeigt, daß die Solidarität der Bevölkerung nicht nur auf Seiten der Opfer ist, besonders wenn diese eine schwarze Hautfarbe haben. Für Konservative ist der Täter längst zum Helden geworden und das Spendenkonto, es wird mittlerweile von einem Treuhänder verwaltet, soll sich auf mehrere hunderttausend Dollar vervielfacht haben.

Offensichtlich angefeuert von der Waffenlobby, haben sich inzwischen die Hälfte der 50 Bundesstaaten, ähnliche großzügige Gesetze zur Selbstverteidigung gegeben.

Auf der weiteren Busfahrt mit dem Greyhound: Neben dem dringend reparaturbedürftigen holprigen Highway, ab und zu riesige Maisfelder oder ein paar Rinderherden in der faszinierenden schier unendlichen Weite und hügelige, in der Ferne auch bewaldete Landschaft. Schließlich in einer Senke die zerfallenden Hütten einer ehemaligen Siedlung. Auf dem Asphalt der Zufahrtsstraße saßen Truthahngeier und rissen einen Kadaver in Stücke. Hin und wieder sah ich sogar eine Einzäunung auf einer der unermeßlich großen Farmen, um eine teure Büffelherde vor dem Weglaufen abzuhalten oder einfach nur um ihren Radius einzuschränken. Auf unserem Highway geradewegs ins Nirgendwo trieb der Wind Humble Weeds vor sich her, und wie immer geht es wie mit einem Lineal gezogen immer geradeaus. Später eine Landschaft aus weitem Grasland und offenem Buschland, die wird immer schroffer und es scheint so als kämen jeden Augenblick Winnetou und Old Shatterhand daher geritten. Weit draußen sehe ich einzelne hölzerne Einfamilienhäuser stehen, ohne Auto könnte man hier nicht wirklich leben. Mein Sitznachbar Frank schwärmte von der Freiheit auf dem Land und erzählte mir, es gäbe viele Orte der Einsamkeit und der Stille. Wenn er für seine Verpflegung Nachschub brauche müsse er eineinhalb Stunden zu einer Straßenkreuzung laufen. Dort gibt es das einzige kleine Ladengeschäft weit und breit, „Grocery" genannt, in dem es alles mögliche zu horrenden Preisen gibt, daneben eine Poststation, eine Tankstelle und angeblich 42 amerikanische Briefkästen. Diese Blechkästen am Straßenrand sind entsprechend der Landessitte unverschlossen und die Post könnte praktisch von jedem der vorbeikommt entnommen werden. Auch bei Regenwetter würde er zweimal pro Woche dorthin laufen. Die ganze Zeit verbringe er glücklich und mit einem Gefühl der Sicherheit in seinem Haus, umgeben nur von Froschquaken und Vogelgezwitscher oder mit dem Trommeln des Regens auf dem Dach. Jeden Morgen wenn er seine zwei Hähne und die vier Hennen füttere, sehe er wie die Sonne aufgeht. Das nächste Starbucks-Café wäre 90 Meilen weit weg und für einen richtigen Supermarkt müßte er eine Stunde fahren. Als er das letzte Mal in der nächst liegenden Stadt war, ging ihm der Verkehrslärm und auch der von den Laubbläsern auf die Nerven. Nach seiner Schilderung verspürte Frank nicht das geringste Bedürfnis seinen Wohnort zu verlassen. Er könnte in einer Stadt wie New York nicht leben. Auf die Frage: „Warum?" meinte er, so eine Ebene sei Freiheit pur. Gab weiter zur Antwort, man könne schon von weitem sehen wenn jemand kommt und ihn notfalls mit dem Gewehr rechtzeitig erschießen. Er besitze mehrere Pistolen und Gewehre. Darüber hinaus benötige er die Waffen, um jederzeit bereit zu sein, sein „Recht" zu verteidigen, wenn das Government (die Regierung), seiner Meinung nach, nicht das tut was er für richtig hält. Er meinte diese Art der Verteidigung wirklich und wahrhaftig und hatte es nicht nur aus Imponiergehabe gesagt. Meine Meinung, diese Freiheit wäre doch nur Illusion und man müsse vernünftigerweise annehmen, Menschen die in einer Großstadt wie NY leben, hätten eine etwas andere Lebenseinstellung als die Bewohner einer schier unendlichen Ebene, ließ er nicht gelten. Hierzu bleibt nur zu bemerken, daß eben Dämlichkeit eine Gnade ist, gleichsam ein unbezwingbarer Harnisch, der das Glück und die Zufriedenheit seines Trägers vor jedem Selbstzweifel schützt.

Ist im Greyhound die Welt der Spinner oder nur die Welt der Amerikaner, die sich kein eigenes Auto und kein teures Flugticket leisten können oder wollen, so wie ich?

Im Bus wird der Mief immer stärker, die Ausdünstungen der Menschen, der Geruch nach abgestandenem Fast Food, hinzu kam noch beißender Geruch aus der Bustoilette. Man hatte mir vorweg gesagt, man müsse auch olfaktorische Beleidigungen wegstecken können und mit dem Schlimmsten rechnen. Ich weiß bald nicht mehr auf welcher Backe ich sitzen soll. Meine Füße sind schwer wie Blei und ich bin verstopft und fühle mich aufgebläht. Ein Zustand nach dem ca. zwanzigsten Besuch eines Fast-Food-Restaurants. Selbstverständlich habe ich mich an den bestempfohlenen Burgern versucht. Ich kenne sie nun alle, ob Wendys, Kentucky Fried Chicken, Subway und Co., den Burger King mit seinem Verkaufsschlager dem Whopper oder den Big Mac von McDonald, dessen größter Fan der Expräsident Clinton sein soll. Die Burger waren gar nicht so schlecht, nur täglich oder gar dreißig mal hintereinander, wäre mit mir nicht machbar gewesen. Für die mitreisenden Amerikaner dürfte es jedoch kein Problem gewesen sein, sich jeden Tag mindestens einen saftigen Burger einzuverleiben. Von Hawaiianern wurde mir erzählt, die über 200 Kg auf die Waage bringen und wenn sie in ein Schnellrestaurant gehen, fünfzehn Cheesburger für sich selbst bestellen. Fettleibigkeit und Fast Food ist offensichtlich in der Welt der Hawaiianer überhaupt nicht verpönt und keine Sünde. Im Gegenteil, kolossales Körpergewicht steigert im 50. Bundesstaat das Ansehen der Person.

Zu meinem Glück gab es auch ein paar asiatische und mexikanische Schnellrestaurants, die für meinen europäischen Gaumen einigermaßen akzeptables Essen anboten. Die Burritos oder Faijtas von Taco Bell konnte ich jederzeit essen. Notgedrungen half auch ein Sandwich bei Subway, eine Portion Spagetti oder Pizza vom Pizza Hut den Magen zu beruhigen.

Auf der gesamten Reise mit dem Greyhound habe ich zwei Einladungen zum Übernachten angenommen, die erste kam von einer sehr freundlichen älteren Lady. Lisa, die vor 60 Jahren aus England eingewandert war, hatte offensichtlich keine Angst sich einen Dieb oder Mörder ins Haus zu holen, ganz offenkundig war sie von mir angetan. Mit einem vorbestellten privaten Kleinbus wurden wir vom Busbahnhof abgeholt, um nach einer langen Fahrt an ihrem hölzernen Haus abgesetzt zu werden. Unmittelbar nach der Ankunft bat mich Lisa den Rasen zu mähen, die Gastfreundschaft war also nicht umsonst. Eigentlich war ich hundemüde, konnte aber aus Höflichkeit nicht nein sagen, auch weil ein Essen angekündigt war. Das Essen bestand dann aus einer Fertigsuppe mit Wursteinlage. Das kleine Haus hatte drei Zimmer. In dem mir zugewiesenen Gästezimmer war aber zugleich der Schlafplatz ihres alten, großen fetten Hundes mit struppigem und verfilztem Fell. Ich ignorierte die Gedanken an Hundeflöhe und Milben. Lisa meinte, sie wisse nicht ob mich der Hund im Zimmer akzeptieren würde. Es war dann aber kein Problem für den Hund. Der Hund hatte eine wunde Pfote, und sie beklagte sich der Hund würde die Salbe sofort immer wieder ablecken. Ein Verband war aus meiner Sicht erforderlich, und ich bat Lisa um einen Fetzen Stoff, den sie aber nicht hatte. Schließlich fand sich doch noch etwas, nämlich ein altes Küchentuch aus dem ich Streifen riß und den Hund verband. Möglicherweise war der Hund ob meiner Fürsorge so angetan, daß er mich in seinem Zimmer akzeptierte und am nächsten Morgen die Pfote mit dem losen Verband erneut hinstreckte. Das Frühstück bestand aus Cornflakes mit Milch und popover, als Zugabe wurde mir ein Spiegelei mit Speck angeboten. Leider hatte die betagte Lady, vermutlich aus Sparsamkeit, die Angewohnheit das beim Braten des Specks ausgetretene Fett in einem kleinen Napf zu sammeln, um es wieder zu verwerten. Somit war mein Spiegelei mit dieser uralten und möglicherweise schon ranzigen Mischung aus Altfett zubereitet. Der Hund bekam eine Art Wiener Wurst, es war die mir bekannte Wursteinlage der Suppe. Den Gedanken an billige Hundewurst in der Suppe verdrängte ich schnellstens wieder. Das ganze Haus war völlig verdreckt und ich war froh am nächsten Tag wieder gehen zu können.

Die zweite Übernachtung, die ich angenommen hatte, kam von Peggy, diesmal einer etwas jüngeren Dame mit der ich mich während der Busfahrt angeregt unterhalten hatte. Bei der Ankunft stellte sich heraus, daß sie kein Gästezimmer hatte. Im Wohnzimmer hatte sie eine nackte Luftmatratze deponiert, die sie mir anbot. Zur nackten Matratze gab es ein dünnes Leintuch, vermutlich war es als Zudecke gedacht, dafür habe ich es dann auch benutzt. Ich habe nicht erfahren, ob Peggy der Meinung war, wenn es mich friert könnte ich unter ihre Decke kommen, versucht habe ich es jedenfalls nicht. Mir war die warme Dusche am Abend am Wichtigsten gewesen.

Der eine oder andere erkundigte sich nach meinem Woher und Wohin. Die Floskel „You're a long way from home, aren't you?" – Du bist weit weg von zu Hause, nicht war?" konnte ich schon nicht mehr hören; sie hatte stets den gleichen Tonfall, in dem sich Mitleid, Bewunderung und Mißtrauen mischten. Einer als er erfuhr, daß ich aus Deutschland komme und der selbst einen deutschen Namen hatte, drängte mir seine Adresse und Telefonnummer auf; er lud mich natürlich ein, ihn zu besuchen. Ich hatte inzwischen gelernt, die Einladungen nicht mehr so ernst zu nehmen, um mir weitere peinliche Erfahrungen oder Enttäuschungen zu ersparen.

Selbst die Einladung von jenem frommen Pastorenpaar nahm ich nicht an, bei dem ich einige Tage hätte wohnen können, um wie angekündigt mit ihnen zu beten und zu essen. Da habe ich lieber in einem der zahlreichen und billigen Motels genächtigt.

Frühstücken kann man in einem der meist nahegelegenen Coffee-Shops, in Sitzecken mit abgenutzten hochlehnigen Plastiksesseln, meist in roter Farbe. Dort steigt jedem der unvergleichliche Geruch von Pancakes und Rühreier mit Speck sofort in die Nase, ein Geruch auf den der echte Amerikaner jeden Morgen aufs Neue süchtig ist und deshalb nicht darauf verzichten will. Richtig zubereitet ist der Speck immer herrlich kross gebraten, daß er im Mund sofort zu Krümmeln zerspringt. Ergänzt wird das tägliche kalorienhaltige „Bauernfrühstück" mit einem Schlag fettiger Bratkartoffeln, in der Version von kleingewürfelten Kartoffeln „Hash Browns" genannt. Oder dem „French Toast", das sind in Ei gewendete (panierte) Weißbrotscheiben. Zum Abschluß des Frühstücks darf auch hier etwas Süßes nicht fehlen.

Nach dem ersten Reinfall in einem Motel, welches eher eine Obdachlosenunterkunft als einem Hotelzimmer glich, wird man vorsichtig und besichtigt vor der gewünschten Vorauszahlung zuerst das angebotene Zimmer. Ein untrügliches negatives Anzeichen ist immer, wenn noch alle Schlüßel am Schlüßelbrett hängen. Motels sind nicht immer ihr Geld wert. Mit lauerndem Blick werden sie den Naiven und Doofen auch gerne zum überhöhten Preis angeboten. Entweder man handelt den Preis herunter oder man geht. Eines der miesen Zimmer, in einem der gesichtslosen Motels, hatte zur Begrüßung eine Zimmertüre die klemmte. Der Spalt unter der Türe war riesig, vielleicht zur besseren Belüftung oder damit die Mäuse und Kakerlaken verschwinden konnten, wenn es nichts mehr zu fressen gab. Die Bettdecke hatte Löcher und war nicht sauber, möglicherweise wurde sie nie richtig gewaschen. Auf einer Wandkonsole war ein uralter Fernseher mit auffallend großen Schrauben diebstahlsicher befestigt. Der „Duft" beim Eintreten war trotz Türspalt geradezu umwerfend. Als ich den Zimmerschlüßel wieder zurückgab, war die Lady an der Theke nicht einmal verwundert und gab mir eine Empfehlung für ein nahegelegenes, und wie sie betonte, teureres Motel. Vielleicht lebte sie in der Hoffnung ich würde schon zurückkehren, wenn mir der Preis zu hoch ist.

In einigen Motels gibt es Bewohnerinnen, die ziehen die Vorhänge an den ebenerdigen Fenstern nicht zu und liegen lasziv und spärlich bekleidet auf dem sparsam beleuchteten Bett, der Grund ist offenkundig, wenn auch wahrscheinlich nicht gerade jeder willkommen ist.

Etliche dieser Motels sind in der Regel jedoch einigermaßen sauber und komfortabel. Je nach Preis ist die Einrichtung aber spartanisch, ein Fernseher fehlt eigentlich nie. Häufig gibt es sogar einen, wenn auch nicht gerade hygienisch anmutenden, Pool auf dem Grundstück. In einem dieser Motels verbrachten die Gäste offensichtlich ihr „Dirty Weekend". Lüftungs- und Heizungsschächte übertrugen unüberhörbare Geräusche und Gesprächsfetzen. Ein Sprachkurs der besonderen Art, wenn die Damen von den Herren Anweisungen zu diversen Praktiken erhielten. Auch frei nach den kecken Zeilen von Evelyn Kühnnecke: „Allerdings/ sprach die Sphinx/ dreh das Dings/ mehr nach links/: und da gings".

Eine der realistischen Anweisungen, zugleich jugendfrei: die Dame wurde aufgefordert während der Aktion mit dem Reden nicht aufzuhören. Der Freier sagte unentwegt: „Keep on talking, keep on talking!". Die Ärmste durfte mit dem Reden nicht aufhören, möglicherweise war ihm das Ganze dann nicht mehr peinlich oder er wollte sie davon abhalten den programmgemäß üblichen lautstarken Orgasmus vorzutäuschen. Das nächste Mal werde ich, auch wenn es mitten in der Nacht ist, den Fernseher einschalten und mich notgedrungen von den Werbesendungen, den „commercials", berieseln lassen. Die Botschaften dieser Sendungen sind immer die Gleichen, man möge dieses oder jenes Produkt kaufen und somit sparen, ob es nun ein neues Schmuckstück oder eine bestimmte Großpackung Cornflakes ist. Der Preis wird zur Nebensache, greifen sie zum Telefonhörer und bestellen sie jetzt „right now", es kostet sie nichts, alles wird abgebucht, sie müssen nur ihre Kreditkartennummer nennen.

Eine Dusche gibt es in den Motels immer. Ist es einmal eine Badewanne hat diese so niedrige Seitenteile, daß würde man sie vollaufen lassen und sich hineinlegen, nur der Rücken und die Füße naß wären. Offenkundig sind diese „Badewannen" nicht für Vollbäder gedacht. Ein Unding sind auch die an manchen Waschbecken angebrachten Wasserhähne für Kalt- und Heißwasser. Entweder kann man sich die Hände, oder was auch immer, kalt oder wahlweise heiß waschen.

Das Zimmer ist immer im Voraus zu bezahlen. Natürlich mit Kreditkarte. Das überaus freundliche Gesicht der Empfangsdame an der Theke friert geradezu ein, wenn man bar bezahlen will. Die in Europa normal erscheinende Zahlungsform ist dort suspekt. Bargeld ist scheinbar wie ein Stigma das Bankrott signalisiert. Wenn man keine Kreditkarte hat, gehört man zu jenen denen niemand mehr Kredit gewährt.Vielleicht denken sie auch das Bargeld komme aus Drogenhandel, Prostitution oder Diebstahl. Kurz gesagt; man ist nicht respektabel. Der Besitz einer Kreditkarte ist der Nachweis, daß man dem Volk der (verschuldeten) Durchschnittsamerikaner angehört. Für den Besitzer selbst mag es die Illusion nähren, gewissermaßen selbst nach belieben Geld erzeugen zu können. Das ist ein weiterer Grund für die Beliebtheit von Kreditkarten.

Eine Kreditkarte muß man sich übrigens aus Europa mitbringen, denn Ausländer, die weder Wohnsitz noch Bankkonto oder Einkommen in den USA haben, erhalten dort keine Kreditkarte.

Ganz zum Schluß begegnete ich noch Hazel, die meinte sie habe einen besonderen Zugang zu den Engeln im Himmel. Nach der Encyclopedia of Witchkraft glauben 78 % der Amerikaner an die Existenz von Engeln und 70 % an die Existenz des Teufels. Um zu überprüfen, ob bei mir alles in Ordnung sei, legte sie eine ihrer Hände auf meinen Kopf und erhob für kurze Zeit die andere Hand mit der freien

Handfläche gegen den Himmel, nuschelte gebetsartige Sätze und sah mir mit rätselhafter Zuversicht und Kraft in die Augen. Die Prüfung bei ihren Engeln ergab, daß bei mir alles in Ordnung sei. Am Ende schloß sie ihre Überprüfung mit dem häufig in den USA verwendeten Satz: „God bless you". Und dann gab es noch eine Frau, die plötzlich lauthals „Major Tom" von David Bowie sang, das Poplied einer Weltraum-Odyssee. Pioniergeist und ein kindliches Gemüt schließen einander offenbar nicht aus. Schließlich und endlich unter strikter Einhaltung der vorgeschriebenen Höchstgeschwindigkeit von 55 mph, ging es mehrspurig der Metropole zu, vorbei an den Standplätzen der Autohändler mit ihren bunten und glitzernden Girlanden aus Aluminiumfolie, allen voran den Chevy-Händlern. Flüchtig nahm man die Botschaften der Weltunternehmen wahr, allein die Größe der Plakate und ihr Gedränge am Straßenrand ließ ahnen, daß es Getränkehersteller, Tabakunternehmen, Autohersteller und andere Begleiter des amerikanischen Lebens ernst meinten. Endlich erreichte der Bus die City von New York, stolz und groß angekündigt vom amerikanischen Busfahrer mit den glücksversprechenden Worten: „Here we are in NY-City; ladies and gentlemen your dreams come true." – Wir sind in NY angekommen; meine Damen und Herren, ihre Träume werden war.

Ich grüße mein New York

New York, faszinierender Moloch der Straßenschluchten, wie ich es kennengelernt habe, ist laut, grell und oberflächlich. Alles Eigenschaften, die ich eigentlich zutiefst ablehne, denn ich bin in Europa zuhause und liebe Deutschland. Aber das wird erst wirklich bewußt, wenn man eine Weile weg war. In den USA lernen die Kinder ein etwas vollmundiges Lied, es heißt: „America the Beautiful" – Amerika die Schöne. Der Text dieses kitschigen Liedes enthält die romantische Zeile: „Deine Alabasterstädte schimmern ungetrübt von Menschentränen". In NY kommt einem dies reichlich übertrieben und geradezu abwegig vor, dies gilt auch für die allermeisten Großstädte in den USA. Der Verfasser der Zeilen muß wohl irgendwo auf dem Lande gelebt haben und seine Sinne an zu vielen Sonnenuntergängen berauscht haben. Von amerikanischen Großstädten, insbesondere von NY hatte der gewiß nicht die geringste Ahnung.

Auch ohne Romantik gewöhnt man sich überraschend schnell an NY. Nach einigen Tagen oder Besuchen werden die eigentlich abweisenden Dimensionen fast so vertraut wie ein Dorf in Bayern. Logiert man einige Zeit in Manhattan, hat man schnell gelernt, die allgegenwärtige Hektik hinzunehmen, andere Alternativen wären, sich anstecken zu lassen oder schnell wieder zu verschwinden. Schwer ist es Menschen anzusprechen und nach dem Weg zu fragen, denn jeder denkt er würde angebettelt oder beklaut werden. Besser ist es in einigen anderen Stadtbezirken, jeder von ihnen ist aber selbst eine Millionenstadt.

Große Teile der Stadt haben keine Straßennamen. An den Straßenecken in NY-City sind, für Europäer gewöhnungsbedürftig, die Straßen nummeriert mit dem Zusatz einer Himmelsrichtung, dies erinnert ein wenig an die Seefahrt. Tatsächlich ist es anfänglich ungemein hilfreich zu wissen wo die Sonne auf- und untergeht, um sich zu Fuß oder mit der Untergrundbahn in die richtige Richtung zu bewegen. Schwierig wird es nur um die Mittagszeit, wenn die Sonne im Zenit steht. Bei den U-Bahn-Eingängen ist dies nicht weiter schlimm, aber ein fremder U-Bahn-Ausgang kann die Vorstellung von der Stadtgeografie ziemlich schnell durcheinanderbringen. Als Unterkunft hatte ich mir wieder einmal die Young Men's Christian Association, besser bekannt als YMCA, an der 34th Street, ausgesucht. Bestimmt würde man mir wieder ein Zimmer in einer der höchsten Etagen anbieten, dort wo die Luft angeblich besser ist. In einem Brandfall hätte ich Bedenken, weil es mit Sicherheit schwieriger ist aus den oberen Etagen zu flüchten als aus den unteren. Seit dem 11. September 2001 muß man all seine Redekunst aufwenden, um ein Zimmer auf einem der unteren Stockwerke zu erhalten, denn auch andere haben ähnliche Gedanken. Bei der Wahl des Hotels sollte man wissen, daß es nicht nur gute und schlechte, sondern bessere und schlechtere Hotels gibt. Wer wenig ausgeben will, darf nicht zu viel erwarten. Auch wird eine liberale Haltung auf die Probe gestellt, wenn man in einem billigen Hotel zwar zentral logiert, es aber Tür an Tür mit Prostituierten, arbeitsscheuen Kleinkriminellen oder im noch schlimmeren Fall mit Junkies, denen jede Beute recht ist, oder mit Bettwanzen – Bedbugs teilen muß. Dieses Wanzenproblem möge man daran erkennen, daß im NY Fernsehen ständig Reklamespots von Kammerjägern ausgestrahlt werden. Eine Bekannte erzählte mir, sie habe sich nicht mehr ins Bett getraut und deshalb in der Badewanne übernachtet.

Es gibt bessere, fantastische und berühmtere Hotels als das YMCA, wenn man das nötige Kleingeld hat oder wie meine amerikanischen Freunde, die Hotelrechnung sorglos, wie Gummischlangenvertreter, mit Mindestzahlungen über die Kreditkarte abstottert. Die Schuldensucht in den USA ist unausrottbar. „IN GOD WE TRUST" – Wir vertrauen auf Gott – steht auf jedem Geldschein. Eines dieser alt bekannten und berühmten Hotels ist „Das Chelsea". Arthur Miller zog nach seiner Scheidung von Marilyn Monroe in „Das Chelsea". In den 60er Jahren residierten Bob Dylan und auch Jimmy Hendrix in diesem New Yorker Edelhotel. Das Hotel ist heute noch der Treffpunkt skurriler, launischer und berühmter Künstler mit sprühendem Einfallsreichtum, auch der Verpackungskünstler Christo residierte dort, bis er sich einen festen Wohnsitz in NY einrichtete.

„Das Chelsea", nur um einen dieser berühmten alten Kästen, stellvertretend für zahlreiche andere, zu erwähnen.

Die fiebrige Metropole, die niemals schläft, scheint mir noch schmutziger, noch lärmender, noch hektischer zu sein als bei meinem letzten Besuch. Jeder stöhnt über die horrenden Hotel- und Mietpreise und jetzt wohnen die Freunde und Bekannten nicht mehr à tout prix in Manhattan, dem Ort der wahr gewordenen Architektenträume, eher im schicken New Yorker Szene Bezirk Soho oder drüben in Brooklyn, auch dort ist es mittlerweile in einigen Ekken recht teuer. Kein Mensch will mehr freiwillig zwischen den fürchterlichen Türmen wohnen, umringt von abertausend Fenstern, die sich niemals öffnen, eingekesselt von unzähligen Büros, die Nachts verlassen und schweigend gähnen, die so still sind wie Gräber, denen die Scheintoten entlaufen sind. Man wohnt noch billiger im Stadtbezirk Queens, dem großen Schlafzimmer New Yorks, zwischen ethnischer Vielfalt in einem Apartmenthaus oder bevorzugt in einem der alten Häuser. Vielen Häusern ist noch anzusehen, daß sie einmal gute und noble Bürgerhäuser gewesen sind. Vernünftige Wohnungen werden unter der Hand vermittelt, oft an Freunde weitergereicht. Die Hausmeister kennen alle Tricks um Rassenprobleme zu vermeiden, so daß die Weißen unter sich bleiben können.

In einigen besseren Wohngegenden z. Bsp. an der feinen Upper East Side Manhattans bilden die Wohnungseigentümer eine sog. Coop, diese entscheidet über das Coop-Board, an wen die einzelne Wohnung vermietet wird. Die Bewerber werden zu einem einstündigen Gespräch eingeladen und müssen umfassende Auskünfte über ihre Person geben. Es geht dabei um Nachweise über das Einkommen, einschließlich dem letzten Steuerbescheid, und schriftlicher Referenz vom vorigen Vermieter. Mit den Auskünften soll dafür gesorgt werden, daß es sich bei dem neuen Mieter, dem man im Fahrstuhl begegnet, um einen angenehmen Zeitgenossen handelt oder daß er jedenfalls immer freundlich grüßt. Manchen Boards kommt es, natürlich unausgesprochen, darauf an, daß der Neue in der rassistischen Hausgemeinschaft die richtige Hautfarbe hat. Es finden sich Leute mit etwa gleichem Einkommen zusammen, die mit Leuten geringeren Einkommens nicht verkehren wollen und mit solchen noch höheren Einkommens noch nicht verkehren können, so sehr sie auch danach streben, dies zu tun. Das Haus und das Stadtviertel, in dem es steht, haben also im hohen Maße den Charakter einer jeweils bestimmten Bevölkerungsklasse. Das gleiche gilt für die bevorzugte Automarke. Wenn man darauf achtet, kann man von den Autos zuverlässig auf das durchschnittliche Einkommen der Bewohner schließen.

Die, die in einer besseren Wohngegend nicht so viel Einkommen haben, wohnen im Keller. 1500 $ Miete für eine Kellerwohnung, richtig im Keller mit Kellerabgang und Kellerfenstern, ist keine Seltenheit. Der einzige Trost ist, es ist voll möbliert. Alles was man braucht ist das Geld für die Miete. Noch teurer sind Apartments, meist im Miniformat und größtenteils ohne Balkon, die Fenster können nicht geöffnet werden. Es soll auch innen liegende Apartments geben, die statt Fenster nur einen Entlüftungskanal haben. Diese kleinen Apartments sind öfters ohne Küche, wohlgemerkt nicht ohne Küchenmöbel, sondern gänzlich ohne Küche. Im Fast-Food-Land ist eine Küche nicht unbedingt notwendig. Man kann sich auf dem Weg nach Hause einfach eine Pizza kaufen, oder in einem durchaus ehrenwerten Coffee Shop preiswert eine hastige Mahlzeit einnehmen. Es soll 24 000 Restaurants geben, wo alle Menüs dieser Welt zubereitet werden. Daneben gibt es schätzungsweise ein paar tausend Garküchen, mobile Eßstände und Food-Trucks. Man hat den Eindruck, daß in NY den ganzen Tag in der Öffentlichkeit gegessen wird, auf der Straße und in der U-Bahn, selbst bei Vorträgen, Konferenzen und sogar Gottesdiensten wird etwas zum Essen serviert.

Üblicherweise trifft man sich mit seinen Freunden statt im winzigen Apartment, im Bistro auf ein Glas Bier und eventuell zu des Amerikaners großer Liebe, einem kräftigen außen verkohlten und innen rohen Steak, für einen Teller Pasta am besten beim Pronto-Pronto Italiener, bei dem es menschlich und lautlich so anheimelnd zugeht oder an der japanischen Sushi Theke zum Running Sushi. Eine umfangreiche Speisekarte bringt in den USA so manchen Gast oder seine neue unbedarfte amerikanische Flamme an die Grenzen der Entscheidungsfähigkeit, deshalb sind One Meal Restaurants, in denen nur ein einziges Gericht auf der Karte steht, weit verbreitet. Dort gibt es dann nur eine Sorte Steak mit Pommes und außer Getränken sonst nichts.

Besonders beliebt und häufig findet man auch Angebote für brunch. Sonntags bevölkern zahlreiche New Yorker die Cafés zu ihrem gewohnten Sonntagsbrunch. Dort gibt es auch die allzeit beliebten Bagels und fette pappsüße Doughnuts – fettgebackene Kringel, in allen Variationen. Einige erfreuen sich wie jeden Tag an einem gewaltigen Omelett, wird es für drei Personen zubereitet werden dafür 20 Eier aufgeschlagen.

Eine richtige Eßkultur, mit gemütlichem Beisammensein, einer Flasche Wein und langen Gesprächen am Tisch, kann das Schnellrestaurant sicherlich nicht ersetzen. Die Gespräche sind sehr häufig nur anspruchslose endlose Monologe, selbst das freimütige Geständnis man habe alles vergessen, was man einmal in der Schule gelernt habe, ist nicht ausgeschlossen. Nicht selten sind es Selbstdarstellungen was jemanden mag und gern hat und was nicht. I don't like this and I don't like that. Oder Klagen über das alltägliche Leben und großspurige Lebensrenovierungspläne. Was sie bewegt ist der Ernst ihres Lebens, das teure tägliche

Essen und Klagen über Dinge, die man sich mangels des nötigen Geldes nicht kaufen kann, z.Bsp. eine Pistole! Sie meinen, sie könnten ihre Familie nicht beschützen, wenn sie keine Waffe haben.

Jene die an Deutschland interessiert sind aber selten Gelegenheit haben, deutsche Gesprächspartner zu examinieren und Informationen zu erhalten, stellen Fragen, die schnell den Charakter eines Verhörs annehmen. Fragen aus denen man nicht überhören kann, daß sie nicht gerade besonderes Verständnis oder gar Wohlwollen für deutsche Verhältnisse haben. In einem Gespräch wurde meine Erläuterung der deutschen Sozialgesetze insbesondere der Regelungen in der Krankenversicherung, in die jeder Arbeitnehmer einzahlt, sofort als kommunistisch und unamerikanisch heftig und erregt heruntergebügelt, daß ich mir wie ein armer unwissender Sünder vorkam. Es war schon klar, mein Gegenüber war ein strammer Republikaner. Als Gast hielt ich mich mit der gebotenen Höflichkeit zurück, die mein Gegenüber vermissen ließ. Ich bemühte mich die weiteren Fragen, trotz der offensichtlichen Mißgunst, und ohne daß ich ihn vorsätzlich provozierte, zu beantworten. Als der Herr zu einer Vorlesung über A.H. und den 2.Weltkrieg aus seiner Sicht ansetzte, wäre ich liebsten aufgestanden und gegangenen, leider fiel mir keine passende Ausrede ein. Der Vortrag endete schließlich mit einer Beweihräucherung der großartigen militärischen Taten der Amerikaner in Deutschland, besonders wie die Deutschen von den US-Boys „aus dem Himmel herausgeschossen“ wurden. Jener Amerikaner war sehr von seiner Sachkenntnis überzeugt, wahrscheinlich auch wenig gewohnt, Widerspruch zu erfahren, daß er mit der keineswegs seltenen amerikanischen Naivität annahm, ich müßte wie selbstverständlich seine Auffassung teilen.

US-Amerikaner vergleichen und bewerten gerne. Dagegen wäre nichts einzuwenden, wenn sie sich nicht unbeirrbar eingebildet auch noch für das Maß aller Dinge und die Größten in der Welt hielten. Sie sind lüstern und verfressen und rennen ständig dem Geld hinterher. Ein kluger Indianer sagte dazu: „Erst wenn der letzte Baum gerodet, der letzte Fluß vergiftet, der letzte Fisch gefangen ist, werdet ihr feststellen, daß man Geld nicht essen kann". Es wurde schon behauptet, das einzige aktive Interesse in Amerika sei die Anbetung des Geldes und die Liebe zum Geld sei das Haupt- oder Nebenmotiv, dem alles was sie tun zugrunde liegt. Jeder Versuch einer Diskussion zu diesem Thema ist, um mit Emanuel Kant zu sprechen, a priori, so sinnlos wie beim Melken der Ziege ein Sieb darunter zu halten. Sajjid Kutb, ein intellektueller Ägypter, besuchte 1948 als Bildungsbürger Amerika. Nach seiner Rückkehr schrieb er, die Vereinigten Staaten wären ein einziges Sodom und Gomorrha, bewohnt von sittlich verwahrlosten und geistig entleerten Menschen, deren Lebenssinn sich im „Kult um den Dollar" und im einsamen Rasenmähen erschöpft. Dieser Eindruck kann auch heute noch entstehen. Im Alltag geht es nur ums Geld. In der Arbeitswelt mehr denn je, bis zur Ausbeutung der anderen, wenn sie zum wirtschaftlichen Erfolg führt. Leute die viel Geld verdienen erkennt man bereits am Äußeren, sie leisten sich dann den besten Friseur und die teuersten und elegantesten Kleider. Die Herren der Schöpfung sind ab einem bestimmten Alter dazu meist fett, essen dicke Steaks und noch mehr Eiscreme mit Schlagsahne. An den Manieren fehlt es ihnen meist, denn die kann man sich nicht so einfach kaufen. Wenn immer es geht essen sie, statt mit Besteck, lieber mit den Fingern. Einige haben das Essen ohne Besteck geradezu zu einem Kult erklärt und betrachten das Essen einer Pizza mit Besteck als Faux pas und heben zu großem Geschrei an. Welch ein Sakrileg an einer stolzen Spezialität! Jene, die eine Pizza etc. mit Besteck essen sind in ihren Augen versnobte Banausen von denen man sich distanziert. Daran haben sich nach ihrer Meinung selbst Politiker zu halten, wenn sie gewählt werden wollen.

Es gibt viele Produkte, die nur in Fast-Food-Restaurants mit ihrem schier endlosen Angebot erhältlich sind. In einer Hamburgerkette fiel mir einer mit raumbeherrschender Präsenz auf, der nach meinem Eindruck möglicherweise über Stunden dort saß, um sich sämtliche Essensreste einzuverleiben die andere stehen ließen. Vielleicht verbrachte er sogar jeden Tag damit, sich mit den Essensresten vollzustopfen. Nach der Körperfülle zu schließen erschien mir dies denkbar, denn die Körperfülle des Resteverwerters war phänomenal.

Nach einem anstrengenden Tag sehnt sich der Mensch häufig nach einem reichhaltigen Essen. Sich dann noch aufzuraffen und etwas zu kochen, fällt natürlich schwer. Ein fertiges Essen zu verspeisen ist ohne Zweifel einfacher, besonders wenn es im näheren Umkreis geschätzte 200 Fast Food Angebote gibt.

In diesem Global Village, das so viele Ethnien beherbergt, ist ein großer Freundes- und Bekanntenkreis angesagt. Wer eine vernünftige Wohnung hat lädt sich gegenseitig zum Essen ein. Ist es nicht so, daß es zu Hause immer noch am besten schmeckt?

Manche beautiful people treffen sich auch auf der höchst populären und imposanten Treppe vor dem Metropolitan Museum, zum anschließenden Besuch eines gestylten Bistros oder einer der zahlreichen mittelmäßigen Freßbuden.

Es gibt ganz Originelle darunter; seit 1934 den Papaya King, der von sich behauptet die älteste Hot-Dog-Bude Amerikas zu sein. Bereits die Innendekoration des Lokals, mit bunten Ananas und Kokosnüssen aus Pappmaché bevölkert von Schmetterlingen aus Plastik, ist eindrucksvoll und witzig. Die Herren Kellner in langen grünen Schürzen, mit auffallender Kopfbedeckung und putziger Streberkonfirmandenfliege. Ist die Bude voll, kann es vorkommen, daß die Leute bis auf die Straße anstehen oder sich dort notfalls mit einem Stehtisch begnügen. Ohne Unterlass gehen, wie im Akkord, die kleinen Pappschalen über den Tresen als gäbe es etwas zum Sonderpreis. Man wartet mit erstaunlicher Gelassenheit in der Schlange ab bis man an der Reihe ist, es gibt es kein Geschiebe und kein Gedränge. Dies ist vielleicht ein kleiner Rest englischer Tugend. Seltsame und originelle, aber allesamt schmackhafte Kombinationen gibt es. Hot-Dog mit Sauerkraut, mit Chilli-Cheese, mit Zwiebeln oder den kuriosesten Hot-Dog mit tropical relish, bestehend aus Senf, Zwiebeln und Papaya, der laut Plakatierung wie ein Filet Mignon schmecken soll. Am besten paßt dazu einer der angepriesenen tropischen Drinks. Angeblich gehört auch der exzentrische Filmregisseur Woody Allen zu den Kunden des Papaya King. Heute trifft sich hier zur späten Stunde die junge Welt und alle die sich dazu zählen, in engen Jeans mit stylischen Bärten und Haarschnitt oder total wilder Haartracht mit Brotbeutel, Segelschuhen und Elvis-Costello-Brillen. Diese schwarzen Brillen sind derzeit das wichtigste Modeaccessoire. Scheinbar vorbei sind die Zeiten als die Brille ein Zeichen von körperlicher Schwäche war. Sie muß dickrandig, groß, schwarz und darf auch aus billigem Plastik sein. Auch wer keine Sehschwäche hat und modebewußt ist trägt eine solche, dann aber mit gewöhnlichem Fensterglas. Man hat das Gefühl jeder Zweite in NY, ob Mann oder Frau, trägt eine dieser schwarzen Nerd-Brillen. Viele vermeiden neuerdings das Wort „Nerd", ihm haftet zu sehr die Vorstellung eines weltfremden und alltagsfernen Spinners an. Die Sprache verändert sich fortwährend, neue Wörter werden gebildet oder aus anderen Sprachen übernommen. Redewendungen kommen in Mode oder sterben aus. Besonders schnell scheint mir dieser Prozeß in Amerika abzulaufen, wenn die nachwachsende Generation sich von den Älteren mit der Jugendsprache in kreativen Wortschöpfungen abheben will. An Stelle des bisher gebräuchlichen Nerd sagen sie jetzt immer häufiger „Geek". Und die weltweit vernetzte Geek-Gemeinde feiert am 25. Mai sogar einen „Geek-Pride-Day". Ein merkwürdiger Vorgang, denn manche übersetzen „Geek" mit Streber, Weichei oder einer Mischung aus beidem.

Dort der auffällig schmale Typ mit einem Katzenprint-Hemd im pinkfarbenen Kummerbund und Strubbelfrisur oder die hagere Frau mit Vidal-Sasson-Punkfrisur, und eine dralle Schwarze mit blonder Perücke und viel zu viel Dekolleté, welches die üppigen Rundungen unter ihrem Lederblouson noch betonte, bildeten den optischen Mittelpunkt im Gedränge des Papaya King.

Es gibt noch zahllose andere New Yorker Freßinstitutionen, deren Angebot an Speisen sich meist nach dem Herkunftsland der Betreiber richtet, allen voran von den Chinesen, dort kann man sehr preiswert und gut essen, und sowohl die Auswahl als meist auch die Qualität der Gerichte ist fast überwältigend.

Seit einiger Zeit sind in NY Biergärten in, auch der Bayrische Biergarten, dessen „Lowenbru" Bier, keiner glaubt es, aus Bierkonzentrat aufgemischt wird. Dort servieren blonde, blauäugige dralle Bedienungen im Dirndl wahre Orgien an Würstchen, Kasseler und Eisbein mit Sauerkraut. Als Brotzeitteller wird der „Bavarian Snack“ angeboten, sie nennen es „Cold Cut Platter“, mit dem Zusatz „For Sausage Lovers“. Die aus verschiedenen Wurstsorten bestehende Platte ist angereichert mit „imported Sauerkraut“. Dieser Hinweis ist für uns Deutsche wichtig, denn sonst kann es passieren, daß der chinesische Koch, im Bavarian Biergarten, saures Kraut also in Essig gekochten Weißkohl kredenzt.

Um das nachgefragte Klischee voll zu befriedigen, sind auch Germknödel, Apfelstrudel und Schwarzwälder Kirschkuchen angerichtet. Weil ständig danach gefragt wurde, gibt es den „German Chocolate Cake“, eine in den USA erfundene Schokokuchenkreation, die es in Deutschland überhaupt nicht gibt. Geschäft ist Geschäft! Inzwischen soll es über 40 Biergärten in NY geben, alle ein wenig ähnlich konzipiert mit meist ausgezeichneten Wurstwaren vom deutschen Metzger.

Es gibt nichts zu Essen und trotzdem sind die gut besuchten Partys am ersten Samstag im Monat im Brooklyn Museum ein beliebter Treff. Die Partys wurden von der Museumsleitung eingerichtet, um die Schwellenangst der Leute vor dem Museum zu senken und damit die rückläufigen Besucherzahlen zu steigern. Sollte das riesige Museum doch eines für die Brooklyner sein. Die beliebten Partys im Museum konnten die alltäglichen Besucherzahlen jedoch nicht steigern. Es kommen auffallend viele Berufsjugendliche mit Baseballkappe und knallbunten Turnschuhen, Hipsters, Sonderlinge und Spinner. Viele Dadaisten und andere laute, schrille und abgedrehte Künstler aus Brooklyn, einer filzhaarig und in fürchterlichen Klamotten, einer im Freizeitanzug, mit alberner Designerbrille und Mon chi chi-Frisur, die Hosenbeine in die Cowboystiefel aus Schlangenleder gesteckt. Alle kommen sie in der Hoffnung dort kunstinteressierte Käufer für ihre Kunst zu angeln. Die allermeisten aus der Kunstszene und die „no-checker", die sich in deren Dunstkreis bewegen, leiden an der Künstlerpest Geldnot. Diese Schuldensklaven schlagen sich im Überlebenskampf mit Gelegenheitsjobs am Zapfhahn oder als Kellner durch. Ich traf auch einen der rühmte das Nichtstun: „Ich habe mein Leben lang nicht gearbeitet und lebe trotzdem noch". Er habe vor allem Sex, endlos Sex, sagte er mit Begeisterung.

In Amerika fällt nur der auf, der schillernd ist. Je prominenter die Künstler, um so exzentrischer sind sie. In der Rauminszenierung eines kalifornischen Installationskünstlers in einer Brooklyner Galerie, mit Hang zum Absurden und Skurrilen, sah man neben wilden dadaistischen Materialkollagen und schweinischen Neoninschriften, einen provokanten Trashtempel, eine „Muschi-Moschee" und den multimedialen Overkill des „Theatre inside my Dick". Kleinliche biedere Wadenbeißermentalität war hier nicht angebracht. Künstler wußten zu allen Zeiten, daß in der Rohheit eine gewisse Kraft liegt. In einer anderen Ausstellung hatte eine NY Künstlerin aus gespendeten bunten Kondomen ein „Gemälde" in der Größe eines Fußbodens geschaffen. NY ist die Welthauptstadt für Shopping, für die Welt der Kunst allemal. Alle träumen sie davon, daß sich irgendwann Kunstbegeisterte und Locations um ihre Kunstwerke reißen. Nirgendwo sonst werden so viele Millionen, ja Milliarden Dollar für Kunst ausgegeben. Die Stadt ist als

Hauptsitz der großen Auktionshäuser und der mächtigen Galerien der Welt, eine einzige große Kunstverkaufsshow. Besonders Eindrucksvoll sind die traditionellen Abendauktionen bei Sotheby's auf der Upper East Side.

Begibt man sich in die Welt der Kunst ist man am Ende ganz benommen von den Multimedia-Einfällen und den ganzen Ausstellungen. Die sexuellen Tabus fallen scheinbar immer zuerst. Bekannt wurde der Kalifornier mit dem Trashtempel durch eine Performance, in der er, als fetter nackter Mann kostümiert, versuchte auf einem Parkplatz „Darmduftwasser" zu verkaufen. Ausstellungen, die den guten Geschmack oder sexuelle Tabus verletzen werden scheinbar toleriert, keinesfalls jedoch Ausstellungen, die das religiöse Empfinden stören. Hier läßt die New Yorker Stadtverwaltung keine Nachsicht und Toleranz walten; solche Werke werden aus Kunstausstellungen entfernt. Bereits abwertende Bemerkungen oder Diskussionen zum Thema Religion sind tabu. Es bleibt genügend Freiraum für spektakuläre und schräge Einfälle. So ruft die NY Gruppe Improve Everywhere jedes Jahr, Menschen mit Spaß an öffentlichem Unfug dazu auf ohne Hose oder Rock, an einem bestimmten Sonntag im Januar, am internationalen „No Pants Subway Ride Day" teilzunehmen. Dabei sollen sich die U-Bahn-Nutzer nicht nur die Hosen ausziehen, sondern auch so tun, als sei nichts ungewöhnliches los. Im Schnitt beteiligen sich jeweils rund 3500 New Yorker, die ihre Hosen fallen lassen bzw. erst gar nicht anziehen. Für einige der Herren scheint dies endlich einmal Gelegenheit zu sein, anstelle der sonst üblichen Boxershorts Modell Freischwinger, provokativ wohlgefüllte enge Unterhosen und männlich haarige Beine zu präsentieren. Im Internet kursieren Videos zu diesem Thema.

Die größte Künstlerkolonie der Nation existiert nach Meinung der Brooklyner Künstler vor der Museumstüre. Die Brooklyner Künstler beklagen sich, manche in derber Umgangssprache, über die fehlende Beachtung von Seiten der anmaßenden und überheblichen Museumsleitung und den Verfall der Kunst, seit dem jedes Urinal ausstellungswürdig ist, das von einem bekannten Künstler oder großkotzigen Schmierlappen signiert wird. Unter den klagenden Künstlern finden sich häufig unglaubliche Schwätzer mit knallbuntem Vokabular, die sich in einem Redefluß ohne jegliche Ernsthaftigkeit mit überschwenglicher amerikanischer Mentalität und Oberflächlichkeit selbstbeweihräuchern. Einer mit einem schmalen, sorgfältig gestutzten Schnurrbart, hat mir hundertmal gesagt, daß er Präsident von irgend etwas ist und für das ganze Ausstellungskonzept verantwortlich sei. Manches Mal ist das Geschwätz auch nur heiße Luft. Als einer erfuhr, daß ich aus Deutschland komme, behauptete er, er wäre Professor für Hitlerstudien. Möglicherweise war er für den grüngesichtigen Siebdruck-Hitler in der Ausstellung verantwortlich.

Mit einem anderen hatte ich ein nettes und anregendes Gespräch und er bat mich meine Anschrift in sein Adressbuch zu schreiben. Ich erwiderte, ich hätte etwas besseres und klebte einen meiner Adressaufkleber in sein Büchlein. Als er bemerkte, daß ich aus Deutschland komme, bekam er einen Wutanfall. Daß ich Tourist bin hatte ich erwähnt, jedoch nicht meine Nationalität. Er war jüdisch. Ganz offenkundig hatte er etwas gegen Deutschland und wollte die Anschrift nun nicht mehr haben. Mit bösem Ton herrschte er mich an: „Nimm das sofort wieder raus!" Dies ging leider nicht. Die Anschrift war festgeklebt.

An manche unglaublich dumme Frage muß man sich erst gewöhnen, etwa ob es in Deutschland Strom gibt oder Fernsehen. Eine junge sehr freundliche Gesprächspartnerin dachte Germany wäre eine Stadt in Europa. Nicht viel besser war Präsident Trump, als er bei einem Interview sagte „Belgien ist eine schöne Stadt". Eine hochbetagte jüdische Immigrantin beklagte sich über den erschreckenden Mangel an Wissen. Als sie einmal im Flugzeug unterwegs war, fragte sie eine gut gekleidete junge Amerikanerin, was sie bewegt hätte auszuwandern, und sie antwortete: „Das war Adolf Hitler!" Da fragte die Amerikanerin: „Und wer ist A.H.?" Sie hätte dann nichts mehr mit ihr geredet.

Ein großer Freundeskreis wird durch häufige Anrufe mit gegenseitigen Einladungen gepflegt. Die meisten können nicht im europäischen Sinne kochen, es gibt zum selber Kochen Convenience Food in Hülle und Fülle, das meist nur in der Mikrowelle oder in der Röhre erhitzt werden muß, oder es wird hervorragend gegrillt. Grillen ist allerdings Männersache, während die Frauen in der Regel nur am Herd stehen. Selten wird einmal der berühmte Cheesecake – Käsekuchen serviert, richtig zubereitet ein Traum, hergestellt aus Unmengen von Philadelphia Frischkäse und Sahne. (Das Rezept findet sich im Anhang dieses Buches). Wer ihn vor Ort probieren will sollte bei „Junior's" in Brooklyn vorbeisehen, der Institution für den NY-Cheesecake.

Die meisten Plätzchen oder der Kuchen für die Nachmittagseinladung werden einfach unter Zugabe von Wasser, sofern man hat mit Milch, aus einer fertigen Backmischung zusammengerührt und ab in den Ofen. Die Zusammensetzung dieser Fertigprodukte ist bekanntlich nicht gerade die schlanke Linie fördernd. Die Käufer werden mit Hinweisen wie „Low calories" oder „Low Carb" – kohlehydratarm oder gar mit „fettfrei" hereingelegt. Eine Mineralwasserfirma schreibt mit fiesem Witz, 100 % fettfrei! auf die Flaschen. Wer hätte das gedacht? Eine ganze Menge Leute, besonders in der ärmeren Bevölkerung, ernährt sich von Junk Food, das aus billigen Zutaten besteht und häufig mit tierischen Fetten angereichert ist. Ganz zu schweigen von den hinzugefügten diversen chemischen Zusätzen, Aromastoffen und der Salz- und Zuckermenge, denn die Amerikaner lieben Salz und Zucker. Billig, billig und am Einkauf sparen ist das Einzige, was viele interessiert. Die Hinweise von internationalen Umweltschutzorganisationen und Tierschützern auf die miserablen Zustände in der Massentierhaltung und die Verschwendung durch das Wegwerfen der billigen Lebensmittel läßt die meisten kalt, sie fühlen sich in ihrem Lebensstil angegriffen. Mittlerweile werden in den USA 40 % der Nahrungsmittel als Dreck entsorgt, weil sie nur noch gekauft, aber nicht mehr gegessen werden. Es ist das gefühlte Menschenrecht auf einen Lebensstandard, der das tägliche Wegwerfen von Nahrungsmitteln in aller Selbstverständlichkeit voraussetzt. Im Fernsehen laufen tagtäglich und unendlich Werbesendungen mit dem Hinweis, kauf dies oder das in der Großpackung und spare dabei. Dabei wird die Großpackung oft gar nicht benötigt, sie wird nur gekauft weil sie billiger ist, der Rest wird großzügig entsorgt. Am besten wäre es man würde auf die Werbung überhaupt nicht achten und nichts davon kaufen, und somit noch viel mehr sparen.

Es gibt in Knistertüten nicht nur die allbekannten Chips, sondern auch knusprige Streifen von Schweineschwarten oder vor Fett triefende frittierte Zwiebelringe und andere die Geschmacksnerven erfreuende Tüteninhalte. Die Größe der Tüte muß man sich bei einigen dieser Produkte in der

Größe unserer Plastikeinkaufstüten vorstellen. Sie wird zum bequemen nebenbei Hineingreifen vor dem Sofa oder dem Fernsehsessel platziert. Das Fett und Salz wird mit etlichen Fläschchen Bier, Cola aus der zwei Liter Riesenflasche oder Fertigeistee aus der Großpackung nachgespült. Ein Großteil der Bevölkerung hat de facto keine Ahnung, wie man sich richtig ernährt. Der Wille sich richtig zu ernähren ist nur rudimentär vorhanden. Weil sie keine Ahnung haben, kaufen sie auch vermeintlich gesundes Essen in Lunch- oder Dinnerschalen ohne überhaupt zu wissen, was alles an Fett, Zucker und chemischen Zusatzstoffen enthalten ist. Die meisten haben auch nicht die geringste Ahnung vom Nährwert. In NY wohnen die dünnsten Menschen in den reichsten Vierteln von Manhattan und die dicksten, in den ärmsten Vierteln der Bronx, die South Bronx noch in den 1970ern bekannt als der schlimmste aller Slums.

39 Jahre hat ein Amerikaner gebraucht, um die unvorstellbare Menge von 25 000 Big Macs zu essen. Für diese Leistung wurde er von einer Restaurantkette geehrt. Er werde die Hamburger bis zu seinem Lebensende verspeisen, erklärte der 57-Jährige während der Ehrungszeremonie. Er freue sich auf jeden neuen Tag. Die Leidenschaft für Hamburger begann 1972. Damals hatte er sich die ersten drei Big Macs gekauft, um den Kauf seines neuen Autos zu feiern. In den 39 Jahren danach habe es nur acht Tage gegeben, an denen er ohne Burger ins Bett ging. Das letzte Mal, daß er ohne ins Bett ging, hatte er versäumt rechtzeitig einzukaufen bevor die Geschäfte und Restaurants wegen eines Feiertages schlossen. Über den Kauf seiner Burger führt er nachweislich Buch. Außerdem bewahrt er gelegentlich Verpackungen auf. Er habe eine feste Einkaufsrou-

tine: Montags werden sechs Burger gekauft, Donnerstags acht. Diese friert er dann ein und wann immer er Appetit hat, wird einer aufgetaut.

Wie heißt es doch? „New York, New York, if you can make it there, you'll make it anywhere - wenn du es dort schaffst, dann schaffst du es überall". NY ist eine Stadt, die sich mit ihren vielen Schwarzen und asiatischen Bürgern konsequent zum multikulturellen Zusammenleben bekennt. Die Chinesin spricht Amerikanisch und der Sproß europäischer Einwanderer Chinesisch. Irgendeine Marktlücke für ein Geschäft haben viele gefunden und es geschafft, so die aus Europa eingewanderte Ernährungsberaterin.

Fühlen sie sich manchmal alt, fett und häßlich? Gemach, die Beraterin kommt und zeigt am Beispiel von Hollywoodstars, wie schön, sexy und erfolgreich Frauen sind. Veränderung ist etwas Gutes wird aufmunternd gesagt. Etliche ihrer Kundinnen, die oft nur vorübergehend etwas Geld für die Beratung haben, wollen mit der persönlichen Ernährungsberaterin bei ihren Freundinnen angeben. Die persönliche Ernährungsberaterin erstellt ihren Kundinnen einen Ernährungsplan oder einen dreiwöchigen Entgiftungsplan, durchzuführen mit dem Verzicht auf Kohlehydrate, Milchprodukte und rotes Fleisch. Selbstredend sind die obligatorischen fettreichen Croissants nach dem standardisierten Sex ebenfalls verboten. Noch schlimmer trifft es die Frauen, denen zu einer Saftkur geraten wird. Die Kur besteht aus nichts als ungesüßtem Saft, Wasser und viel grünem Tee. Dazu ergänzend, je nach Vereinbarung mit dem Personal Trainer und je nach Geldbeutel, wird mit einem Mix aus Yoga und Pilates nachgeholfen. Empfohlen werden Dauerbesuche beim Visagisten und der Erwerb von Luxuspflegeprodukten. Finanziert wird alles mit dem Geld, das man durch die Mangelernährung eingespart hat. Es sei denn, es handelt sich um eine gelangweilte Hausfrau mit dekadentem Lifestyle aus der New Yorker Oberschicht mit entsprechendem Portefeuille. Bei Ängsten und schlechtem Gewissen profitieren die Anbieter von Vitaminpräparaten. Um bequem das Ernährungsdefizit zu kompensieren, nimmt man Vitaminpräparate ein, die es in Großpackungen billig zu kaufen gibt. Die Ernährungsberaterin kommt regelmäßig vorbei, berät und kontrolliert den Kühlschrank. Die Kunden müssen vor den Argusaugen der Superbescheidwisserin den unpassenden Einkauf entsorgen. Eines der größten Probleme für die Beratenen ist, wenn sie dabei unselbständig und abhängig von der geschäftsmäßigen Expertenmeinung werden.

Es ist in NY eine Art Statussymbol, kann es sich jemand leisten eine persönliche Lebens-, Fitneß- oder Ernährungsberaterin zu bezahlen. Dies hängt auch mit der Vorstellungswelt der Amerikaner zusammen, die sich für alles, wie in der Politik, einen Experten suchen, dies kann auch eine Wahrsagerin sein, selbst im Weißen Haus.

Als seinerzeit der Rauswurf des Sicherheitsberaters von Präsident Reagan erfolgte, war der über seine Entlassung dermaßen erbost, daß er berichtete was sich im Weißen Haus an Beratung abspielte. Nach seiner Enthüllung wurde die Politik des Weißen Hauses durch eine Wahrsagerin beeinflußt. So wurde u.a. der Termin für ein Gipfeltreffen in Moskau von den Sternen abhängig gemacht. Die Enthüllung, daß Politik durch Wahrsagerei beeinflußt wurde, schlug seinerzeit wie eine Bombe ein.

American Way of Life bedeutet, sich immer wieder neu zu erfinden. Der nicht konforme Mensch wird entwertet. In der Welt des schönen Scheins kann nur der Erfolg haben, der den herrschenden Normen und Regeln entspricht. Hat eine Beraterin einmal das Vertrauen gewonnen, man redet sich üblicherweise mit dem Vornamen an, folgen die Kunden blindlings und gehorsam. Dies kann, wenn auf intime Belange ausgedehnt, durch falschen oder gar machtgeilen Einfluß als Frauenflüstererexpertin mit Allmachtsgefühlen, zu familiären Dramen und persönlichen Katastrophen, bis zur Trennung vom Ehepartner oder auch von Freunden führen. Wer sich mächtig fühlt wie die Beraterin, achtet mit lustvoller Selbstbespiegelung bei anderen mehr auf moralisches Verhalten als bei sich selbst. Es scheint als wollten einige der Ratsuchenden und Wissenszweifler partout ihr eigenes Gehirn nicht benutzen. Scheidungen soll es schon für weniger als 400 $ geben, so zumindest nach den Zeitungsannoncen der Rechtsanwälte. Die Herren und Damen Rechtsanwälte verschweigen jedoch oft, daß sie sich nach Stundenlohn bezahlen lassen. So mancher geldbedürftige Anwalt hat, um mehr zu verdienen, mit Scharfsinn den Streit nach Kräften angeheizt, besonders wenn es um vermögende Klienten mit Korken im Hirn ging. In Amerika gilt es die Schuld des Ehepartners zu beweisen, um als Scheidungsgewinner Geldforderungen stellen zu können. Der neueste Trend jedoch ist, künftig die Scheidungen nach dem Modell Las Vegas einzuführen. Dort muß man bei der Stadtverwaltung nur einen Fragebogen ausfüllen und bekommt innerhalb von 48 Stunden per E-Mail sein Scheidungsurteil.

Berühmte Beispiele von Scheidungen prominenter Schauspieler und deren horrende Ausgleichszahlungen gehen fast täglich durch die Presse. Die bekannte US-Sängerin Britney Spears ließ sich u.a. nach einer nur 58-stündigen Ehe von einem Jugendfreund scheiden.

Ein US-Model angelte sich einen italienischen Milliardär, das sind Herren die befreundete Millionäre für sich arbeiten lassen, die eine gigantische Villa auf Long Island hinter meterhohen Hecken und ein Apartment am Central Park in NY haben, die zwischen NY, Paris, London und Osteuropa herumjetten und -vögeln, gesund altern und trotzdem unglücklich sind. Das Model war mit ihrem Milliardär vier Monate liiert, und nach dessen Angaben waren sie in der ganzen Zeit nur sieben Tage zusammen. Die durchgeknallte Megäre wurde dabei schwanger und fordert nun den monatlichen Rekordunterhalt von 35.000 $. Viele wechseln den „lover" wie die Unterwäsche. Die Strategie im alltäglichen Leben lautet: sei nie konstant und denke nicht in Jahren, sondern bestenfalls in Quartalen. Eine solche Männer-Fresserin braucht regelmäßige Mahlzeiten dieser Art. Daß gerade das „schwache" Geschlecht mit uralten Instinkten meisterhaft darin ist, beim beglückenden Wiedersehen süß lächelnd vergiftete Pralinen zu überreichen und insofern jedem Mann haushoch überlegen ist, muß dem Herrn Milliardär entweder nicht bekannt gewesen sein oder er hat es schlichtweg verdrängt. Denk nicht, denn denken schadet der Illusion, sang einst unsere Hildegard Knef.

Manches Drama ließe sich durch Kenntnis der Gepflogenheiten zwischen Balzritual und Liebesakt in anderen Kulturen vermeiden. Exportiert man den „Latin Lover" aus Italien in die USA, ist für Beziehungsprobleme reichlich gesorgt. Er wird die schöne US-Zuckerfee anschmachten und bestürmen, jene aber hat eine ganz andere Sozialisation. Bei den Amerikanerinnen gelten ganz andere Spielregeln, nämlich sexuell viel freiere als die ihrer lateinischen Schwestern, und sie werden den „Lover" im Glanzanzug, mit of-

fenem Hemd, Goldkettchen und einer Handvoll Gel im
Haar, ernst nehmen und überdurchschnittliche konkrete
Leistungen erwarten, selbst wenn sein „I love you" wie
aufgesetzt wirkt. Der Pomadenhengst mit der modischen
italienischen Sonnenbrille ist nicht darauf vorbereitet, daß
sie ihn ernst nimmt, denn nach seinen Regeln ist es eine Art
Katz-und-Maus-Spiel, sie hat ihn hinzuhalten oder abzu-
weisen. Die Komplikationen kann man sich ausmalen. Als
freundlicher Mensch lächelt er sie an und stets besonders
sie ihn. Diese Verhaltenseigenheit kann auch den Schüch-
ternsten zur Annahme verleiten, diese Person bringe ihm
besondere Sympathie entgegen, möglicherweise sei es die
Liebe auf den ersten Blick. Oder es kann ihm passieren, daß
er eben diese viel freiere Haltung der Amerikanerin und
die unverblümte Einladung mißversteht.

Liebesleid und Liebesfreud muß mit dem älter werden
nicht aufhören. Das trifft um so mehr die älteren Herren
mit viel Geld und Freude an jungen Frauen. Ein 81-jähri-
ger Investor und Philanthrop wurde von seiner früheren
brasilianischen Freundin in schnöder Wut, beim obersten
Gericht von Manhattan, atemlos gierig auf 50 Millionen
Schadensersatz verklagt, weil er ihr das mehrfach verspro-
chene Luxusapartement in NY nicht schenkte. In der Kla-
geschrift heißt es, er habe seine wiederholten Versprechen
gebrochen, auf die sich die 28-jährige Schauspielerin zu
ihrem Schaden verlassen habe und er habe sie gezielt auf
extreme und empörende Weise belästigt und eingeschüchtert. Sie habe dadurch einen emotionalen Schaden erlitten.
Der Investor seinerseits behauptete, sie hätten lediglich eine
Gelegenheitsbeziehung gehabt und die Klage sei offensichtlich der Versuch, Geld abzuschöpfen, weil er ein sehr

vermögender Mann sei. Der Milliardär hatte die von der Brasilianerin ausgesuchte Wohnung zwar gekauft, sie aber dann einer anderen Freundin geschenkt, was die so Kompromittierte erboste und zur Klage veranlaßte. Es zeigt was aus Menschen wird, die nur um sich selbst kreisen. Vielleicht hatte er genug von ihr und den sich als zunehmend leer entpuppenden Gesprächen, sie aber noch nicht vom geselligen Savoir-vivre, Haute Cuisine mit Gänseleberpaté, Austern und Wein.Vielleicht widerstrebte ihm auch einfach total der gefühlsduselige Sex und er wollte sich nicht von einer Frau in einer monogamen Beziehung domestizieren lassen, so wurde er zum Aventino.

In Liebesdingen scheint es überhaupt keine Altersgrenze zu geben. In Florida hat eine 92 Jahre alte Frau Schüsse auf das Haus ihres 53-jährigen Nachbarn abgegeben, weil dieser ihr Werben um einen Kuß nicht erfüllen wollte. Nach Berichten wurde die Seniorin wegen dieser Weigerung so wütend, daß sie mit vier Schüssen ihrer Pistole ihrem Nachbarn die Fensterscheiben zerschoß. Der Nachbar sagte er habe schon länger Ärger mit der Frau. Sie habe sich in ihn verliebt und des öfteren damit gedroht auf ihn zu schießen.

Die weniger attraktiven, die alten und die dicken Frauen sind in dieser Hemisphäre meist nicht so begehrt. Die leidenden Dicken haben es in gewisser Weise etwas besser, sie erhalten seelischen Beistand und lassen sich von der Expertin im Fat Studies Reader einreden, langfristig abzunehmen sei unmöglich und eine Utopie. Es sei nichts als geschwätziger Mumpitz, ein Märchen, erfunden von denen, die damit Millionen verdienen. Die Expertin dieser Zeitschrift dreht mit den Aktivisten „Sei Stolz auf dein Fett", den Spieß um und sagt den Dicken, die vielen Pfunde, die sie mit sich herumtragen, wären o.k. Es wäre nichts was sie zu verantworten oder gar zu reparieren hätten, und sie würden es sich von Brunnenvergiftern nur einreden lassen und unnütz unter der Diskriminierung und Medisance leiden. Von den Begleiterkrankungen wie überhöhter Blutdruck und ungünstigen Cholesterinwerten mit der Gefahr eines Schlaganfalles reden sie nicht. Selbst ein Zusammenhang mit bösartigen Tumoren ist inzwischen belegt. Die Verharmlosung mag der Psyche der einen oder anderen Person helfen, nicht aber der physischen Gesundheit. Es steht übrigens auch konträr zur New Yorker Stadtverwaltung, dort war eine Sondersteuer auf Softdrinks im Gespräch, wie sie in den Bundesstaaten Arkansas und Virginia eingeführt wurde. Zuviel Zucker macht bekanntlich dick. Der Charme einer solchen Maßnahme liegt darin, daß sie gesundheitsfördernde Signale an die Gesamtbevölkerung sendet. Sie erfordert keine Finanzmittel, sondern generiert solche. Man könnte die Steuereinnahmen für die Verbilligung gesunder Lebensmittel verwenden. Interessant ist, in diesem Fall bestehen offensichtlich keine Bedenken, die in den USA über allem stehende und stets hochgehaltene Freiheit des Individuums einzuschränken, einer Freiheit zugunsten der Krankheit. Ein ähnlicher Vorschlag kam von den Vereinten Nationen (UN). Die UN forderte die Industriestaaten dazu auf, ihre Steuersysteme dafür einzusetzen, die Bevölkerung zu gesünderem Essen zu führen. Die Staaten sollen Zusatzsteuern auf Softdrinks wie Limonade und ausdrücklich erwähnt, auf Coca-Cola erheben, ebenso auf besonders fett-, salz- und zuckerreiches Essen (Fast Food). Im Gegenzug sollten frisches Obst und Gemüse subventioniert werden. In Frankreich will man dem Vorschlag folgen und eine sog. „Cola-Steuer" einführen. Sie soll nach Berechnungen der

Regierung jährlich 280 Millionen Euro in die Staatskasse spülen. Über die beabsichtigte Verwendung der Steuereinnahmen wurde aber nichts bekannt.

Kommt es den New Yorkern ohne häuslichen Ernährungs- und Fitneßberater in den Kopf sie wären zu dick, rennen sie in eines der für sie existenziell wichtigen und deshalb zahlreich vorhandenen Fitneßstudios. Dort quälen sie sich stundenlang, um hinterher sichtlich zufrieden im Fast-Food-Restaurant meist zu einem mit Eiswürfeln verwässerten halben Liter Coca-Cola, einen saftigen Burger mit French Fries zu verschlingen oder sich gierig, im Bistro nebenan, an zwei Schnitzel with noodles mit einem Glas eisgekühlten Rotwein zu erfreuen. Selbstverständlich wird zum Essen auch eisgekühltes Besteck serviert und zum Salat die bekannte „mouth watering" Salatsoße, die es in jedem Supermarkt als Fertigprodukt im Gallonencontainer, das sind fast 4 Liter, zu kaufen gibt. Als Dessert gibt es den angepriesenen „very special home made cheese cake" und vom dünnen Kaffee soviel man will.

Lange hat man in Washington um die Einführung einer allgemeinen Schulspeisung debattiert, bis es schließlich gelang eine Genehmigung und einen Etat dafür zu erhalten.
 Die Schulküchen erhielten Geld und professionelle Beratung, wie eine gesunde Schulspeisung aussehen sollte. In einigen Bundesstaaten blockierten die Gouverneure allerdings die Vorschriften über gesünderes Schulessen, nur weil die Initiative von Washington ausging und sie generell gegen alle Vorschriften aus Washington sind. Es ging vor allem um die Zubereitung von mehr Gemüse in den Schulküchen. Bei der Überprüfung der Schulküchen stellte

man hinsichtlich der Essenszubereitung fest, daß die engagierten Köchinnen das von den Großlieferanten gelieferte Gemüse zubereiteten, nur leider, weil sie nicht verstanden hatten wie man Gemüse sinnvoll zubereitet und würzt, war in vielen Schulküchen alles zu einer faden oder salzigen Pampe mit geringem Nährwert geraten, geschmacklich bestenfalls wie Karotten frisch aus der Dose. Eine Portion Streuwürze hätte zumindest teilweise geholfen. Die Schulkinder werden es, wie die schwarzen Köchinnen, nicht anders gekannt haben. Zu ihrer Entschuldigung kann gesagt werden, diese Art der Gemüsezubereitung gibt es auch in England. Dort schmeckt das Gemüse fad und nicht selten auch wie frisch aus der Dose. Die ehemalige Firstlady Michelle Obama, versucht mit viel Engagement diese aufklärende Arbeit fortzusetzen. Sie will den Kindern und Jugendlichen gesünderes Essen beibringen und sie sollen zu mehr Sport angeregt werden. Sehr schwer in einem Land in dem es ein Gesetze gibt, welches Pizza offiziell als Gemüse einstuft und wo die Erfindung des Ketchups im Jahre 1830 als Medizin patentiert wurde. Für die erste Kampagne in den Schulen wurde eine Milliarde im Gesundheitshaushalt genehmigt. Eine Finanzierung zu Lasten der Bundesstaaten wäre undenkbar gewesen, trotzdem wird die Umsetzung von einigen Staaten blockiert.

Wenig Einfluß hat die Schule jedoch auf die von zuhause mitgebrachten Pausenbrote. Kein anständiger Haushalt in den USA kommt ohne den typisch amerikanischen Brotaufstrich „Marshmallow Fluff" aus. Weit verbreitet wie Provinzialismus, unausrottbares Spießbürgertum und Konformismus. Im Vorgarten weht das Sternenbanner, auf dem Kaminsims steht ein Bild von Jesus (woher wissen die, wie er ausgesehen hat?). Jeden Morgen dasselbe Ritual in der Küche; die stark geschminkte Mutti mit mehr Make-up, als man morgens um halb acht eigentlich verkraften kann, mit Big Hair, in einem blütenweißen Kleidchen, die pink bemalten Zehennägel leuchten aus den Flipflops, die Mutti bestreicht eine weiße schlapprige Scheibe Toastbrot mit Marshmallow Fluff, einer aromatisierten pappsüßen Zucker-Eiweißmasse, eine zweite Scheibe mit Erdnußbutter und dann werden beide Hälften zusammengeklatscht: Fertig ist das Schulsandwich!

Dies ist mit Sicherheit kein Diätgericht. Gesundheitsfreaks nennen es „Diabetes in a jar" – Diabetes im Glas. In kaum einer Highschool gibt es ein Pausenbrot ohne diesen „Fluffernutter". Das wird man nicht so leicht ändern können. Vierzig Löffel Zucker nehmen Durchschnittsamerikaner täglich zu sich. Nicht weil alle Süßigkeiten in sich hineinstopfen, sondern weil ganz normale Lebensmittel aus dem Supermarkt bis zum geht nicht mehr mit Zucker angereichert sind. Es gibt dazu eine bedenkliche Theorie, nämlich daß die chronische Gier, Unzufriedenheit, Ungeduld und Kurzlebigkeit von der Zuckerüberreizung bestimmt wird.

Gibt es überhaupt gute Lebensmittel in NY zu kaufen? Ja, die gibt es. Es gibt sogar Wochenmärkte und bei jenen, die es sich leisten können ist auch dort „Organic" – Bio auf dem Vormarsch. Seit einiger Zeit gibt es einen Imker mit großem Erfolg, der hoch oben auf den Häusern seine Bienenstöcke aufgestellt hat. Dies ist auch eine Geschäftsidee, man muß nur darauf kommen.

In einigen NY Stadtteilen gibt es Straßenecken mit kleinen Ladengeschäften, einer leicht abgenutzten chemischen Reinigung mit Wäscherei – Do it jourself half hour wash!

Friseur, Apotheke und einen etwas welk anmutenden Tante Emma-Laden, in dem sich alles Notwendige zum Überleben findet, der Laden nennt sich meist großspurig „Supermarkt" und wird meist rund um die Uhr, 24 Stunden, unter Mithilfe der gesamten Familie und Verwandtschaft betrieben. Nachts bedient der ohnehin an Schlaflosigkeit leidende Opa die letzten paar Kunden, die für Bier und Cola, ein hausgemachtes Sandwich aus der Kühltheke oder eine Packung Eiskreme aus der Kühltruhe auftauchen. Mancher sucht zur späten Stunde auch nur etwas Ansprache bei einer laut Angebot „frisch gebrühten" Tasse Kaffee, je nach Wunsch mit Zimt oder Vanillearoma. Der Kaffee oder was man dort so nennt, ist eine ziemlich dünne Brühe. Der Geruch dieses Kaffees kann, je nach Geruchsempfinden, an Ziegenbock oder an die Pisse von räudigen Katern erinnern. In diesen Läden findet sich noch die natürliche Freundlichkeit, die eine Verständigung mit den echten New Yorkern so erleichtert.

Selbstverständlich gibt es auch hier in NY, wie überall in der Welt, Lebensmittelbetrug. Es hätte mich auch gewundert wenn es nicht so wäre. In einem New Yorker Schulprojekt sammelten Schüler auf diversen Märkten und vom Lebensmittelregal Lebensmittelproben, um sie anschließend per DNA-Analyse untersuchen zu lassen. Für das größte Aufsehen sorgten die Analysen der Lebensmittel, die sie in diversen Delikatessenläden erstanden hatten. Angeblicher Schafskäse war aus Kuhmilch, ausländischer und entsprechend teurer edler Kaviar stammte von einer Störart aus dem Mississippi und getrockneter Hai war schnöder Barsch. Alles als teure ausländische Delikatesse oder „Organic" ausgezeichnet. Es ist naheliegend, daß die falsche Deklaration als Delikatessen nicht aus Versehen erfolgte, sondern aus Profitgier und es sich eindeutig um Betrug am Kunden handelte, nervus rerum. Die Käufer waren nicht gerade die, die an Hustenbonbons als Verhütungsmittel glaubten, sie konnten einfach nicht die falschen von den echten Delis unterscheiden und wenn, hätten sie die Imitationen schlicht für den hohen Preis nicht gekauft. Bereits Jahre zuvor hatte ein ähnliches Projekt für Aufsehen gesorgt. Dies ist Stiftung Warentest auf amerikanisch!

Eine andere lukrative „Geschäftsidee" hatten zwei clevere Obdachlose, Pit Brown und Rose Gimpel. Die beiden kamen auf die Idee die Spendenfreudigkeit zur Weihnachtszeit anzuzapfen. New York ohne Spendensammler in der Vorweihnachtszeit, das ist undenkbar! Am bekanntesten und zugleich am auffälligsten sind die Sammler der Heilsarmee in ihren schmucken und adretten Uniformen, die älteren Frauen tragen noch ihre ungewöhnlichen und auffallenden Häubchen. Alle haben sie eine rotlackierte Spendenbüchse, mit der sie bevorzugt klappernd an Straßenübergängen stehen. Warum es ihnen nicht gleichtun? Natürlich besorgten sich die beiden keine Uniformen, sie waren nur schlampig gekleidet, ihre Kennzeichnung bestand lediglich aus einer weißen Kappe bestickt mit drei Buchstaben „UHO". Sie stellten simple Campingtische mit Wasserkanistern auf, die sie zu Spendenbüchsen umfunktioniert hatten und nannten ihren Obdachlosenverein „United Homeless Organisation" kurz UHO. Flugs wurden Spendensammler engagiert, die 15 Dollar pro Arbeitsschicht abzuliefern hatten und den Rest behalten durften. Rose Gimpel wurde zur Direktorin ernannt und die Sammlung konnte losgehen. Rose und Pit, die beiden Obdachlosen, die sich endlich mit den Spenden Einkäufe im Einkaufscenter, Flüge in ihre Heimat nach Ohio und das Programm der Weight Watchers leisten konnten. Alles in allem eine Obdachlosenhilfe, nur eben beschränkt auf Brown & Gimpel. Irgendwann flog die Sache der Hypokriter auf und der Generalstaatsanwalt ließ die Sammeltische entfernen.

Wie wär's mit einer kleinen Stadtrundfahrt im Leichenwagen abseits ausgetretener Pfade? Das gibt's tatsächlich. Das Vehikel ist ein schwarzer sechziger-Jahre-Leichenwagen, innen plüschig gepolstert. Passend zum sprühenden Einfallsreichtum, der stilechte Fahrer in der Uniform eines Totengräbers. Auf der Tour werden, mit geradezu heiligem Ernst, etliche Ecken gezeigt an denen Menschen zu Tode kamen, Häuser, Türme und Rätselorte der Selbstmörder mit Nennung der Namen. Oder Restaurants aus denen zwielichtige Gestalten und Mitglieder der Mafia nach Schießereien tot herausgetragen wurden. In NY werden jährlich, trotz strenger Bekämpfung der Kriminalität, bei 8,3 Millionen Einwohnern 536 Morde gezählt. Nicht zuletzt eine Auswirkung des weit verbreiteten Waffenbesitzes in der Bevölkerung. Zum Vergleich: In Berlin mit 3,5 Millionen sind es 34 Morde.

Perfektes Alibi gefällig? Dem Mann, der Frau kann geholfen werden. Ein findiger Amerikaner hat eine Firma für die Vermittlung des perfekten Alibis gegründet und ist nie um eine Ausrede verlegen. Kleine und große Unwahrheiten, alles kann man kaufen. Sein Einfallsreichtum hilft anderen mit Ausreden und Notlügen aus der Klemme. Wer mit einem fingierten Telefonanruf zu Hause, mit dem heimlichen Liebhaber aus dem Groß- oder auch Kleinstadtmief entkommen will, ein paar Stunden oder ein freies Wochenende mit seinem „beau" genießen möchte, nimmt die Hilfe dieser Firma in Anspruch. Ein Wochenende mit

Seitensprung nennen sie „Dirty Weekend“. Solche Fremd-geher sind jedoch die wenigsten Kunden. Meist geht es um Ausreden vor langweiligen Einladungen bei strohdummen Bekannten, die sich Freunde nennen oder lästigen Fami-lienbesuchen. Zur Auswahl werden eine Vielzahl von kreativen Varianten angeboten, ob es eine professionelle Einladung zu einem Seminar oder zu einer fiktiven Fort-bildung ist, die die Kunden dann vorweisen können. Zur Verfügung stehen einige real existierende Firmen, die mit ihrem Briefkopf über die nötige Seriosität verfügen.Ver-vollständigt wird das Ganze durch die Möglichkeit über Helfer auf der ganzen Welt, die vom Kunden handgeschrie-bene Ansichtskarten vor Ort z.Bsp. in Berlin, Dubai oder in den USA einwerfen. Es gibt auch Dauerkunden, die ihr verheimlichtes nichteheliches Kind besuchen wollen ohne daß die Ehefrau die Spuren ihres Trümmerlebens bemerkt. Ehepartner mit zwei Familien soll es geben, die nichts von-einander wissen dürfen. Durch eine erfundene Berufstä-tigkeit als Dolmetscher oder Handelsvertreter erklärt sich die häufige Abwesenheit dann quasi von selbst. Der Fan-tasie in Falschheit und Verlogenheit ist keine Grenze ge-setzt. Angeblich soll der professionelle Service vermehrt am 14. Februar, zum Valentinstag in Anspruch genommen werden, wenn die Kunden dem Ritual vom romantischen Candlelight-Dinner wie im „American Song Book“ von Rod Stewart, der schmachtet: „It has to be you...“ und anderen Liebesbezeugungen im Sehnsuchts-Repertoire entkommen wollen. Die Getäuschte muß sich dann mit einem anderen romantischen Geschenk, möglicherweise mit einem großen Schokoladenherz begnügen. Die Lügen werden wie jede andere Dienstleistung bedenkenlos ange-boten. Ein falscher Anruf soll nur 35 $ kosten, eine SMS weitaus weniger, längerer und umfangreicherer Einsatz entsprechend mehr. Angeblich ist der Service einigen bis zu 1500 $ wert. Nach Information des Alibidienstes ist die Inanspruchnahme zwischen Männern und Frauen im Alter von 18 bis 80 Jahren ausgewogen. Die Kunden kommen aus allen Bevölkerungsschichten und Berufen, Politiker, Rechtsanwälte, Sportler und auch Pensionäre. Menschen brauchen Lügen, wenn Wunsch und Wirklichkeit auseinanderklaffen, wenn sie es nicht aushalten, daß sich ihre Träume nicht erfüllen. Catch your dream!

Warum mal nicht einen Liebespartner faken, wenn gerade Mangel herrscht. Für Singles, die den Schein wahren wollen, gibt es Hilfe. Für Männer und Frauen, die niemanden zur Hand haben, um sie den Eltern vorzustellen, kann es allerdings teuer werden, denn alle Details müssen extra bezahlt werden, einschließlich Händchenhalten.

Gegen Vorkasse gibt es zahlreiche Angebote für den oder die Liebste zum leasen von 8 bis 23 Uhr. Partner zum Ausgehen, zum Vorzeigen und Angeben, in der Regel aber nicht zum Anfassen. Mit Studentinnen, die als Escort-Girls Geld verdienen, des öfteren mit Aussicht auf Sex, hat dieses Angebot nichts zu tun. Die Agenturen legen genau fest, wie nahe sich die beiden kommen dürfen, sonst kann die Begegnung ohne Anspruch auf Rückzahlung beendet werden. Ein Angebot für vereinsamte Seelen und wortlos stumme Einzelgänger, die unter Druck von Eltern oder Freunden stehen. Die Agentur hilft Singles und besorgt vorübergehend Ersatz, um nach Außen den Anschein zu wahren, die Kunden hätten jemanden in petto. Einen (falschen) Freund zu mieten ist einfacher, als zu schnell einen (echten) zu suchen, wirbt die Agentur.

Angeboten werden Traumpartner mit bussibärhafter

Glaubwürdigkeit. Gewicht und Körpermaße werden genau beschrieben, ob sie rauchen oder mittrinken, einschließlich der strahlenden Frische und dem warmherzigen Lächeln. Reine Ausgehmodelle sind am billigsten. Ein Bier und dicke fette Drinks trinken, die Tasche tragen oder prätentiöse Kleidung, erhöht allerdings den Preis, ebenso der flüchtige Begrüßungskuß oder weiterer Austausch flüchtiger Zärtlichkeiten. Gefahrenzulage wird fällig, wenn jemanden eifersüchtig gemacht werden soll. Bei Familientreffen kann auch der angebliche Verlobte gemimt werden, so entgehen sie der andauernden und nervenden Befragung, warum sie noch nicht in festen Händen sind. Die Beobachtung und Thematisierung ob jemand eine Freundin oder Freund hat, ist ein besonders beliebtes und unausweichliches dauerhaftes Gesprächsthema innerhalb der Familien. In manchen Fällen, so heißt es von Seiten der Agentur, sollen sich die Beteiligten tatsächlich ineinander verliebt haben.

Sozialberufler empfehlen eine solche Verhaltensweise nicht zur Gewohnheit werden zu lassen. Ausreden und Notlügen sind durchaus menschlich, um einen Konflikt zu vermeiden. Doch der vermeintlich leichte Weg führt letztlich in eine Sackgasse, weil das wirkliche Problem nicht gelöst, sondern nur verschoben wird. Es wäre besser, wenn die Leute ihre Probleme und Konflikte angehen und lösen würden. Das käufliche Alibi-Angebot wird in Bezug auf persönliche Beziehungen auch als moralisch verwerflich gesehen.

Den größten Wildwuchs findet man bei Angeboten in den Bereichen, die man zu Life-Coaching oder häufig gleich zum Humbug rechnen kann. So mancher esoterische Mumpitz zählt auch dazu. Die Hilfsangebote an Coaching sind zahlreich. Coaching ist in, manches Mal wird gegen viel Geld, sehr viel Geld, vorgegaukelt es würden psychologische Blockierungen gelöst, sei es im geschäftlichen oder im privaten Bereich.

Es gibt auch Angebote für Dating, dabei ist gemeint, wie arrangiere ich erfolgreich eine Verabredung mit einer anderen Person, dabei kann es auch nur um einen schnellen Zahnarzttermin gehen, beim „Casual Dating" gelegentlich um die Verwirklichung intimer Phantasien.

Coaching wird mit Hypnose, Tarot und Tantra angeboten oder auch nur als Beratungshilfe zum Aufräumen. Beliebt ist auch Coaching unter Zuhilfenahme von Tieren. Meist läuft es beim Coaching darauf hinaus, einem Reichen vermeintlich zu helfen noch reicher zu werden. Etwas suspekt ist deshalb das Hilfsangebot durch den Prediger des Vertrauens aus der Sonntagskirche. Steht doch in Markus 10.25 und auch bei Lukas: „Eher geht ein Kamel durch ein Nadelöhr, als daß ein Reicher in das Reich Gottes gelangt."

Die Beraterzunft ist eigentlich uralt und hat eine lange Tradition. Sie gab es schon vor ein paar tausend Jahren am Hofe des Königs Nebukadnezar, wo sich nach der Beschreibung im Alten Testament der Jüngling Daniel während seiner Ausbildung zum Propheten verdingte und seine Beratertätigkeit begann. Zuerst machte er mit seiner Ernährungsberatung über eine Gemüse- und Wasserdiät, die fett und träge gewordene Dienerschaft fit, dann den König selbst und wie jedem guten Berater gelang es ihm sich bei dem unterberatenen König dauerhaft einzunisten. Daniel verfügte über Einsicht und Verstand für jede Art von Schrift und Weisheit (siehe Buch Daniel). Mit einem Beleuchtungstrick zauberte er dem Suffkopf Belsazar, einem Nachfahren von Nebukadnezar, das „mene mene tekel u-parsin" – Schluß jetzt! an die Stirnwand des Thronsaales und der sturzbetrunkene und oder möglicherweise vergiftete Belsazar fiel prompt vom Thron. Es hatte sich ausregiert. Darius hieß der Nachfolger des so plötzlich Verstorbenen. Einen so erfolgreichen Berater und politischen Seher wollte der nicht missen. Deshalb bekam Daniel auch von König Darius einen Beratervertrag und brachte die Verwaltung auf Vordermann. So weit bringt es nicht jeder Berater und wenige haben ein paar tausend Jahre später so viel Weisheit, Einsicht und vor allem Verstand und Schläue, wie das alttestamentarische Vorbild. Die Sache ging damals zunächst nicht gut aus. Weil Daniel seinem Auftraggeber nicht nach dem Munde redete, und er von der neidischen Konkurrenz angeschwärzt wurde, landete er schließlich in der Löwengrube. Man weiß nicht welchen Rat er den nach ihm schnappenden Löwen gab, als aber am nächsten Morgen sein Kunde König nach ihm sah, meldete er sich unversehrt und guter Laune wieder zum Dienst. So wünscht man sich auch heute noch einen wirklich guten Berater, stets unbestechlich und kundenfreundlich.

Ausgefallen sind auch die in NY angebotenen Hilfsangebote über Voodoo-Zeremonien, vorwiegend von und für die dunkelhäutige Bevölkerung. In der Regel kommt das Angebot von Frauen. Häufig sind dies Voodoo-Priesterinnen aus Haiti, der Heimat dieses Kultes. Im Großraum NY sollen an die 300 000 Einwohner haitianischer Abstammung sein. Die New York Times hat einmal darüber berichtet und das Wichtigste war, wegen der Verwendung der vielen Kerzen bei der Messe, ausführlich auf die Gefahr von Bränden hinzuweisen. Dem Zeitungsbericht zufolge wurde bei einer Voodoo-Messe ein sechsjähriges Kind durch den verschütteten Rum und die alkoholischen Dämpfe in Brand gesetzt und erlitt schwere Verbrennungen. Den weißen Amerikanern ist Voodoo unheimlich und sie wollen nichts damit zu tun haben. Die Religion der weißen und schwarzen Magie mit ihren Tieropfern erinnert sie eher an den Teufel als an Gott. In Brooklyn gibt es einen Keller, in dem eine bekannte haitianische Priesterin ihre „Messen" abhält. Am Eingang hängt eine US-Flagge und daneben die Flagge Haitis. Die Türe ist weit offen, jeder soll zusehen können wie die Geister bei guter Laune gehalten werden. In der Mitte des Raumes steht ein Altar mit der Statue eines Voodoo-Geistes. Zum wilden Trommelschlag von Trommlern tänzelt die Priesterin in einem langen weißen Kleid um den Altar, dabei träufelt sie über Boden und Altar hochprozentigen Rum. Angeblich mag der Geist den Rum, ebenso die Torten und das Obst welches auf dem Altar ausgebreitet ist. Sie behauptet, um die Messe korrekt abhalten zu können müßte sie eigentlich ein schwarzes Schwein opfern. Das Schweineopfer sei aber in NY sehr schwierig zu bewerkstelligen, weil sich die NY Behörden querlegen. Ab und zu nimmt sie deshalb ein weißes Huhn. Sie klagt, die Behörden sind gegen Tieropfer, dabei bezeichnen sich die Amerikaner doch als das toleranteste Volk der Welt.

Es gibt einen Hauptgott, aber im Alltag sind hunderte Geister, katholischen Heiligen ähnlich, sehr viel wichtiger. Sie bestimmen über Glück oder Pech, Tod oder Leben. Bei der Feier im Keller bittet ein Gläubiger nach dem anderen die Geister um Hilfe, daß es endlich mit der Liebe klappt oder mit einem Job. Teufelsaustreibungen und Flüche gegen Personen lehnt sie ab, ebenso die berüchtigten Voodoo-Puppen, die nach ihrer Darstellung eigentlich dazu da sind positive Energien auf eine andere Person zu übertragen und keine negativen, wie dies in den Hollywood-Filmen dargestellt wird.

Andere haben nicht die Möglichkeit mit einer pfiffigen Geschäftsidee ihren Lebensunterhalt zu bestreiten. Nicht weil sie keine Ideen hätten, es sind die illegalen Einwanderer, die für geringe Entlohnung in Hinterhofwerkstätten mit Näharbeiten schuften oder sich in der Gastronomie und im Hotelgewerbe für den staatlichen Mindestlohn pro Stunde oder noch weniger abarbeiten. Das Geschäft mit den illegalen Einwanderern, den Chicanos, gibt es nach wie vor. Meist sind es Menschen ohne Lese- und Schreibkenntnisse, verarmt und ungelernt, überwiegend aus Mittel- und Südamerika, die keine Aussicht auf eine Aufenthaltserlaubnis haben. Sie werden bereits in ihrer Heimat wie auf Sklavenmärkten an Unternehmer verkauft. Nach Schätzungen soll es 12 Millionen Illegale in den USA geben. Die unkomfortable Reise müssen sie vorab bezahlen, es ist der Lohn der Schlepper, die damit Millionen verdienen. Mit den Schleppern kommen sie zu Fuß aus Mexiko über die 3200 Kilometer lange US-Mexikanische Grenze, es ist ein wüstenartiges Gelände, oder in einem Truck mit Versteck werden sie an die schon unterwegs versprochenen Arbeitsstellen nach NY gebracht.

Täglich passieren hunderte Lastwagen die Grenze zwischen den USA und Mexiko und es werden bisher nur Stichproben gemacht, das lockt die Drogenmafia des Landes an. Um die erfolgreiche Kontrolle zu vereiteln soll es schon vorgekommen sein, daß das Kokain im Tank eines Fäkalienwagens versteckt und erfolgreich über die mexikanische Grenze gebracht wurde. Laut US-Justizministerium bringen die Schmuggler jeden Monat zwei Tonnen Kokain und zehn Tonnen Marihuana zusätzlich noch Amphetamine in mehr als eintausend Städten der Vereinigten Staaten an den Konsumenten.

Wie in einem richtigen Thriller wurde eine US-Groß-
bank von der Drogenfahndung als Geldwaschanlage ent-
tarnt. Die Bank hatte über Jahre hinweg geschätzte 400
Milliarden Dollar aus Drogengeschäften in Mexiko über
ihre Konten geschleust. Davon sogar 14 Milliarden, in
kleinen Scheinen per Lastwagen, von Mexiko in die USA
gefahren. Demokraten und Republikaner haben sich über
ein neues Einwanderungsgesetz und verschärfte Grenzkontrollen verständigt. Die Grenzkontrolle soll mit 3500
zusätzlichen Beamten massiv aufgerüstet werden. Zusätzlich soll die Grenze mit einer Mauer verstärkt werden, die
Kosten dafür werden auf 21 Milliarden Dollar geschätzt.
Die Realisierung ist wegen der hohen Kosten aber fraglich.
Kritiker sagen: „Ein Staat, der sich mit Mauern umgibt,
baut sich sein eigenes Gefängnis“. Bisher gibt es an der
Grenze, neben den Beamten, viele übereifrige US-Bürger,
zornige Männer und Frauen, die aus Eigeninitiative selbst
nachts und kostenlos, die Grenzwächter unterstützten, um
in der dortigen Denkweise als Patrioten die US-Grenze
gegen die illegalen Einwanderer zu verteidigen. Bei einer
TV-Reportage: Ein Patriot mit schwabbeligen Doppelkinn,
grimmigen Gesichtsausdruck, rechts die Pistole, die amerikanische Flagge in der Linken Hand, dazu befragt begründete: „Hier leben hart arbeitende, ehrliche Familien,
die Gott fürchten und sich an das Gesetz halten. Warum
sollen wir Menschen, die gar nicht hier sein dürfen, auf
Kosten des Staates füttern und beherbergen?“.
Daneben gibt es andere, die vielleicht in einer anderen
Bibel gelesen haben, die sich um jene mit Unterkunft und
Essen kümmern, die den illegalen Grenzübertritt geschafft
haben, darunter immer mehr Minderjährige, die auf die Dä-
cher von Zügen klettern um in das gelobte Land zu kommen.

Die Mafia verdient nicht mehr nur mit Rauschgift, sondern auch mit Menschenhandel, dazu gehört auch die Kinderprostitution. Manche gegen ihren Willen festgehaltenen Opfer sind erst 13 Jahre alt, den erbarmungslosen Bedingungen, Zwang und teilweise Mißhandlungen ausgesetzt. Von einem Kind ist bekannt, daß es bereits im Alter von elf Jahren zur Prostitution gezwungen wurde. Häufig wagen es Frauen offenbar jahrzehntelang nicht, sich aus dem Griff der „Sklavenhalter" zu befreien. Sie werden gegen ihren Willen festgehalten und zu unbezahlter Arbeit in Prostitution und in häuslichen Diensten festgehalten.

Der US-Bundespolizei FBI ist unlängst ein großer Schlag gegen die Kinderprostitution gelungen. Bei einem landesweiten Großeinsatz nahmen die Ermittler nach eigenen Angaben mehr als 100 mutmaßliche Zuhälter fest und befreiten 79 Jugendliche aus deren Fängen. An drei Tagen hatten Tausende von Polizisten in 76 amerikanischen Städten Razzien durchgeführt. Mit diesen nationalen Razzien, sie nennen die Initiative „Innocence Lost" – verlorene Unschuld, erzielten die Fahnder große Erfolge. Insgesamt hätten schon 2200 Kinder gerettet werden können seit das FBI an diesem Programm arbeitet. Schätzungen zufolge würden pro Jahr mindestens 100 000 Kinder in Amerika in die Prostitution getrieben. Die Bundespolizeibehörde FBI ist davon überzeugt, daß der Menschenhandel von kriminellen Mafia-Organisationen, unter Beteiligung der Cosa Nostra, in einem perfiden System der Macht, meist mit einer Vielzahl von Querverbindungen und Gangs, kontrolliert wird, die ihre „Märkte" genau im Blick hätten. Oft würden sie das Internet nach manipulierbaren Kindern durchsuchen oder sie an Bushaltestellen ansprechen. Hinzu kommen tausende die jährlich von Zuhause weglaufen und binnen 48 Stunden zum Anschaffen gezwungen werden. Aber bisher konnte selten einer der Drahtzieher überführt werden. Das große Geld machen die Männer mit perfekter Organisation im Hintergrund. Das FBI schnappt nur die Handlanger, die jederzeit durch neue zu ersetzen sind.

Eine ganze Reihe von Debatten hat die USA im Laufe der vergangenen zehn Jahre zutiefst gespalten. Debatten über Kriege, Schulden und Gesundheitsreform. Doch keine Frage ist im Kongreß so lange und so ergebnislos diskutiert worden, wie der Umgang mit den illegalen Einwanderern, dem Heer der Unterbezahlten.

Arbeitgeber, die illegale Einwanderer beschäftigen, werden wegen „Ordnungswidrigkeiten" nur mit lächerlichen Bußgeldern bestraft, die sie aus der Portokasse bezahlen können, dies soll nach dem Willen der Republikaner geändert werden.

Die Arbeitgeber bezahlen den Menschenhändlern der Mafia, ergänzend zum Reisepreis der Illegalen, ein Kopfgeld und behandeln diese oft wie Leibeigene, die aus Angst vor Abschiebung nicht zur Polizei gehen oder nicht gehen können. Tausende leben und arbeiten unter sklavenähnlichen Verhältnissen. Bei Razzien in NY befreite die Polizei vor einiger Zeit Beschäftigte ohne Papiere, die in abgeschotteten Hinterhoffabriken eingeschlossenen waren. Das Kerngeschäft der in den 1930er Jahren eingewanderten Cosa Nostra in NY ist jedoch Schutzgelderpressung, Gewalt, Drogenhandel und Brandstiftung. Die Mafiafamilien sind sogar namentlich bekannt; es sind die Gambinos, Colombos, Genovese und andere, sie bilden einen Mafiahochadel, der einst die Cosa Nostra in die USA brachte und so lebendig ist wie eh und je. Die Stadt NY entwickelte sich bereits sehr früh zu dieser rastlos geschäftigen, dem Geld verfallenen Anhäufung von Menschen, die sich von jeher dem Streben verschrieben haben, schnell reich zu werden – to get rich quick!

Dieselbe mafiöse Struktur gibt es auch bei den Asiaten, vornehmlich den Chinesen. Es wird gesagt viele Chinesen sterben nie, weil sie einfach gegen neue ausgetauscht werden. Zehntausende Chinesen produzieren Modeartikel, die mit Hilfe von amerikanischen Designern für den Geschmack des amerikanischen Marktes gefertigt werden. Weil die Mode, wie überall, rasend schnell wechselt und die Chinesen schnell und vor allem billig produzieren, sind sie den anderen Produzenten voraus. Die zu ihrer Produktion benötigten Stoffe und passende Accessoires lassen sie in China billig produzieren oder kopieren. Neben chinesischen Eigenkreationen wird teure Designerbekleidung kopiert und in schlechter Materialqualitiät angefertigt, die dann billig angeboten werden kann. Nach Schätzungen kommen auf jeden legalen Chinesen, eineinhalb illegale Einwanderer aus China. Genaue Zahlen hat man wegen der großen Dunkelziffer nicht. Die legalen Chinesen genieren sich nicht ihren Reichtum zu zeigen, sie fahren die teuersten amerikanischen und europäischen Autos und wohnen in den teuersten Immobilien. Haben sie eine bestimmte Immobilie im Auge, zahlen sie praktisch jeden Preis. Reichtum wird, wie bei den Nativ-Amerikanern, als ein Beweis von Leistung gesehen, deshalb verbindet man nichts Negatives damit. Unbegreiflich schnell erworbener Reichtum, wie unbegreiflich geduckte Armut, wohnen dicht beieinander. Bestechende Intelligenz und dumpfe Unwissenheit, edelste Bemühung und verruchte Gewissenlosigkeit und Gier sind in diesem Land so unlöslich miteinander verwoben, man kann es kaum glauben und zweifelt bisweilen an seiner Beobachtungsgabe.

Ihre Bekleidungsproduktion läuft unter menschenunwürdigen Umständen und unter Mißachtung der Gesetze. Selbstredend bezahlen sie, durch ihr ausgeklügeltes System mit den Illegalen, in der Regel keine Steuern und Rentenbeiträge. In einigen wenigen Vorzeigeproduktionen gibt es bezahlte Mitarbeiterinnen, die jedoch nur den staatlichen Mindestlohn erhalten. Sie dienen zur Täuschung bei staatlichen Kontrollen. Die gefertigte Ware wird über Mittelsmänner gegen Bares und ohne Rechnung ausgeliefert und verkauft. Das in großen Mengen eingenommene Geld wird unauffällig über Restaurants und Einzelhandelsgeschäfte gewaschen. Auch die chinesischen Arbeitskräfte werden von Außenstehenden abgeschottet. Trotzdem hebt die Polizei immer wieder versteckte Nähereien der chinesischen Sklavenhalter aus, in denen junge Chinesen, auf engstem Raum zusammengepfercht, unter erbärmlichen Umständen leben und arbeiten müssen. Wer als Illegaler die unfairen Arbeitgeber nicht akzeptieren will, riskiert nicht nur den Verlust seines Einkommens, sondern läuft auch Gefahr inhaftiert oder ausgewiesen zu werden. Berichten zufolge arbeiten sie bis zu 18 Stunden täglich und das sieben Tage die Woche, solange bis sie nach zwei bis drei Jahren ihre illegale Passage abgearbeitet haben.

Die beiden großen amerikanischen Parteien waren höchst empört als bekannt wurde, daß der große amerikanische Modedesigner Ralph Lauren das Olympia-Outfit, für die Sportler der USA, von den Chinesen anfertigen ließ. US-Sportler sollten amerikanische Sportbekleidung tragen. Angesteckt vom patriotischen Bazillus waren sich die beiden Parteien, die Demokraten und die Republikaner, die sich normalerweise blockieren wo es nur geht, einmal einig. Der demokratische Mehrheitsführer im Senat forderte die Sportkleidung auf einen Haufen zu werfen und zu verbrennen. Wohlgemerkt nicht wegen schlechter Qualität oder oder weil sie nicht gefiel, sondern nur weil sie die Chinesen angefertigt hatten. Hinter der Wut steckte sicher auch der Zweifel an der eigenen Supermacht.

Nicht besser als den jungen Chinesen erging es übrigens den hilflosen Einwanderern im 19. Jahrhundert. Ihr Anfang blieb in der Regel genauso unerbittlich, es ist also keine Erscheinung der Gegenwart. Einwanderer werden häufig benachteiligt und landen in den unteren Schichten der Gesellschaft. Den weißen Fabrikarbeitern in den Betrieben im Norden der USA wurde abgepreßt, was immer nur abzupressen war. Niemand kümmerte sich darum, was aus den Männern, Frauen und Kindern wurde, die verunglückten oder krank oder zu früh arbeitsunfähig wurden. Wenn sie nicht mehr funktionierten, diese armen Teufel aus Europa, dann wurden sie entlassen, wie man Müll auf den Abfallhaufen wirft. Es scheint die Regel zu sein, daß bei den armen Massen die erste Generation geopfert wird, weil sie damals wie heute um jeden Preis die geringste Arbeit annehmen müssen. Einwanderer waren die billigen Arbeitskräfte, mit denen NY einst seine Textilindustrie aufbaute. Nicht alles hat sich in den letzten 120 Jahren geändert. Damals umgingen die Fabrikanten die Gesetze, indem sie kleine Fabrikationen in Wohnungen verteilt einrichten ließen, sie wurden „sweatshops“ genannt. Oft war es nicht mehr als nur ein Raum und ein paar Nähmaschinen. Wer glaubt diese ausbeuterische Variante wäre längst ausgestorben, der irrt, es gibt sie vereinzelt immer noch, mit neu angekommenen Menschen, die im fremden

Sprach- und Kulturbereich heute so verloren sind wie damals. Wenn die Demokraten ihre Vorfahren erwähnen, betonen sie stets, wie höllisch schwer es war für die erste Generation. Jedoch betonen sie stets, daß heute ein bißchen Hilfe vom Staat nichts Unanständiges ist, und sei es nur ein freundlicher Dolmetscher auf dem Amt. Den Demokraten geht es um die Menschen und Arbeit, sie vertreten den gesunden Menschenverstand. Ganz im Gegensatz dazu die Meinung der republikanischen Gegner. Die Republikaner kümmern sich eher um ausgeklügelte Investmenttheorien. Engstirnige Republikaner sind der Meinung, jeder könne es allein und ohne Hilfe schaffen, wenn er sich die Sprache schnell aneignet und fleißig ist. Jegliche Ausgaben für diesen Zweck könne sich der Staat sparen. Es genüge ein „good luck" wie einst und die Einwanderer sollen sehen wie sie zurecht kommen. Tatsächlich gibt es bis heute keine staatlichen Helfer, die den Neuankömmlingen zur Seite stehen, wie z.Bsp. in Australien oder Kanada. Alles ist dem Zufall, der Eigeninitiative, der privaten Hilfe aus Familie, Kirche oder Nachbarschaft überlassen. Oft werden weder die Hochschulabschlüsse noch Berufserfahrung aus dem Ausland anerkannt, daß gut Ausgebildete entweder ganz unten anfangen oder einen anderen „Beruf" ergreifen müssen.

Zur rechten Zeit am rechten Ort, um damit seinen Lebensunterhalt zu verdienen, klingt nach einem simplen Rezept. Nur leider ist es nicht ganz ungefährlich für die freien Kamerateams, die den Polizeifunk abhören und sich darauf spezialisiert haben, den zahlreichen privaten Fernsehsendern möglichst reißerische Berichte über Polizeiaktionen von Verbrechen, Gewalttaten und Unfällen zu liefern. Die

Reporter sind Tag und Nacht unterwegs in den schlechten und heruntergekommenen, sowie in den vornehmen Gegenden der Stadt. Diese Bilder von Polizeiübergriffen haben bei manchen das Gefühl bestärkt, in einem endgültig geteilten Amerika zu leben, in dem Bürgerrechte so stark wie nie von Geld, Hautfarbe, Wohnort abhängig sind. Sie befeuern gleichzeitig das Medienklischee: Junge Afroamerikaner aus einfachen Verhältnissen sind traumatisierte und brutalisierte Ghettobestien. All die Handyvideos und die Berichterstattung, die die Brutalität überforderter Polizisten zeigt, haben nicht zu einem geänderten Verhaltenskodex geführt. Die Schießwütigkeit einiger Gesetzeshüter ist ungebrochen. Dafür gibt es Gründe. Zu viele Waffen sind in den USA im Umlauf. Die Polizisten stehen deshalb unter ständiger Anspannung und fühlen sich häufig bedroht. Doch das allein erklärt nicht, warum 40 % der Opfer Schwarze sind und Polizisten häufig weiterfeuern, wenn diese bereits am Boden liegen. Der Grund ist in der Ausbildungsmisere zu suchen. Der Ruf der Polizei ist mittlerweile so schlecht, daß es immer schwieriger wird, Nachwuchs zu finden. Deshalb wurden die Anforderungen gesenkt. Häufig genügt nur ein einfacher Schulabschluß und die Grundausbildung kann auch mal nur 18 Wochen betragen. Von schlecht ausgebildeten jungen Menschen kann man nicht erwarten, daß sie für Ruhe und Ordnung in einer Gesellschaft sorgen, die einem Waffenkult huldigt.

In Camden, New Jersey, am Hudson gegenüber der Millionenstadt NY, ein Slum, dessen Straßen durch Ruinenlandschaften führen. Zugenagelte Fenster, Müllkippen und Brachen; vielleicht ist Amerika nirgendwo sonst so kaputt wie hier. Die 75 000 Bewohner fast alle schwarz und perspektivlos. Hier gibt es tagtäglich Morde, Schüsse aus fahrenden Autos, Kämpfe rivalisierender Straßengangs um Sex und Drogen, brennende Häuser und Autounfälle. Entsprechend sind die Berichte über die Stadt meistens von Mord und Totschlag. Der Sumpf aus Drogen und Gewalt wurde zwar eingedämmt, aber nie trockengelegt.

Oder die Kamerateams berichten einfach nur über Kids, die in einer verrufenen Gegend oder in heruntergekommenen Straßenzügen in NY wohnen, dort nachts durch die Gegend streifen, um ihr Viertel gegen andere Kids zu verteidigen und gleichzeitig im Dauerzwist mit der Polizei leben.

Besonders die Nächte sind so ergiebig, daß für Kameraleute und Journalisten jede Nacht Storys zu finden sind. Wer als Erster und Schnellster vor Ort eintrifft, vor allem vor der Konkurrenz, macht das Geschäft. Treffen die Kollegen von der Konkurrenz rechtzeitig ein, wird mit diversen Tricks versucht, denen das Geschäft zu vermiesen, indem sie die Reportagen der anderen stören. Einer der Tricks ist lautes ordinäres Fluchen, z.B. „Fuck" oder „Bullshit", in der Nähe der Konkurrenz, damit die Aufnahmen nur unter zeitaufwendiger Nachbearbeitung zu verwenden sind. Flüche sind im Fernsehen, im Gegensatz zum Alltag, wo immer öfters sogar aus zartem Mund „shit" und besonders „fuck" zu hören ist, nicht salonfähig, sie müssen ausgeblendet und dürfen nach einem Richterspruch des Obersten Gerichtshofes nicht gesendet werden. Meist geschieht dies mit einem, den Fernsehzuschauer ziemlich nervenden, Pfeifton.

Wenn ein Fernsehsender gegen die gesetzlichen Auflagen verstößt, muß dieser bereits bei einem einzigen „Fuck" mit drastischen Geldstrafen bis zu 325 000 Dollar rechnen. Haben die Trickser die Nase vorn, können sie ihr Bildmaterial anstelle der Konkurrenz sofort abliefern. Dieser harte Wettbewerb mit den Kollegen ist nicht ungefährlich, weil in den schlechtesten Gegenden der Stadt, nachts, eine Art Kriegszustand herrscht. Wenn die Kameraleute ihre hellen Scheinwerfer einschalten und ihr grelles Licht verbreiten, kommen sie selbst ins Visier von aggressiven Straßengangs, die sie nicht selten auffordern zu verschwinden. Geschicklichkeit und vor allem Schnelligkeit ist von den Teams gefragt, um möglichst im Schweinsgalopp schnellstens wieder zu verschwinden. Es wird nicht gerne gesehen, wenn sich andere einmischen. „Mind your own business!". Gaffer in kompakten Gruppen schauen aus gebührender Distanz, gebannt und fasziniert, einfach zu. Ein durch Gräueltaten im Fernsehen abgehärtetes und trainiertes Publikum. Einmischung ist verpönt, keiner greift ein oder ruft die Polizei. Geld bekommen die Kamerateams von den Fernsehsendern nur, wenn die Aufnahmen gesendet werden. Das volle Risiko tragen somit die Kamerateams. Die von der Polizei abgeführten Kriminellen werden durchgehend die ganze Nacht vor Schnellgerichten abgeurteilt.

Ein Abgeordneter der Republikaner hat unter Hinweis auf Initiativen in anderen US-Bundesstaaten den Vorschlag gemacht, die Häftlinge für die Arrestierung bezahlen zu lassen. Die Nacht in der Zelle sollte 90 $ kosten, zusätzlich das Toilettenpapier, das Handtuch, und ggf. der Besuch des Arztes. Sogar für Zahnbürsten sollen die Häftlinge in Zukunft zur Kasse gebeten werden. Wer es sich leisten könne, solle die Steuerzahler entlasten, die sich an die Gesetze hielten. Kostenersatz aus dem Bargeld, das der Straftäter bei der Verhaftung bei sich hat oder durch Einzug vom Kreditkartenkonto. Vergleichsweise günstig, denn in Kalifornien kostet das Privileg gut bewacht in der Gemeinschaftszelle zu verbringen 142 $. Dafür gibt es noch Essen und Trinken und kurze kalte Duschen. Für die klamme Staatskasse bringt dies zwischen drei und fünf Millionen Dollar jährlich. Die Insassen der städtischen Gefängnisse in NY sind zu 84 % schwarz oder hispanisch. Die Menschen, die soziale Nothilfe sowie Obdachlosenasyle in Anspruch nehmen, gehören fast zu 100 % diesen Gruppen an. Dafür verantwortlich ist weniger der direkte Rassismus, wie noch vor 50 Jahren, aber unübersehbar sind es die psychosozialen Spätfolgen der jahrzehntelangen Diskriminierung. Die amerikanische Gesellschaft ist praktisch unfähig und in großen Teilen auch unwillens etwas dagegen zu tun. Es ist nicht unbedingt Rassismus in biologischer Form, sondern eher des öfteren eine Ausgrenzung aufgrund von tiefverwurzelten Vorurteilen. Die Arrivierten, die Wohlhabenden, die gut Gewaschenen lehnen die weniger gut Gewaschenen ab, fürchten sich vor den Leuten, die keine Arbeit haben, vor denen mit anderer Hautfarbe, den Nachkommen der Sklaven. Sie meiden die Puertorikaner, die fast genauso dunkelhäutig wie die Schwarzen sind, die ihrerseits aber mit denen nichts zu tun haben wollen. Sie sehen in jedem Italiener ein Mitglied der nach Amerika verpflanzten Mafia. Sie wollen auch von den Juden nichts wissen, besonders von den Orthodoxen nicht, die sich nicht assimilieren lassen. Sie haben Abneigungen gegen alle die noch nicht einer Kirche, bevorzugt der episkopalischen oder der presbyterianischen Kirche, beigetreten sind. Sie verachten die Griechen und die Portugiesen und vor allem Moslems.

Alle, die ein paar tausend Dollar weniger als sie im Jahr verdienen, die gehören schon ganz und gar zu einer anderen Bevölkerungsschicht. NY ist kein Schmelztiegel. Die

Gruppen gleichen sich nur oberflächlich an und gewöhnen
sich das meist sehr armselige durchschnittliche amerikanische Englisch an. Tausende Hispanics sprechen aber nicht
einmal dies und stattdessen nur ihr Spanisch. Hinter einer
dünnen amerikanischen Fassade bleiben die Leute wie sie
sind.

Neben dem alltäglichen Mord und Totschlag im Fernsehen, wird auch über andere Racheakte berichtet. So soll
ein an geistiger Dauerverstopfung leidender New Yorker,
seinem Hahn den Kopf abgebissen haben, aus Ärger darüber, daß der Hahn seiner Lieblingstaube wehgetan habe.
Er wurde festgenommen und wegen Tierquälerei vor Gericht gebracht. Zu seiner Verteidigung führte er an, er habe
den Hahn immer gut behandelt und ihn an einer Leine im
Central Park regelmäßig ausgeführt, dort ist der Vorfall
auch passiert.

Der König von New York

Der Bürgermeister ist der König von NY. Einige der Bürgermeister in den vergangenen Jahren haben sich in besondere Weise für die Belange der Stadt NY eingesetzt, dies ist besonders bemerkenswert, weil sie lediglich mit dem symbolischen Gehalt von 1 $ pro Jahr entlohnt werden.

Einer dieser engagierten und populären Bürgermeister war Michael Bloomberg, denn mit seiner Tellerwäscherkarriere hat er die New Yorker beeindruckt. Zu seinen Leistungen gehört nicht nur die Reform des verlotterten Schulsystems, sondern auch die beeindruckende Abschaffung übler Zustände und wie sein Vorgänger setzte er sich für die strikte Kriminalitätsbekämpfung ein. Darüber hinaus steuerte Bloomberg aus eigener Tasche 30 Millionen bei, um benachteiligte Jugendliche aus dem Teufelskreis von Gewalt, Kriminalität und Arbeitslosigkeit zu befreien.

Eine seiner letzten Initiativen betraf das Ritual der Beschneidung bei den ultraorthodoxen Juden. Bloomberg, der selbst Jude ist, wandte sich gegen den Brauch der orthodoxen Rabiner, die während der Beschneidung mit dem Mund das Blut von der Wunde absaugen. Nach Berichten des NY Gesundheitsamtes sollen sich dabei Neugeborene Herpesinfektionen zugezogen haben, und andere sollen auf diese Weise durch Infektionen gestorben sein. Nun regelt eine Verordnung die sterile Ausführung der Beschneidung.

Die orthodoxen Rabiner wollten an ihrem uralten Ritual festhalten, wehrten sich gegen eine Änderung und verklagten deshalb Bloomberg.

Ein anderer „King" legte Wert auf einen „Kulturwechsel" NY sollte gerechter und familienfreundlicher werden, wollte bevorzugt Diskriminierung und soziale Ungerechtigkeit in NY nicht mehr tolerieren. Zur Einhaltung von „law and order" hatte er sich einen alt bewährten Top-Cop – Polizeichef geholt, der schon unter seinem Vor-Vorgänger mit seiner Taktik „Stop and Frisk" und der „Broken Windows" Politik, die Stadt NY von einer der mörderichsten Städte der USA zur sichersten Metropole Nordamerikas machte. Ziel war er sollte in NY wieder für die strikte Einhaltung und Kontinuität von Recht und Ordnung sorgen.

Die Taktik „Stop and Frisk" bedeutet, die Polizei kann wahllos und ohne konkreten Verdacht auf der Straße jeden anhalten und durchsuchen. Diese Taktik ist umstritten, weil es überwiegend Dunkelhäutige und Hispanics trifft. Der Polizei wurde deshalb vielfach Rassismus vorgeworfen.

Die „Broken Windows" Politik bedeutet, daß bereits bei geringen Ordnungswidrigkeiten hart durchgegriffen und bestraft wird. Mit diesen beiden Methoden hatte der Polizeichef auch in Los Angeles großen Erfolg, dort konnte er die Kriminalität um das Sechsfache senken. Immer geht es um die Sorge in den Straßen könnte wieder die Kriminalität die Oberhand gewinnen und das Chaos ausbrechen.

NY hatte lange Zeit, die Kriminalität betreffend, in den USA einen schlechten Ruf. Jeder erhielt einst von seinen Freunden und Verwandten, selbst von hilfsbereiten Passanten in NY, so manchen Ratschlag zur eigenen Sicherheit, den man tunlichst beachtete. Einer der Ratschläge war, immer eine zweite Geldbörse mit sich zu führen mit einem kleinen Geldbetrag von etwa 5 $. Es wurde empfohlen, falls man von einem „Mugger" – Straßenräuber aggressiv um Geld angegangen wird, diese Geldbörse hinzuwerfen und schnell davon zu rennen. Sie nannten es „A tip for the mugger" – Trinkgeld für den Straßenräuber. Frauen wurde geraten keine goldfarbenen Ohrringe zu tragen, um nicht potentielles Opfer zu werden. Wenn Diebe glaubten es handle sich um wertvolles Gold oder Edelsteine, ist es vorgekommen, daß Frauen die Ohrringe aus den Ohrläppchen gerissen wurden. Autotüren waren stets von innen zu verriegeln, da junge Burschen bei Rotlicht versuchten die Wagentür aufzureißen, um an die Handtasche oder andere abgelegte Gegenstände zu gelangen. Vor einer Besichtigung des wunderschönen Central Parks wurde man gewarnt, ängstliche Naturen gingen nicht einmal am Rand entlang. Dort würde sich allerlei Gesindel, Penner, Mörder und lüsterne Hallodri aufhalten. Passagiere im NY-Stadtbus warnten unbefangene Touristen, an dieser oder jener Haltestelle besser nicht auszusteigen, um sie vor Unheil zu bewahren, denn bestimmte Haltestellen waren wegen der hohen Kriminalitätsrate nicht „safe". Wer diese alten New Yorker Zeiten noch kennt und heute sieht, wie aufgeräumt und sauber die niemals schlafende Stadt in weiten Teilen ist, versteht wie beeindruckend die letzten Bürgermeister diese Aufgabe für die New Yorker Bürger gemeistert haben. Sie erzielten den Erfolg, indem jede auch noch so kleine Straftat verfolgt wurde und unverzüglich, wenn irgendwie möglich, drastisch bestraft wurde. Alle hoffen, daß die üblen Zeiten für immer vorbei sind. Heute gibt es bis spät in die Nacht Konzerte an der Südseite des Central Parks, im Wechsel vom banalen Stadtbühnengott mit Proleten-Pop bis zum namhaften Künstler. An lauen Sommerabenden kann man sich keine stimmungsvollere Kulisse vorstellen. Die Menschenmenge und die berittene Polizei mit ihren Pferden hat dies übrigens an der Südseite auch während der etwas schlechteren Zeiten ab und zu für die weniger Ängstlichen ermöglicht. Die dortigen Auftritte der in Deutschland geborenen Sängerin Ute Lemper haben bereits Kultstatus. Man liebt sie, die unterkühlte teutonische Blonde mit dem melancholischen Blick und der rauchigen Stimme. Nur in Deutschland bezeichneten sie lange Zeit boshafte Kritiker als drittklassige Tingeltangel-Schnurre. Dies ist nur eine der verletzenden Bezeichnungen, mit der man sie bedachte. Bereits 1988 kam sie über ein Engagement in einem Musical nach NY heiratete dort und ließ das aus ihrer Sicht miesepetrige Deutschland hinter sich. Sie brachte ihr Kurt-Weill-Repertoire mit und die New Yorker waren begeistert. (Der Exilant Weill starb 1950 in NY). Noch mehr Begeisterung entfacht sie mit ihrer Hommage an den Tango mit den Liedern von Piazzolla. Kenner sagen jedes dieser Lieder ist wie ein Otto-Dix-Gemälde, da ginge es nicht nur um Liebe, sondern auch um die Unmöglichkeit ständig glücklich zu sein.

An schönen Tagen gehen Mütter mit Kinderwagen, oder die schüttere Silverlady mit ihrer Pudelhündin, ohne Probleme Tag für Tag auf den kurvigen Wegen und Alleen durch diesen beeindruckenden, wunderschönen Central Park. Manche jungen Mütter absolvieren gleichzeitig ihre Mummy-Fitness mit Kinderwagen und Inlineskatern. Die etwas größeren Kinder lassen Drachen steigen oder ihr Modellboot auf einem der Teiche, Seen oder Brunnen schippern. Eine Gruppe Rollschuhfahrer mit einem Gettoblaster, der mit übergroßen Lautsprechern ausgestattet ist, trifft sich seit Jahren regelmäßig an einem bestimmten Platz, um kunstvoll, ähnlich wie Schlittschuhläufer, Pirouetten und andere Kunststücke zu üben. Jeder der Läufer scheint völlig konzentriert auf sich selbst zu sein. Fasziniert von der vollkommenen Ästhetik und nicht zu übersehenden Erotik, schauen die Parkbesucher zu.

Es gibt vogelkundige Führungen und Führungen zu den freilebenden Schmetterlingen, die es dort erstaunlicherweise in großer Vielfalt gibt. Man fährt mit seinen Inlineskatern oder verbringt seine Mittagspause im frischen Grün und hört exzellente und beeindruckende Gitarrenmusik von begnadeten und verarmten Musikern, deren Saitenkunst an ihr großes Idol Jimi Hendrix erinnert. Trifft scheinbar sorglose südafrikanische Mbaqanga-Musiker, die ergänzend zu ihrer Vortragskunst Duftmarken setzen, weil sie meist dezent müffeln. Man sonnt sich auf dem Rasen oder spaziert tagsüber einfach nur herum, um etwas bessere Luft zu schnappen, und dies alles ohne Eintrittsgeld und Angst um die eigene Sicherheit im Central Park. Das alles gab es vor Jahren nicht, bestenfalls nur für ein paar ganz wenige Unerschrockene. Nach wie vor aber gilt: Don't walk in a park after dark in NY – laufe nicht bei Nacht in den Parks von NY herum.

Die Probleme sind jedoch nicht weniger geworden, seit man sich bewußter mit Umwelt und Gesundheitsschutz befaßt. Am Wohnungsbau gibt es noch viel zu tun. Manches wird auch auf die amerikanische Art und Weise geregelt. So entledigte man sich des Problems der zahlreichen Obdachlosen auf zynische Weise und zahlte ein Einfachticket an jeden Ort, angeblich an jeden Ort der Welt, um sie aus der Stadt zu schaffen. Inzwischen sollen mehr als 500 überwiegend schwarze Familien, verächtlich als Aasgeierfiguren der sozialen Müllkippe und Sozialschmarotzer tituliert, dieses Angebot angenommen haben. Mit ihnen wurden verarmte Künstler vertrieben und die Stadt wurde ein Stück langweiliger, ein negativer Nebeneffekt. Viele waren einst gekommen, um dem engstirnigen Teil Amerikas zu entfliehen, weil sie glaubten in NY in größerer Freiheit, Offenheit und Toleranz leben zu können. Man sagt New York ist nicht Amerika. Besucht ein echter New Yorker einen anderen Teil der USA kann es passieren, daß er zu hören bekommt: „Willkommen in Amerika!". In den letzten Jahren hat sich NY stark verändert und das Leben dort ist teuer geworden. Lebensmittel sind in der Millionenmetropole teurer als im Rest des Landes, besonders die Künstler haben darunter zu leiden. Was nützt Freiheit und tolerantes Denken, wenn man es sich finanziell nicht leisten kann in NY zu leben. Für sie, das ewige Drama des nackten Überlebens. Noch suchen viele Zuflucht in NY, die es in Amerika am schwersten haben und andere, die der amerikanischen Prüderie entfliehen wollen. New York ist neben San Francisco die liberalste Stadt Amerikas; gleichgeschlechtlich orientierte Frauen und Männer, schrille und bunte Transsexuelle, Nerds, totale Spinner und auch Obdachlose, die noch Hoffnung haben. Wo sie auch hinflüchten, sie begegnen stets nur sich selbst und ihrer eigenen Geschichte. Viele der Jüngeren kommen aus Waisenhäusern, gescheiterten Familien, auch aus Gegenden in Amerika, wo Politiker und couchpotatoes – Sofahocker in ihnen und bereits allein in ihrer Anwesenheit eine Gefahr für die nationale Sicherheit sehen. Aus den bigotten Südstaaten, wo „Muckraker" (das sind Leute die gerne in der Scheiße stochern oder dort, wo man anderer Meinung sein kann) der Auffassung sind, einen Skandal aufdecken zu müssen. Oft auch nur, wenn nach ihrer Meinung das wichtigste Gebot des Landes, um keinen Preis Aufsehen zu erregen, verletzt wurde. Dies betrifft dann ganz banal Leute, die in zu bunter und zusammengestückelter modischer Kleidung herumlaufen, selbst wenn sie von bester Qualität ist. Sie finden es ganz in Ordnung, wenn Leute übereinander wachen. Jede Abweichung vom ausgetretenen Pfad wird bemerkt und kritisiert. Ein Mensch der seinen eigenen Weg geht, ist in ihren Augen kein verläßlicher Mensch, und wenn er sich nichts sagen läßt, will man mit ihm nichts zu tun haben. Abweichung wird nicht toleriert, statt wärmender Nähe gibt es Sozialkontrolle. Man nimmt den Abweichlern ihre Visagen übel, ihre Stimmen, ihren Geschmack und ihre Abgeschmacktheit, den Raum den sie einnehmen, daß sie sagen was sie sagen, daß sie singen was sie singen. Kurz gesagt, daß sie überhaupt existieren, sie gehören nicht zur großen Familie der Amerikaner.

Kritik kommt aus Orten wo selbsternannte, geltungsbedürftige bigotte Moralprediger, in Animosität mit Haßpredigten denunzieren, besonders gegen die Homos, denn Gott haßt nach ihrer Meinung alle Schwulen. Statt sich auszutauschen, verschanzen sich alle hinter ihren Vorurteilen und bestätigen jeweils die des anderen. Bei nicht wenigen wird das Verhalten von unconscius Bias – unbewußte Voreingenommenheit geleitet. Den großen Schritt nach vorn hat ihr Beharrungsvermögen stets zu verhindern gemocht. Eine Umfrage ergab, daß nur jeder zweite Amerikaner, Sumpfgewächse der bürgerlichen Doppelmoral inbegriffen, eine gleichgeschlechtliche Beziehung für moralisch akzeptabel hält. Nach anderen Erhebungen wandelt sich die öffentliche Meinung, besonders unter den Jugendlichen, hin zur Akzeptanz. Selbst die dortigen Pfadfinder, einer der größten

Jugendverbände, nehmen in einer als historisch bezeichneten Entscheidung mittlerweile auch homosexuelle Jugendliche auf, allerdings ausdrücklich nur Jugendliche, und sobald sie das 18. Lebensjahr erreichen müssen sie die Organisation wieder verlassen, weiter geht die Toleranz nicht. Die meisten Verbände der Boy Scouts bekommen ihr Geld von kirchlichen Organisationen, die strikt dagegen sind, deshalb könnte es in der Zukunft eine Spaltung des über 110 Jahre alten Pfadfinderverbandes „Boy Scouts of America" geben. In Amerika gilt bekanntlich; wer das Geld gibt hat das Sagen. Auch ein Teil der Eltern haben die Besorgnis, der Verband könnte sich nun zu einem unmoralischen Sündenpfuhl entwickeln, der sich nicht mehr um die charakterliche Entwicklung kümmere, dazu gehört „straight" zu sein und jeden Tag eine gute Tat zu vollbringen.

Ein Pastor der Baptisten Kirche in North Carolina, eigentlich ein Haßprediger, erlangte ob einer Sonntagspredigt fragwürdige Berühmtheit. Der hemmungslos biedere Baptistenprediger verkündete, daß alle Homos hinter einen elektrischen Zaun verbannt werden sollten. Ihm schwebte eine Art KZ nach Nazivorbild vor. Dieser Zaun sollte 100 oder 150 Meilen lang sein, man sollte dort alle reinstecken, gelegentlich drüber fliegen und etwas Essen fallen lassen. Der elektrische Zaun wäre wichtig, damit sie da nicht mehr raus können. In ein paar Jahren würden sie aussterben, weil sie sich nach seiner Meinung nicht vermehren können.

Angeblich waren während seiner Predigt immer wieder zustimmende Rufe zu hören und er setzte noch einen drauf, indem er die Demokraten wegen ihrer liberalen Einstellung kritisierte. Jedes Wort würde er ebenso meinen, wie er es gesagt habe. „Die Bibel ist dagegen, Gott ist dagegen, ich bin dagegen und wenn ihr vernünftige Leute seid, seid ihr auch dagegen". Gott kann schließlich nicht alles selber machen, in seinem Alter.

Offensichtlich gelten angesichts so hehrer Ziele die Rechte der Minderheiten oder Andersdenkenden nichts mehr. Wer nicht zu den wunderbar Erleuchteten zählt muß, nach Auffassung des Predigers, aussortiert oder ausgemerzt werden.

Außer jenen mit gedankenloser Zustimmung, gab es aber noch andere, die Protestaktionen vor dieser Kirche organisierten, nachdem Zeitungen und Fernsehsender landesweit darüber berichteten.

So gehen die Unbeliebten nach NY, dort fühlen sie sich besser. Aber auch dort werden sie häufig diskriminiert und als Reaktion auf ein puritanisches Triebleben von überheblichen Doppelmoralisten benutzt oder von notgeilen Typen mit vulgären Allmachtsfantasien ausgenutzt. Denen geht es um das triebhafte exzessive Ausleben und Auskosten von Überlegenheit und Manipulation als Allmächtiger. Sie haben sich eingeredet, sie dürfen das tun, weil sie großartiger sind als die Kleingeister um sie herum.

Obdachlose werden im Schlaf bepinkelt, getreten und sogar angezündet. Etliche Obdachlose schlafen deshalb, zwischen Ratten und Mäusen, in den zahllosen U-Bahn- und Kabelschächten oder ähnlichen Verstecken. Es sind durch und durch abgewrackte Gestalten dabei, die man sich in einer so reichen Stadt wie NY eigentlich gar nicht vorstellen kann. Ihre Nahrung ertauchen sie sich als Mülltaucher aus Abfalltonnen, wo überlagerte Lebensmittel eingeworfen werden und sie die Bedürftigen „ertauchen" können. Mir ist eine Amerikanerin begegnet, die davon überzeugt war, man müsse Eier drei Tage nach dem Erwerb wegwerfen, weil sie dann nicht mehr gut wären.

Ein Bürgermeister, der sich mehr als seine Vorgänger für die sozialen Belange einsetzt, hat für die Bedürftigen nach deutschem Vorbild, Tafelläden eingerichtet, das ist ein großer Fortschritt in NY.

Viele Underdogs, die weniger glücklichen Seelen dieser Welt, die nicht ganz so weit herabgesunken sind, es in NY aber nicht geschafft haben und auch nie schaffen werden, landen im benachbarten New Jersey, dem trübe verhangenen Abstellplatz einer morbiden Gesellschaft, dem Friedhof des amerikanischen Traums, in einer Lebensform zwischen Stolz und Verwahrlosung, Überlebensmut und immer untergründiger Verzweiflung, im Land des schamlosen Reichtums und der ungeschützten Armut. In diesem Land der Freiheit darf jedermann so faul oder so fleißig sein, wie er will, so arm oder so reich, wie er Lust hat. Den darbenden Frommen wird von den Pastoren die Armut als heilsame Prüfung, als Durchgangsstation zum seligen Ausgleich im Jenseits, dargestellt. Beim Auftreten von Schicksalsschlägen wird ihnen die Bergpredigt als Trost und Linderung angeboten.

Die sozialen Gegensätze sind groß. Die Reichen beherrschen die Technik des schnellen und rücksichtslosen Geldverdienens. Die Kluft zwischen arm und reich wächst ständig. Besonders die Dunkelhäutigen haben darunter zu leiden. Mehr als 30 % der schwarzen Bevölkerung leben unter der Armutsgrenze. Für alle, egal welcher Hautfarbe, ist es das Schlimmste nicht mehr aus dem „Garden State" New Jersey herauszukommen. Dort ereignete sich auch die Geschichte mit dem dreijährigen Amerikaner, den seine schrägen Eltern, in ironischer Haltung, auf den Namen Adolf Hitler tauften und für den sie in einem Supermarkt eine Geburtstagstorte mit dem Namenszug „Adolf Hitler“ in Auftrag gaben. Als der Supermarkt dies verweigerte, beschwerte sich der Vater, und die Familie geriet in die Schlagzeilen der „New Yorker Daily News“. Nach deren Reportage leugnet das biedere Elternpaar den Holocaust und habe viele Hakenkreuze im Haus.

In den Vereinigten Staaten sind der Namensgebung de facto keinerlei Grenzen gesetzt. Wer hat sich nicht schon über die seltsamen Vornamen der Amerikaner gewundert. Viele Prominente neigen dazu, ihre Kinder nach Obstsorten, der bevorzugten Cornflakessorte oder dem Ort ihrer Zeugung zu benennen. Namen wie Cheyenne oder Dakota sind anerkannte Vornamen, Berlin oder Paris ist ein durchaus gängiger Name für Jungen und Mädchen. Weit ausgefallener der Vorname: „Frieden mit Gott allein durch Jesus Christus“. In Deutschland wäre es schlicht der „Gottfried“.

Wer sich einbürgern läßt, wird traditionell auf dem Formular gleich zu Beginn gefragt, ob er vielleicht künftig anders heißen möchte. Dort werden seit Jahrhunderten aus den Müllers die Millers oder aus dem Iwan (Johann) wird der John. Aber auch später sehen es die dortigen Behörden nicht als ihre Aufgabe an, jemanden daran zu hindern sich durch Namensänderung zum Affen zu machen. So wurde auf seinen Wunsch aus dem Jeffrey Drew Wilschke problemlos der Beezow Doo Doo Zopittybob-Bop-Bop.

Für die Stadt tauchen neue, ungeahnte, die Gemüter erhitzende, Probleme auf. Der Streit um den Bau einer Moschee, eigentlich eher ein Gemeindehaus, in der Nähe von „Ground Zero“, wie die Amerikaner das Grundstück nennen auf dem bis zum Terroranschlag vom 11. September 2001 die Doppeltürme des World Trade Centers standen.

Dort in der Nähe, gut 100 Meter entfernt, sollte die Moschee gebaut werden. Konservative Amerikaner betrachten das ganze Areal, dort wo für viele auch ihr Weltbild zum Einsturz kam, als heiligen Boden und Friedhof, in dessen Nähe ist ihnen nach dem Anschlag vom 11. September der Bau einer Moschee undenkbar. Heftige Diskussionen flammten auf, vergifteten das Klima für die in den USA lebenden Moslems und ihre Familien. Die emotional erhitzten Gemüter brachten den Bürgermeister von NY in Erklärungsnot. Er sagte ihnen, daß er für beide Seiten einstehen wolle, sagte den Untergangspropheten, er werde nie Menschen sagen wie oder wo sie beten sollten. Die muslimische Gemeinde ihrerseits sagte zurecht, auch muslimische Amerikaner sind im zusammenstürzenden World Trade Center gestorben. Der Gemeindevorsteher der Muslime sieht den Konflikt nicht und bezeichnet die Ablehnung des Bauvorhabens als eine Ignoranz gegenüber dem Islam. In seiner Moschee predigen sie Disziplin, Enthaltsamkeit, über die richtige Erziehung, Jungfräulichkeit und Familienehre im Islam, Ehrenmorde gibt es seiner Meinung nach nicht. Seine „Mosque" sei zugleich ein Zentrum für Koranstudien. Für alle Religionen, für Judentum, Christentum und für den Islam gelte: „Religion ist ein Weg, das Leben dankbar anzunehmen, das Leben gottgefällig und menschenwürdig zu gestalten. Eine Allianz der Kulturen und Weltreligionen zu schmieden sei der Weg zum Frieden".

Ob die Moschee jemals gebaut wird, ist ungewiß, bisher scheiterte das Vorhaben an Geldmangel.

Der damalige Präsident Obama hatte sich anläßlich der eskalierenden hitzigen Demonstrationen in die Diskussionen eingeschaltet und die Baugegner und Buhrufer zur Mäßigung aufgerufen; nicht die muslimische Religion habe

Amerika angegriffen, sondern die Sympathisanten einer Terrororganisation.

Das politische und gesellschaftliche Signal vom 11. September 2001 ist verheerend und verstärkte die Wahrnehmung, daß die Muslime spätestens seit diesem Anschlag unter Generalverdacht stehen.

Nicht wenige haben eine fast hysterische Angst vor dem Islam und fühlen sich bedroht. Laut einer Umfrage hält jeder zweite US-Bürger den Islam für eine Bedrohung. Den Konflikt bezeichnete die New Yorker Islamkritikerin Pamela Geller im Fernsehen als einen Krieg zwischen Zivilisation und Barbarei und erzielte viel Aufmerksamkeit, nicht nur in konservativen Kreisen.

Einer der muslimischen Patrioten, ein junger Amerikaner pakistanischer Herkunft, stand am 11. September 2001 auf dem Weg zur Arbeit am Bahnsteig und sah die Flugzeuge, wie sie in die Zwillingstürme des World Trade Centers rasten. Als er sah wie sie brannten, entschloß er sich statt zur Arbeit, zu den Türmen zu gehen um zu helfen, denn er hatte eine Ausbildung als Sanitäter. Er sollte seine Hilfsbereitschaft nicht überleben. Während er versuchte Menschen zu retten, kam er in den Türmen um. Obwohl er danach wochenlang als vermißt gemeldet wurde, verdächtigte man ihn allein wegen seines Namens am Anschlag beteiligt gewesen zu sein. Eine Anschuldigung, die seiner Familie schwer zusetzte und der nicht geglaubt wurde. Erst als man seine Leiche in den Trümmern fand verstummte die Anschuldigung. Ergänzend zu der Beschuldigung mußte die Familie feststellen, daß er wegen seines muslimischen Namens nicht auf der Gedenktafel derer stand, die ihr Leben bei diesem grauenhaften Anschlag verloren haben. Auch steht er nicht auf der Namensliste, die jedes Jahr zur

Erinnerung am 11. September am Ground Zero vorgelesen wird. Die Familie erhielt zur Erklärung die banale Antwort, er wäre halt durch die Ritzen gefallen. Die muslimische Gemeinde wollte die Nichtberücksichtigung nicht als ein Zeichen von Islamophobie werten, um nicht noch mehr Öl ins Feuer zu gießen. Aber tatsächlich ist islamophobe Stimmung auch Jahre nach dem Terroranschlag nicht zu leugnen. Der Rassismus ist zurückgekehrt und nicht nur in die politische Debatte. Republikanische Abgeordnete des Kongresses riefen einen Ausschuß ins Leben, der prüfen soll, ob alle Muslime in Amerika nicht insgesamt und generell gefährlich sind, und ihnen die Einreise in die USA generell verboten werden sollte. Dies zeigt die Stimmung im Land und hat Auswirkungen im Alltag.

Eine weiße Amerikanerin aus Lousiana. (Anm.: dies ist einer der Südstaaten in den USA mit überwiegend schwarzer Bevölkerung) erzählte, als sie und ihr schwarzer Bekannter vor einigen Wochen zum Auto gingen, hielt ein Streifenwagen neben ihrem Bekannten, die Polizisten ließen das Fenster herunter und fragen ihn ohne Grund: „Where are you off to“?. Dieser sagt, er wolle zum Auto, und zeigt auf seine weiße Bekannte, die gerade einstig. Sie ließen nicht locker, fragten noch mal, obwohl sie genau verstanden hatten: „Wohin willst du“? – „Zum Auto“! Es ist nicht das erste Zusammentreffen an diesem Tag mit der Polizei. Als beide ein Diner-Restaurant betreten, sitzen zwei Polizisten an einem der Tische über ihre Burger gebeugt. Als sie sehen, daß ein Schwarzer einer weißen Frau folgt, stehen sie auf, erkundigen sich bei ihr, ob alles okay und sie in Ordnung sei. Eine kleine Begebenheit und doch sagt sie viel aus. Für ihren schwarzen Bekannten sind solche Vorgänge neuerdings wieder Alltag. Ihr wurde bewußt, daß der

Rassismus in Amerika kein aussterbendes Randphänomen in einer eigentlich liberalen Gesellschaft ist. Dieses Land steht mit den Versprechen seiner Verfassung im krassen Widerspruch zur Wirklichkeit. Amerika, das wurde in den vergangenen Jahren immer deutlicher, ist beides – Offenheit und Rassismus, Freiheit und Hass. Das häßliche Amerika und das Idealisierte, Illusion und Realität, sind zwei Seiten einer Medaille.

Die rassistische Stimmung betrifft nicht nur dunkelhäutige Menschen im Alltag, sondern immer mehr Muslime. Von höchster Stelle wird gegen Muslime Stimmung gemacht. Muslimische Frauen nehmen ihr Kopftuch ab und setzen einen Hut oder Mütze auf, weil sie sich mit Kopftuch auf der Straße nicht mehr sicher fühlen. Eine schwarze Muslima erzählte, neulich habe ihr eine Gruppe junger Männer hinterher gerufen: "Geh' doch zurück in dein Land!" Sie ist Frauenrechtsaktivistin und lebt in Brooklyn, wo es schon immer Menschen aus aller Herren Länder gab. „Amerika ist auch mein Land", sagte sie, nur fühle sie sich plötzlich unerwünscht. Immer mehr Frauen verzichten auf ihr Kopftuch, um nicht aufzufallen. Diese Frauen erzählten ihr Geschichten von Belästigungen im Bus, Tuscheln im Supermarkt und Verweigerung von Einlaß mit Kopftuch in die Disco. Das mögen Einzelfälle sein, aber das Gefühl als Muslima in den USA nicht willkommen zu sein, werde zunehmend stärker. „Man will uns hier nicht". Die Republikaner erzeugen mit ihrer polarisierenden Politik eine verbissene Stimmung. Sie hetzen häufig in ausfallender Weise gegen die in Amerika lebenden Muslime, dies ist unentschuldbar.

Präsident Trump hat unmittelbar nach seiner Inauguration – Amtseinsetzung per Dekret versucht die Einreise für Muslime aus verschiedenen Staaten zu verbieten und ist, nach heftigen Protesten in den USA und der ganzen westlichen Welt, damit vorläufig gescheitert. Die Richter verwiesen ihn auf die amerikanische Verfassung und die Bürger auf die amerikanischen Werte. Sollte sich jedoch eine verwertbare Begründung finden, könnten die Republikaner vor dem höchsten Gericht, dem Supreme Court, Recht bekommen.

Inzwischen wird in NY um die alltägliche angemessene Form der Erinnerung an den 11.9.2001 gerungen, damit der Ort des Terroranschlages, bei dem 2982 Menschen ihr Leben verloren haben, nicht zu einer Touristenattraktion verkommt.

Ist man einst als Tourist selbst auf der Aussichtsplattform eines der 411 Meter hohen Türme gewesen, glücklicherweise in einem anderen Jahr, ist die Vorstellung man hätte auch eines der Opfer sein können recht bedrückend. Nachdenklichkeit in Demut und Dankbarkeit ist angesagt. Vielleicht sollte man doch an die Engel von Hazel aus dem Greyhoundbus glauben. In meinem Reiseführer hatte ich einst vermerkt: „Der Blick von den Türmen dort oben ist fantastisch, es lohnt sich sehr!! Fotos machen!"

Vor dem Ground Zero ist ein Feuerwehrlöschwagen stationiert, mit einer Tafel aller beim Terroranschlag getöteten Feuerwehrleute. Es gibt Besucher, die sich vor dem Feuerlöschwagen fröhlich winkend und verrenkend fotografieren, als wäre dieses Foto ein tolles Souvenir aus NY. Doch es gibt auch die anderen, die am Jahrestag kommen und Transparente und Tafeln emporhalten. Andere, die voller Trauer im stillen Gebet niederknien und ihrer Lieben gedenken. Aber auch hier der Ausrutscher einer Brauerei, die auf ihrer LED-Leuchtafel zuerst schreibt: „Wir werden euch nicht vergessen". Wenn die Reklametafel auf das nächste Bild umschaltet erscheint eine Bierdose mit Reklametext der amerikanischen Brauerei, frei nach dem Motto: „The show must go on".

Tick tack in Amerika

Ex-Präsident Obama war in vielen Augen in Amerika eine Katastrophe. Bereits ein Jahr nach seinem Amtsantritt war die Magie verflogen, der Glaube an die Zeit von „change" und „Yes we can" nahm stetig ab und die Nation war wieder gespalten. Die unerbittlichen Attacken in Haß und blindem Eifer, um ihn als Mensch zu demontieren, erreichten in ihrem Ausmaß unübersehbare Höhenflüge. Überreaktion ist in vielen Situationen eine weit verbreitete Verhaltensform in den USA. Ex-Präsident Obama soll wegen seiner Gesundheitsreform und seiner schwächlichen Wirtschafts- und Außenpolitik fast den Zusammenbruch der USA eingeleitet haben. Es ist kein Spleen einer kleinen radikalen Minderheit. Viele mochten seine Politik nicht und nach Umfragen war es fast jeder zweite Amerikaner. Dahinter schien aber mehr zu stecken als die reine Ablehnung seiner Politik. Nach Untersuchungen hat sich die Haltung gegenüber Schwarzen generell verändert, sie hat sich seit der Präsidentschaft von Obama verhärtet. Während vor Obama 48 Prozent der Befragten negative Stereotype pflegten, liegt dieser Wert jetzt bei 51 Prozent.

Bereits nach den ersten 12 Monaten waren die Umfragewerte für ihn als Präsident tief gesunken. Er, der Hoffnungsträger, die Lichtgestalt, an den, wie einen Heilsbringer, die größten Erwartungen gestellt wurden. Die Amerikaner, und nicht nur sie, glaubten, daß dieser Mann aus Illinois, der erste Schwarze im Weißen Haus, das verkrustete Washington aufbrechen würde, daß er der neue Kennedy sei, und das Land nach acht Jahren G.W. Bush mit seinen Kriegen, nach Terror und Folter, wieder mit sich selbst versöhnen würde. Millionen haben mit dieser Präsidentschaft auf eine Änderung der Politik in ihrem Sinn gehofft und sind nun enttäuscht.

Obama, bekam bei Amtsantritt überraschenderweise den Friedensnobelpreis, nicht als Anerkennung für seine geleistete Arbeit, sondern als eine Art Vertrauensvorschuß von Seiten des Nobelpreiskomitees mit der Begründung: „Es geschieht selten, daß eine Person die Aufmerksamkeit der Welt derart auf sich zieht und neue Hoffnung auf eine bessere Welt macht". In gewisser Weise lobte das Nobelpreiskomitee aber den Tag vor dem Abend.

Amerikanische Präsidenten leben üblicherweise in einer Luftblase royalistischer Vergötterung, nie direkter Kritik ausgesetzt. Selbst bei Pressekonferenzen bedanken sich die aufgerufenen Reporter zunächst artig dafür, ihren Job machen zu dürfen mit „Thank you, Mr. President". Mit dem Nobelpreis wurde das Ansehen ihres Präsidenten für sie noch überhöht.

Aber die Vergötterung bekam Risse. Es schien als fielen die Amerikaner bei der Bewertung von Obama von einem Extrem in ein anderes. Die extrem konservativen Aktivisten, Gegner von Obama, erhielten reichlich Zulauf zu ihrer „Deep-Heart-Bewegung" sowie die erstarkten ultrakonservativen mit ihren schillernden republikanischen US-Politikern, die ihn wegen seiner Gesundheitsreform als Sozialisten verhöhnten und das Klima in Washington vergifteten.

Eigensinnig und unbeirrbar war der Tenor von Haßreden der Republikaner, anläßlich der Wahl eines Nachfolgers, mit erschreckender Inkompetenz im Feldzug zur Rettung Amerikas: „Wir werden die Dinge rückgängig machen und uns nicht von anderen (von Europa) sagen lassen, was wir zu tun haben". Die Mitglieder der Republikanischen Partei sprachen, in aufhetzenden Reden, aufgebaut auf den Ängsten von Millionen, den uramerikanischen Überdruß von zu viel Staat mit hohen Steuern und Staatsausgaben und zu wenig Jobs wegen der Verlagerung von Produktionen ins Ausland, insbesondere nach Mexiko und den geringen Lohn wegen der Fremdarbeiter und Illegalen an. Dabei ist es bezüglich der Illegalen viel zu kurz gedacht. In Kalifornien wäre eine preisgünstige Gemüse und Obstproduktion und Ernte ohne diese Billigkräfte gar nicht möglich.

Die Demokraten und Republikaner sind hoffnungslos zerstritten.

Die amerikanische Regierung, der Kongreß, besteht aus zwei Kammern, dem Senat (Vertretung der Bundestaaten) und dem Repräsentantenhaus (Abgeordnetenhaus). Die Zahl der Abgeordneten richtet sich nach der Größe der Bundesländer. In den Senat wählt jeder der Bundesstaaten zwei Senatoren. Die Demokraten stecken derzeit in einer Krise, denn es gibt derzeit nur eine demokratische Minderheit im Senat und im Repräsentantenhaus, somit kann von den Republikanern und ihrer Mehrheit jede Gesetzesvorlage rettungslos blockiert werden. Eine Situation, die es nicht zum ersten Mal gab. Bereits 1865 hatte Abraham Lincoln die größten Schwierigkeiten seine historische Verfassungsänderung, mit der die Sklaverei in den USA ein für alle Mal abgeschafft werden sollte, durch den Kongreß zu bringen.

Die Radikalen in der Republikanischen Partei haben, in ihrem Haß auf die Bundesregierung in Washington, abstruse Ideen und wollen die Steuerbehörde samt Einkommenssteuer völlig abschaffen, die US-Notenbank dazu und den internationalen Währungsfonds samt Weltbank. Die jährliche Verpflichtung eine Steuererklärung abzugeben wird als Zumutung empfunden. Schließlich habe man hart für das Geld gearbeitet, und man verdiene es zu behalten. Diese Einstellung ist unter dem harten Kern der Republikaner seit ewigen Zeiten verbreitet. Überzeugte Republikaner haben gute Steuerberater und Anwälte, die jedes Schlupfloch benutzen, damit keine Steuern bezahlt werden müssen.

Als Henry Ford II einmal einen Steuerbescheid über 1100 $ bekam sagte er, dies wäre des erste Mal, daß er überhaupt Steuern bezahle, und er behauptete, er würde sich deswegen Sorgen machen. Ford sah nicht ein, daß er seinen Teil zu den staatlichen Ausgaben beisteuern sollte. Einen Grund zur Annahme, er würde gegen Steuergesetze verstoßen gab es nicht. Vielmehr war es seine Einstellung den Staat auszutricksen, wo es nur ging.

Drogen sollen nach Meinung vieler Republikaner legalisiert werden und alle US-Truppen auf der Welt sofort nach Hause geholt werden. Europa soll seinen Verteidigungshaushalt erhöhen und aufrüsten. In ihren Reden ist alles enthalten was ein konservatives Herz höher schlagen läßt. Das Wort „Regierung" wurde für sie zum Schimpfwort. Mit der Verwirklichung ihrer Ideen würden sich die USA selbst abschaffen. Die Washington Post schreibt dazu, es ließe die Partei nicht nur ein bißchen paranoid erscheinen. Bezüglich der Legalisierung von Drogen haben sie einen

Teilerfolg erzielt: Kiffen erlaubt! Seit dem 1.1.14 ist Colorado der erste Bundesstaat in dem, an Konsumenten ab dem 21. Lebensjahr, Marihuana frei verkäuflich ist. Zwanzig Bundesstaaten und Washington D.C. erlauben bereits den Verkauf auf Rezept, weitere elf lassen den Verkauf über Ausgabestellen zu. Es ist nur eine Frage der Zeit bis weitere klamme Bundesstaaten sich damit eine neue Steuerquelle erschließen werden. Sollten sie sogar eine nationale Legalisierung erreichen, könnte eine Milliarden schwere Branche geschaffen werden; die Geburt einer neuen Branche. In Denver gibt es 500 Canabis Firmen, die zum Teil selber Canabis in Gewächshäusern anpflanzen. Der Umsatz dieser Firmen betrug allein 2016 eine Milliarde US-Dollar. Die Nachfrage nach Marihuana ist unersättlich, sagt der US-Hanfverarbeiter Hemp. Seine Marihuana-Aktien befinden sich in einem regelrechten Rauschzustand.

In den ersten fünf Monaten nach der Legalisierung von Marihuana in Colorado kamen zwei Personen wegen der Droge ums Leben. Eines der Drogenopfer sei vom Balkon gesprungen, nach dem Verzehr von Marihuana-Keksen. Das andere Opfer eine Frau wurde von ihrem Mann unter Drogen erschossen. Einige Kinder und Jugendliche kamen nach dem Verzehr von Marihuana-Keksen und Bonbons zu Schaden.

Gleichzeitig sei aber die Zahl der Raubüberfälle und Gewaltverbrechen gesunken und der Staat habe 12 Millionen Dollar Steuern aus dem Verkauf eingenommen.

Der Genuß ist im öffentlichen Raum nicht gestattet, verboten ist er auch in Bars. Deshalb gibt es in Denver ganz offizielle Rundfahrten mit einem „Kiffer-Bus". In diesem Bus werden bei Rundfahrten Canabisprodukte jeglicher Art angeboten und können mit Erläuterungen seitens eines

Experten ausprobiert werden. Wer möchte kann im Bus das Marihuana erwerben und auch rauchen, es in Form von Keksen essen oder als Tablette einnehmen.

Die Erlaubnis von Besitz und Konsum endet in Colorado jedoch strikt an der Staatsgrenze. Wer am Flughafen ankommt und im Besitz von „Gras" ist, hat keine andere Wahl als dieses schnell und vollständig zu kiffen, um mit einem besonders entspannten Gesichtsausdruck in die Lüfte abzuheben. Wenn nicht schon vor dem Einchecken, werden jene Kiffer dann spätestens im Flieger in bester Laune über allen Wolken schweben.

Ist der schnelle Verbrauch nicht möglich, gibt es als Alternative auf dem Flughafen die von einem Wachmann mit Pistole streng bewachten und absolut dichten „Amnesty-Boxes", das sind spezielle grüne Mülltonnen, zur umgehenden Entsorgung des beliebten Hanfproduktes. Wo und wie dieser streng bewachte Bio-Müll anschließend vernichtet wird ist allerdings unbekannt.

In den acht Jahren der Präsidentschaft von Obama hat sich die US-Wirtschaft nicht in dem Maße erholt, wie es die Demokraten versprochen hatten. Das ebnete den Republikanern den Weg zur Präsidentschaft unter Donald Trump.

Wegen Außenhandelsdefizit und des Währungsverfalls hatten auch die Libertären in den USA neuen Zulauf, sie sind auf eine eigentümliche Weise konservativ, predigen den reinen Kapitalismus, weil sie den existierenden für Sozialismus halten. Sie wollen den Kapitalismus aber nicht abschaffen, sondern freisetzen. Die Regierung soll sich aus der Wirtschaft und dem Leben der Bürger völlig heraushalten. Mit einer solchen Regelung würde der Staat aber seine Bürger, nicht nur im Falle einer Notlage, im Stich lassen.

Dieses libertäre Denken hat mit den Wurzeln der amerikanischen Geschichte zu tun. Das Mißtrauen gegen Regierungen aller Art gehört zum kollektiven Erbe der USA. Entsprechend der Unabhängigkeitserklärung vom 4. Juli 1776 ist das „Streben nach Glück" ein gottgegebenes Recht, eine Regierung die dieses nicht mehr schützt, darf gestürzt werden. Das Streben nach Glück, Wohlstand und Ansehen ist für alle ein wichtiges Anliegen. Darin begründet sich auch das Streben nach dem höchsten Staatsamt, der Präsidentschaft, um dort sein persönliches Glück auszuleben. Bereits 1937 schrieb der Amerikaner N. Hill in seinem Buch „Think and Grow Rich": „Man wird niemals große Reichtümer anhäufen, wenn man sich nicht bis zur Weißglut in die Gier nach Geld hineinsteigert". Hill gab den Rat, die genaue Geldsumme festzulegen, die man gewinnen will, und sie sich jeden Abend vor dem Einschlafen und jeden Morgen nach dem Aufwachen vorzusagen.

Die amerikanische Verfassung ist für viele so etwas wie die Bibel, nur nicht ganz so heilig. Die Libertären meinen, Amerika ist bereits zu einem übersteuerten (i.S. von Steuereinnahmen) und überregulierten Land geworden. Könnte sich diese Denkweise eines Tages durchsetzen würden die USA zu einem völlig anderen Land. Die US-Regierung würde über eine dramatisch schwindende Macht verfügen, von den Finanzmärkten und der Mafia geradezu aufgefressen, eine Marionette die an den Fäden des Kapitalismus zappelt.

Die Amerikaner mögen Politiker die zupacken und nicht zuviel reflektieren. Klar war, der Shootingstar Trump, die von den Republikanern erwählte Galionsfigur der Partei, sollte 2016 für die Republikanische Partei als Präsidentschaftskandidat ins Rennen gehen und der nächste amerikanische Präsident werden. Und dies trotz der gewaltigen Niederlage der Republikanischen Partei bei ihrer letzten Präsidentschaftskandidatur. In Washington hatte man keine Angst vor ihm, keiner glaubte er würde der nächste Präsident werden. Trotzdem sorgte sein aggressives Auftreten auch im Weißen Haus für Aufsehen.

Es schien unmöglich, daß er die Präsidentenwahl gewinnt, doch so kam es.

Eine Eigenheit im amerikanischen Wahlkampf ist, möglichst deftig das Ansehen der Kandidaten herunterzureißen, bevorzugt durch die Aufdeckung von nicht haltbaren Behauptungen und Unwahrheiten oder abwegigen Bemerkungen der Kandidaten. Der vielfache Immobilien-Milliardär Trump, ein Profitgeier, der von den „Wahlmännern" tatsächlich zum nächsten Präsidenten gewählt wurde, hatte angekündigt als erste Amtshandlung die gesetzliche Pflicht-Krankenversicherung seines Vorgängers wieder aufzulösen, später hielt er bestimmte Teile für richtig. Als Apostel eines freien, gottgewollten Staates lehnt der Republikaner Trump alle von einem Wohlfahrtsstaat aufgespannten Sicherheitsnetze ab.

Im überwiegend konservativen Süden, wo sich Rassismus und Bigotterie, historische Nostalgie und politische Reaktion vermischen, dort in Nashville im Bundesstaat Tennessee sprach Trump als der Hauptredner auf dem großen Kongress der Republikaner. Im Kampf gegen den übermächtigen Staat brachte er das hinlänglich bekannte unumstößliche Gedankengut der Republikaner und die festgelegte Meinung der meisten Republikaner auf den Punkt. Besonders wichtig war ihm die Attacke gegen die spöttisch als „Obamacare" bezeichnete Gesundheitsreform, dagegen lief er Sturm. Er würde dieses Gesetz zur Krankenversicherung als erste Amtshandlung zu Fall bringen, dieses Wahlversprechen hat er dann tatsächlich nach seiner Wahl zum amerikanischen Präsidenten per Dekret erfüllt, stieß damit aber auf die demokratischen Realitäten, entlarvte sich als politischer Dilletant und fuhr mit seinem ersten Gesetzesvorhaben gegen die Wand, weil er selbst in den eigenen Reihen keine Mehrheit dafür fand. Schließlich kam er zu dem Schluß, daß es das Beste ist, das Dekret zurückzuziehen, um es später geändert zu ersetzen.

Sein Vorgänger konnte diese Regelung der Krankenversicherung, wegen der großen Widerstände ohnehin nur in einer abgespeckten Version Gesetz werden lassen. Eine Gesundheitsreform, die immerhin 20 Millionen Amerikanern in eine Krankenversicherung brachte, obwohl die Republikaner beim obersten Gericht sofort die Überprüfung der Reform beantragten, mit der Begründung, daß viele Regelungen in die Freiheit der Bürger eingreife. Nach der überraschenden Entscheidung des Supreme Court war die Einrichtung einer Krankenkasse für alle konform mit der amerikanischen Verfassung. Trotzdem wird diese Reform von den ewig Gestrigen, allen voran in der Republikanischen Partei, weiterhin bekämpft. Eine Mehrheit der Republikaner hält diese Gesundheitsreform für eine grundsätzlich unzulässige Ausweitung der staatlichen Zuständigkeit, deshalb versuchte Präsident Trump an seinem ersten Amtstag sofort die Abschaffung. Die Versicherungspflicht sollte wieder abgeschafft und die Zuschüsse für Bedürftige sollten gekürzt werden.

Das amerikanische Gesundheitssystem ist ein totales Desaster. Hätten die USA ein System wie andere Industrienationen, dann gäbe es wahrscheinlich nicht einmal mehr ein Haushaltsdefizit. Das hauptsächlich private, unregulierte Gesundheitssystem ist extrem ineffizient und teuer.

Der „Affordable Care Act" die Gesundheitsreform , ist so etwas wie das innenpolitische Lebenswerk des Ex-Präsidenten Obama. Er hat eingeführt, was in Europa zur Normalität gehört; eine Krankenversicherung für alle, die zugleich den Kostenanstieg in der Krankenversorgung bremsen soll. Staatliche Subventionen sollen es auch Ärmeren erlauben sich bei den privaten Kassen zu versichern. Die Widerstände gegen diese Regelung sind nach wie vor, insbesondere wegen der Subventionen, gewaltig.

Am großen Kongreß der Republikaner nehmen bis zu 2300 Delegierte teil, die Teilnahmegebühr beträgt 550 Dollar. Alle Teilnehmer schwenken US-Fahnen und wettern gegen das verhaßte Establishment. Das Programm der Republikaner beinhaltet die Forderung nach weniger Staat und weniger Steuern. Sie sind gegen die Abtreibung, Einwanderer und multikulturelle Gesellschaft, kleingeistig und bieder gegen die Homoehe und selbstverständlich, was könnte im Süden besser ankommen, für das Recht ihre Waffen, wie in der Wildwestzeit, möglichst offen tragen zu dürfen. Die 311 Millionen US-Bürger besitzen schätzungsweise mindestens 200 Millionen Waffen.

Trump versprach eine völlig neue politische Ordnung und er kündigte ein Konjunkturprogramm an, ohne es zu konkretisieren. Polemisierte gegen die Gesundheitsreform seines Vorgängers ohne jedoch ein eigenes praktikables Konzept vorzustellen. Besonders wichtig ist ihm aber der Bau einer Mauer an der 3200 Kilometer langen Mexikanischen Grenze, die bisher von ca. 18 000 Grenzbeamten bewacht wird, und eine verschärfte Einwanderungspolitik mit einem Stop der illegalen Einwanderung. Nach seiner Wunschvorstellung sollten alle 11 bis 12 Millionen Illegalen ausgewiesen werden. Die Einreise aus mehreren moslemischen Staaten soll generell verboten werden. Handelsabkommen sollen nur zum Vorteil der USA geschlossen und alle anderen gekündigt werden nach seinem Motto „America first". Das dauerhafte, extreme Defizit der Amerikaner beim Handel mit China gilt zurecht als Fehlentwicklung, die besser so nicht passiert wäre. China liefert Monat für Monat mehr Waren in die USA als umgekehrt und macht dabei rund 80 Milliarden Dollar Plus. Das Geld investiert Peking in US-Schulden und finanziert mit dem gewaltigen Schuldenberg alle Kriege der USA. Kriege, die Amerikaner sonst hätten finanziell gar nicht führen können. Schließlich kritisierte Trump die Presse, sie würden beständig Geschichten – Fake News erfinden, um die Bürger falsch zu informieren und um ihm vorsätzlich zu schaden.

Schon lange gibt es neben den Waffennarren immer noch, die „Survivalists", die Überlebenskünstler mit ihren überzogenen Visionen. Sie bereiten sich wie immer auf alles vor, ob Weltuntergang, Seuche oder Atomkrieg.

Für den Niedergang machen sie größere Kräfte verantwortlich, die sie nicht beeinflussen können, dies ist nach ihrer Meinung: die Regierung in Washington, die Globalisierung, und auch die Einwanderer etc. Sie hegen eine diffuse Angst vor äußeren Gefahren. Deshalb horten sie in ihrem Haus Waffen und Munition, bunkern für ein ganzes Jahr Lebensmittelvorräte, Obst, Gemüsekonserven und Reis und harren der Dinge, die nach ihrer Meinung mit einer neuen Katastrophe bald kommen werden. Als einer gefragt wurde „Was konkret könnte passieren?", war die Antwort „I don't know -Ich weiß es nicht".

Ihnen heften sich Geschäftemacher an die Fersen, die deren neueste Visionen und Fantasien genauestens registrieren und den Überlebenskünstlern die vermeintlich benötigten Artikel anbieten. Von der Waffe bis zur Gasmaske und dem Generator bis zum haltbaren Lebensmittel. Einfach alles was sie vermeintlich zum Überleben benötigen. Wenn wieder etwas im Busch ist, soll man es an den Aktienkursen der Hersteller dieser Artikel ablesen können. Auch die Waffen- und Munitionshersteller nehmen dann Aufschwung an der Börse. Wie in Panik beschaffen sich die Leute dann Waffen und Munition. Wenn die Sorge umgeht, daß Schnellfeuergewehre in den USA verboten werden, kaufen sie alles zusammen, was zu bekommen ist. Dasselbe passierte als aus politischen Gründen die Einfuhr von Kalaschnikows verboten wurde.

Präsidenten waren oft Anlaß zu Spott gewesen, besonders wenn sich auf fatale Weise die Armut ihrer Sprache bemerkbar machte. Vor allem jedoch wenn sie einem sprachgewandten Herausforderer hoffnungslos unterlegen waren. Auch im Amerikanischen läßt sich aus ein paar Worten die Klassen- oder Bildungszugehörigkeit entnehmen.

Meint doch Amerika ein von Gott auserwähltes Land und ein Leuchtfeuer der Welt zu sein. Oder wie nicht gerade wenige selbstbewußt sagen: „Wir sind nicht nur eine der großartigen Nationen der Welt. Wir sind die großartigste!"

Voraussetzung für das Amt eines Präsidenten ist, Situationen richtig einzuschätzen und demgemäß zu handeln. Beim Präsidenten Trump, dem New Yorker Immobilienmilliardär, zeigt sich seine große Begabung, sich selbst zu vertrauen, Fakten zu Behaupten, die einer Nachprüfung nicht standhalten, statt wie andere Präsidenten vor ihm, Ratgebern zu folgen um damit Autorität zu gewinnen. Mehrfach setzte er methodisch Behauptungen in die Welt um damit Aufmerksamkeit zu erregen, danach werden diese von seinem Pressesprecher relativiert oder von ihm selbst dementiert.

Vor dem Weißen Haus gab es bereits an seinem ersten Arbeitstag Demonstrationen gegen die ersten unterzeichneten Dekrete, besonders gegen das Einreiseverbot aus diversen muslimischen Staaten.

Toleranter Umgang mit Minderheiten, Andersdenkenden und Andersgläubigen ist in westlichen Staaten schon mühsam, in der Islamischen Gesellschaft aber alles andere als verwurzelt. Die Suche nach Kompromissen, ohne die eine Demokratie nicht funktioniert, zählt nicht zu den Wesensmerkmalen der islamischen Kultur. Die USA werden dort als aggressives Land wahrgenommen, die in heiligen moslemischen Ländern Truppen stationieren. Es gab und gibt immer noch zu viele Tote und zu viel politischen Haß, nicht nur wegen dem gegen internationales Recht eingerichteten Gefangenenlager und die dortigen Zustände in Guantánamo auf Kuba oder, unter Mißachtung der eigenen Verfassung, die extrem inhumane Folter in geheimen Gefängnissen der CIA. In den geheimen Gefängnissen werden Leute festgehalten und mit perfiden Verhörmethoden versucht man Geständnisse zu erpressen und den Willen der Gefangenen zu brechen. Es wurde von unvorstellbarem Mißbrauch mit Folter durch Elektroschocks und Waterboarding berichtet, Fußtritte und Faustschläge wären das Geringste.

In Guantánamo werden bei Tag und Nacht die Gefangenen in ihren Käfigen, für die ganze Welt ersichtlich, mit grellen Lampen geblendet, mit Lärm terrorisiert und am Schlafen gehindert.

In all diesen Vorgängen offenbart sich ein verachtendes Menschenbild. Menschenrechtsorganisationen haben dies ohne Erfolg wiederholt scharf kritisiert. Sie berichteten die Gefangenen durchlebten Monate voller physischer Folter, mit den Versuchen ihr Selbstbewußtsein durch verbale Erniedrigungen auszulöschen. Offensichtlich ist es den Vernehmenden wichtig ein Geständnis zu produzieren um ihr perfides Tun zu rechtfertigen. Die Verhörspezialisten der US-Regierung beherrschen alle Tricks von Manipulation bis Einschüchterung, um den Gefangenen ein Geständnis zu entlocken. Mit der Vorlage eines Geständnisses haben sie, mit der Aussicht auf eine Karriere, ihren Job erfolgreich erledigt.

Dies ist ein üblicher Vorgang in allen US-Gefängnissen, der Gefangene sagt was sie hören wollen, in der Hoffnung künftig in Ruhe gelassen zu werden. Für viele endet das erpresste Geständnis später mit der Hinrichtung.

Allein Guantánamo kostet die USA pro Jahr und Gefangenen eine Million Dollar.

Schon lange besteht die Forderung , daß Guantánamo geschlossen werden sollte, weil dieses Gefängnis in der ganzen Welt als Symbol gelte, wie Amerika das Recht verspotte. Was für eine Erkenntnis! Auch kann man nach der US-Verfassung, wie in jedem Rechtsstaat, jemanden nur dann bestrafen, wenn er vor Gericht für schuldig befunden wurde.

Nach Meinung der amerikanischen Regierung sind die Folterungen und brutalen Verhörmethoden richtig. Präsident Trump hat, wenn erforderlich, Verhörpraktiken, die das Ertrinken simulieren, sog. Waterboarding, in einem seiner ersten Interviews 2017 bekräftigt. Nach Meinung der Regierung würde ohne derartige Methoden das Risiko für einen Angriff auf die USA steigen.

Zur Verteidigung der Foltertorturen in geheimen CIA-Gefängnissen wurde von Seiten der Ausführenden dem Geheimdienstausschuß gesagt, sie alle hätten auf Befehl des US-Geheimdienstes gehandelt und in Arroganz und Selbstgerechtigkeit wurde keiner der höherrangigen Offiziere strafrechtlich verfolgt und verurteilt. Für einige Soldaten gab es lediglich Disziplinarverfahren mit Abmahnung, Degradierung und Versetzung. Die meisten Vorkommnisse wurden heruntergespielt und als Ursache fehlende Kommunikation, schlechte Führung und falsche Entscheidung angeführt. Britische Medien behaupteten die US-Regierung wisse bis in die höchsten Ränge von den Folterungen, auch von den übelsten Folterungen bis zum Tod, in geheimen Gefängnissen. Viele der Anschuldigungen wurden spätestens nach Veröffentlichung eines Geheimberichtes, der die Folterpraktiken der CIA kritisch untersuchte, in den USA bekannt. Die Bekanntgabe konnte erfolgen, nachdem der Geheimdienst-Ausschuß des US-Senats seine Zustimmung für die Freigabe eines Teils des brisanten Berichtes gab.

Historisch interessant ist, bereits 1859 berichtete die deutsche Zeitschrift „Die Gartenlaube" in einem Heft über die Folter in amerikanischen Gefängnissen und speziell über „Waterboarding". Der Verleger der Gartenlaube Ernst Keil (verst. 1878) dachte liberal und schrieb bereits damals empört „Höre man von Mißhandlungen Gefangener und haarsträubender Grausamkeiten gegen solche Unglückliche, so denke man gewöhnlich an China, Japan und Neapel. Daß im freiesten Lande auf Erden, den Vereinigten Staaten Amerika's Scheußlichkeiten dieser Art möglich seien, das halte niemand für möglich. Und doch kommen Dinge dort vor, wie man sie gräßlicher schwerlich anderswo findet". – Es scheint sich in den letzten 160 Jahren offensichtlich nicht viel geändert zu haben.

Die Foltergefängnisse werden von hochrangigen amerikanischen Kriegsveteranen aufgebaut und geleitet, die direkt dem Verteidigungsminister und dem Chef des Geheimdienstes unterstellt sind.

Nach den Nachweisen auf Folter mit Elektroschocks und durch systematische Folter bis zum Tod, mit bisher ungeahnter Brutalität, richtete die USA in eigener Sache über eigene Verbrecher, während sie sonst darauf drängen, daß Kriegsverbrecher in Den Haag abgeurteilt werden.

Ein Land, das nicht versteht, daß Folter ohne jegliches Wenn und Aber vollständig geächtet werden muß, kann nicht als führende Weltmacht angesehen werden. Jahrelange Inhaftierung ohne Justiz und Geständnisse unter Folter sind moralisch-ethisch zutiefst verwerflich und bringen auch pragmatisch nichts. Das zeigt der gegen die massiven Widerstände der Republikaner und deren Militärstrategen von demokratischer Seite veröffentlichte CIA-Folterbericht über den US-Geheimdienst.

Die Gefangenen im Straflager Guantánamo werden von den Mitarbeitern der Militärdienste nicht nur ohne Ende laut beschallt, sie müssen auch stundenlang zusätzlich in der Hocke ausharren.

Das alles sind Verstöße gegen internationales Recht und Beweis, daß sich die USA außerhalb der internationalen

Rechtsgemeinschaft stellen. Oder gelten für die USA andere Rechtsnormen? Wo bleibt die Verurteilung Amerikas? Der Internationale Strafgerichtshof müßte Haftbefehle ausstellen mit der Anordnung den Präsidenten, seine Generäle, Militärberater und andere willige Helfer auszuliefern. Folter hat in der Demokratie nichts zu suchen und jeder, der anders denkt, muß die Konsequenzen dafür tragen. Bis zur Verurteilung der für die Folter Verantwortlichen und deren politischen Befehlsgeber vor einem internationalen Gericht, sollte eine solche Forderung nicht fallen gelassen werden. Und dies trotz der Nichtanerkennung des Strafgerichtshofes von Seiten der USA. Das Foltern hört nicht auf, bis man die Folterer und ihre Weisungsgeber zur Rechenschaft zieht. Auch wenn sie sich dem Richtspruch entziehen werden, wird es nicht ohne Wirkung sein, denn zumindest ihr Ansehen wird darunter leiden.

Die Entrüstung, über den Folterbericht des Gheimdienstausschußes besonders bei den Muslimen war nachvollziehbar, nachdem einen Monat zuvor Ausgaben des Korans auf einem US-Stützpunkt verbrannt wurden und eine ähnliche Anschuldigung aus Guantánamo bekannt ist.

Aus Erhebungen des Pentagon geht hervor, daß die Zahl der Selbstmorde unter amerikanischen Soldaten erheblich zugenommen hat. Im Durchschnitt nimmt sich jeden Tag ein Angehöriger der US-Streitkräfte weltweit das Leben. Selbstmorde von Veteranen sind nicht berücksichtigt. Die Gründe sind posttraumatischer Streß, Mißbrauch von Medikamenten, Alkoholmißbrauch und sehr häufig finanzielle Probleme.

Es ist nicht unüblich, daß die Soldaten während ihres Dienstes Aufputschmittel konsumieren, zu denen sie leichten Zugang haben. Diesen hochspezialisierten Gewaltdienstleistern ist bekannt, welche chemischen Prozesse in ihrem Körper für Angst, Mut und Ausdauer verantwortlich sind und wie man sie manipulieren kann. Letztlich führt Doping aber zu hirnorganischen Veränderungen und Drogensucht.

Die amerikanischen Präsidenten und die Bewerber um das Präsidentenamt sprechen immer von den großen Idealen des amerikanischen Volkes, rühmen das Beharren den amerikanischen Traum wahr zu machen (d.h. es durch Fleiß zu etwas zu bringen). Für nicht wenige bedeutet der Traum auch lediglich einen Job zum Überleben zu haben und sei es nur als Hilfskoch im Bistro, Kellner oder Fahrer. Weil das Land seit Jahrzehnten Millionen von Arbeitsplätzen verloren hat, verspricht jeder Präsident den Amerikanern Jobs und als wichtigste Aufgabe diese zu schaffen. Leider hat es noch nie in dem Ausmaß geklappt, wie es sich die Wähler vorgestellt hatten, die Arbeitslosenquote sinkt nur langsam. Der größte Gegner war bisher immer die schwächelnde Wirtschaftslage. Ein schwächer als erwarteter Zuwachs an neuen Jobs bringt dann jeden US-Präsidenten in Bedrängnis. Viele Menschen sind frustriert und wütend und besonders die weißen Wähler lassen es den jeweiligen Präsidenten bei den Umfragewerten spüren. Die Politikverdrossenheit ist so groß wie nie. Legendär der Ausspruch bei Trumps Antritt: „Make Amerika great again!".

Es gibt mittlerweile Anzeichen auf eine wesentliche Besserung der Wirtschaftslage. Doch zu viele Amerikaner finden immer noch keine Arbeit und sorgen sich darüber, wie sie ihre Rechnungen bezahlen und ihre Familien ernähren können. Für manche wäre überhaupt eine Arbeit ein Rie senschritt vorwärts, die sehnsüchtig erhoffte Chance für sie selbst und erst recht für ihre Kinder, die dann vielleicht auf eine anständige Schule gehen könnten.

In der US-Wirtschaft kriselt es seit vielen Jahren. Millionen von US-Bürgern verlieren Monat für Monat im Lande ihre Arbeit wegen der fortschreitenden Entindustrialisierung durch die Verlagerung der Produktion oder Teilen davon ins billigere Ausland, vor allem nach China und Mexiko. Eine solche Situation muß zwangsläufig zu Unruhen in der Gesellschaft führen. Wenige Reiche werden immer reicher und viele Arme immer ärmer. Die neue Trennlinie in der US-Gesellschaft verläuft heute nicht mehr zwischen Schwarz und Weiß, sondern zwischen Arm und Reich. Die öffentliche Armut korrespondiert mit zunehmendem Reichtum der US-Konzerne. Es wird gewarnt, die Unruhen wären Symptom einer Nation in Auflösung, bewirkt von der Politik des „organisierten Geldes", die schwach ausgeprägten Strukturen des „US-Sozialstaates" geschleift hätten.

Das Land der Schulden soll für Investoren mit einer Niedrigsteuerpolitik der Regierung, das Land der nahezu unbegrenzten Chancen werden. Die Zinsen sollen wieder gesteigert werden, ein sehr umstrittenes Unterfangen. Der schwache Dollar befeuerte bisher die Unternehmensgewinne.

Und immer noch sind über 20 Milionen Bürger ohne Krankenversicherung.

Die USA führten unter immensen finanziellen Belastungen zwei Kriege in muslimischen Ländern, vom daraus resultierenden Haß vieler Muslime mit radikalen Ideen und Plänen, pauschal gegen alle Amerikaner, ganz zu schweigen. Oder generell die immensen Vorbehalte einiger afrikanischer Staaten, die keine militärische Kooperation und erst recht keine Stationierung amerikanischer Soldaten auf ihrem Territorium wünschen. Nur durch die Hintertüre, indem sie sich einträchtig mit den Franzosen eine Basis in Dschibuti teilen, können sie präsent sein. Die Kommandozentrale der US-Soldaten ist aber in Stuttgart-Möhringen, weil kein afrikanischer Staat bereit bzw. in der Lage war sie aufzunehmen. Aus diesem unscheinbaren Vorort von Stuttgart werden Drohnenangriffe in Afrika gesteuert. Dort in Möhringen sitzen sie ganz entspannt an ihrem Kaugummi kauend, während sie die ferngesteuerten bewaffneten Drohnen lenken und ihre Raketen auf die zur Hinrichtung, vom US-Präsidenten und seinen Beratern, ausgewählten mutmaßlichen Terroristen abfeuern und alle die in deren Nähe gleich mit umbringen. Irrtümer sind nicht ausgeschlossen.

Man erinnere sich: Im Irakkrieg haben die Besatzungen der Kampfhubschrauber unbewaffnete und zum Teil verletzte Menschen im Blutrausch erschossen. Im Funkverkehr hieß es: "Schau dir die toten Bastarde an". „Ja, schön".

Wer sich für Drohnenkrieg interessiert kann sich auf seinem iPhone das Spiel „Drohne: Shadow Strike" installieren. Laut Hersteller, das „phänomenalste militärische Kriegsspiel mit einer packenden Mischung aus Strategie, rasanten Kämpfen und realistischer Action". Der Hersteller verspricht: „Steuern Sie die besten Drohnen der Welt mit einem Arsenal an Waffen und lassen Sie Feuer regnen!"

Töten im Blutrausch kann zu einer Art Sucht werden. Neuropsychologen erklärten, daß aggressives Verhalten direkt das Belohnungszentrum des Gehirns stimuliert. Das Gehirn schüttet nicht nur Streßhormone aus, sondern danach auch Endorphine; das sind körpereigene Opiate, die direkt in die Belohnungszentren gehen. Sie wirken stimmungsaufhellend, man fühlt sich großartig, wie in einer Art Rausch. Die Amerikaner sagen dazu zutreffend „Combat high".

Drohnen-Komandozentralen gibt es nicht nur für Afrika, es gibt sie auch für Afghanistan, Pakistan und den Jemen, die zivilen Opfer sind zahlreich und die vielen Berichte berührend.

Bei einem Angriff auf eine Hochzeitsgesellschaft im Jemen starben 15 unschuldige Menschen. Die Getöteten waren alle Zivilisten. Man hatte sie mit einem Konvoi von Terroristen verwechselt. Diese Tragik berührt jeden Menschen, ist doch eine Hochzeit ein feierlicher Anlaß auf den sich alle gefreut haben.

Warum Afrikanische Staaten mit überwiegend muslimischer Bevölkerung besonders ablehnend reagieren, dürfte jedem klar sein. Auf einem Besuch in Afrika begegnen amerikanischen Politikern deshalb muslimische Aktivisten mit Protesten. Eine muslimische Anwaltsvereinigung in Südafrika wollte sogar einen Haftbefehl gegen den amerikanischen Präsidenten, wegen Völkermordes und Verbrechen gegen die Menschlichkeit, erwirken.

Mehr als eine Billion Dollar, das ist rund ein Drittel des US-Staatshaushaltes, fließt in die Verteidigung, für Bomben, Kampfflugzeuge und Raketen inkl. Personalkosten und Ausgaben für Veteranen. Damit sind die USA, was ihre Militärausgaben betrifft, einsamer Weltmeister. Es wird angestrebt diese um 50 Milliarden Dollar zu erhöhen, finanziert durch Einsparungen in den Bereichen Umwelt, Kultur und Soziales.

Mit dem riesigen Militärbudget produzierten sie, mehr als jede andere Nation auf der Welt, ein Arsenal von Massenvernichtungswaffen bestehend aus Nuklearwaffen, chemischen und biologischen Waffen. Als die Zahl der strategischen Atomwaffen um ein Drittel verringert werden sollten, war dies den Republikanern zu gefährlich. Man brauche vielmehr ein robustes und verläßliches US-Nukleararsenal „Make America great again!", damit potenzielle Angreifer abgeschreckt würden. Das ist keine neue Argumentation der Konservativen. Langfristig werden auch sie einsehen müssen, daß eher eine Verringerung der Militärausgaben erforderlich ist.

Denn der US-Haushalt sitzt auf einem Schuldenberg von 16 Billionen Dollar, das bedeutet eine Pro-Kopf-Verschuldung von 51 000 Dollar.

Sie sind nach der Statistik, des Londoner International Centre for Prison Studies, auch Weltmeister bei der Zahl der Bürger, die in Gefängnissen einsitzen und entsprechend hoch sind die Ausgaben dafür, dasselbe gilt für die Irrenhäuser. Nirgendwo hocken so viele Leute in Irrenhäusern wie in den USA.

2013 kam es zu einem erzwungenen Ausgabenstop in allen Bereichen, selbst im Sozialbereich. Die Reduktion der Ausgaben war generell dringend erforderlich, um eine Staatspleite aufzuschieben.

Amerika hat wenig Freude an der Welt und an sich selbst und verliert seinen Glanz.

Wegen des weitverbreiteten Hasses auf Amerikaner gibt es amerikanische Rucksacktouristen, die sich aus Angst vor Repressalien oder gar Todesangst, eine kanadische Flagge an den Rucksack heften und behaupten, sie wären Kanadier. In dieselbe Richtung ging die Sorge der US-Sportfunktionäre. Besorgt um die Sicherheit ihrer Sportler, empfiehlt das US-Olympische Komitee, anläßlich von

Olympischen Spielen, seinen Sportlern außerhalb eines Olympischen Dorfes, keine Kleidung in amerikanischen Farben zu tragen und keine US-Abzeichen (US-Flagge etc.) sichtbar zu zeigen.

Alles wartet jedes Jahr auf den Bericht des Präsidenten zur Lage der Nation, der mit einer Rede vor beiden Häusern des Kongresses an die Nation abgegeben wird. Nach dem Abflauen der Ovationen stellt dieser regelmäßig viele Themen, die seine Bürger bewegen in den Mittelpunkt seiner Rede. Es ist seit Jahren, wie erwartet, u.a. der Kampf gegen die Kriminalität und Arbeitslosigkeit, die Wirtschaftslage, staatlicher Regulierung und Steuern, Maßnahmen zur Energiegewinnung.

Beim Republikaner Trump die Aufkündigung angeblich ungerechter einseitiger Handelsverträge, sein Slogan dazu: „America First". Und einen rekordverdächtigen Anstieg des Militäretats mit massiver atomarer Aufrüstung. Sein Slogan dazu „Make America great again".

Ist ein Demokratischer Präsident im Amt gibt es Appelle an die Republikanische Partei und ihre Anhänger wegen deren Unfähigkeit mit den Demokraten zusammen zu arbeiten. Die USA sind polarisiert wie nie. In 37 von den 50 Staaten gibt jeweils nur eine der Parteien, Republikaner oder Demokraten, den Ton an.

Wegen dem besagten Ausgabenstop stand im Herbst 2013 die Regierung wochenlang still, auch weil die Republikaner sich aus Frust über die seinerzeit verabschiedete Reform der Krankenversicherung einem Kompromiß verweigerten. Nur wenige Stunden vor der letzten Frist wurde eine Staatspleite abgewendet. Eine Pleite hätte die ganze Weltwirtschaft erschüttert. Als der Haushaltskompromiß dann doch noch gefunden wurde, bezeichneten etliche der Republikaner dies nicht als Erfolg.

Selbst familiärer Filz ist im amerikanischen System verwurzelt. Politische Mandate werden nicht nur verkauft und verhökert, sondern auch vererbt. Hillary Clinton verdankt bekanntlich ihren Sitz im Senat ihrem Ehemann Bill, dem Ex-Präsidenten. Der Sicherheitsberater von Präsident Trump, dem viel Einfluß zugesprochen wird, ist sein Schwiegersohn. Den Vogel aber hat ein Gouverneur in Illinois abgeschossen, der einen Senatssitz für 500 000 $ verkaufen wollte.

Eine Kuriosität bei der Rede zur Lage der Nation: Die Rede wird in Studentenkreisen traditionell mit einem Trinkspiel veräppelt. Jedes Mal, wenn der Präsident in seiner Rede einen vorher festgelegten Begriff z.B. „America first", „Make America great again" oder „Reform" sagt, wird mit Bier oder Schnaps angestoßen. In Variation wird bei einem vorher abgesprochenen seltenen Wort, so lange getrunken bis 60 % der Mitsäufer sich entscheiden aufzuhören oder unter den Tisch fallen.

Der Präsident nominiert die Kandidaten für den obersten Gerichtshof, dem Supreme Court. Scherzhafterweise werden sie von den Politikern als „nine scorpions in a bottle" bezeichnet, weil sie den Politikern oft schmerzhafte Stiche erteilen, wenn Gesetze abschlägig beurteilt werden. sechs der Richter und Richterinnen sind Republikaner und drei Demokraten. Die Richter am obersten Gerichtshof sind eine Macht im Staat, sie sind in etwa mit unserem Verfassungsgericht vergleichbar. Dieses Recht die Richter zu benennen hat langfristige Auswirkungen, weil sie auf Lebenszeit ernannt werden. Der jemals älteste amtierende der neun Richter am Gerichtshof war über 90 Jahre alt. Der Präsident selbst ist aber bekanntlich nur für maximal acht Jahre im Amt. Von diesen Richtern kommen die großen Weichenstellungen. Sie haben die Abtreibung legalisiert, das Recht auf Waffenbesitz bekräftigt, die Todesstrafe zugelassen und befinden in letzter Instanz über die Dekrete des Präsidenten, der sich aber nicht an deren Richtspruch halten muß. Ihr lebenslängliches Amt macht sie de facto autark von allem und jedem. Viele Präsidenten wurden später von ihren Richtern enttäuscht, wenn diese anders abstimmten als es der Präsident wollte. Die Auswahl der Richter obliegt allein dem Präsidenten, in der Regel sobald einer der Richter ausscheidet. Doch Parteien und Lobbygruppen auf der Befürworter- und Gegnerseite geben Millionen aus, ihren Kandidaten beim Präsidenten durchzusetzen. Alles in der US-Politik läuft über Lobby und Geld. So hat die einflußreiche National Riffle Association (NRA) am obersten Gerichtshof mit einem Grundsatzurteil erreicht, daß alle Bürger der USA Waffen zur Selbstverteidigung weiterhin im Haus besitzen dürfen. Die Richter des Supreme Court stuften das Recht auf Waffenbesitz gleichwertig wie das Recht auf freie Meinungsäußerung ein. Sehr zur Enttäuschung vieler, die im Richterspruch ein Grundrecht auf „Wildwestverteidigung" sehen. Die NRA hält das Recht Waffen zu tragen für einen der wichtigsten Grundsätze der US-Verfassung und strebt deshalb an, daß jeder Bürger seine Waffen offen auf der Straße tragen darf. Derzeit gibt es noch Einschränkungen in den einzelnen Bundesstaaten und Kommunen. Vor allem in den großen

Städten wie New York, Chicago oder Washington gibt es strikte Regelungen bis hin zum Waffenbann. Trotzdem gibt es wenige Meter jenseits von Washingtons Regierungsviertel, im Stadtbezirk Nr. 8, nächtliche Schießereien von rivalisierenden Drogenbanden. Die Stadt trägt deshalb bei einigen immer noch den Titel „Mordhauptstadt", obwohl die Kriminalität wesentlich verringert werden konnte. Es geht um den Verkauf von Kokain aus Mexiko und die in den Labors von Nordkalifornien hergestellten synthetischen Drogen, dazu gehört neuerdings viel Methamphetamin (Meth), mit wöchentlich neuen chemischen Kreationen, die wie die meisten Drogen langfristig zu schweren Schädigungen des Gehirns führen. Methamphetamin zerstört Gehirnzellen und führt zu Halluzinationen und Schlaflosigkeit. Bereits die Einnahme einer Dosis soll süchtig machen. Die Konsumenten werden unzuverlässig, lügenhaft und verlieren das Hungergefühl. Ihr Gehirn brauchte bis zu 3 Jahren bis der Reparaturmechanismus des Gehirns greift und sie wieder halbwegs selbständig leben können. Nur jeder Dritte schafft es nicht wieder rückfällig zu werden.

Das weitverbreitete Meth kann durch geschickte Konsumenten auf der Grundlage eines frei verkäuflichen Grippemittels selbst hergestellt werden. Eine gefährliche Droge, sie kann Menschen zu Verzweiflungstaten verleiten. Die Droge wird wie Kokain geschnupft, meist kommen die Konsumenten über das Kokain zu Meth, es bewirkt Schlaflosigkeit, die bis zu 24 Std. anhalten kann. Daneben hat die Droge mit großem Suchtpotenzial, eine stark euphorische Wirkung aus der sich paranoide Psychosen mit Halluzinationen entwickeln, die von den Konsumenten für die Realität gehalten werden. Meth ist sehr weit verbreitet und wird in allen gesellschaftlichen Schichten Amerikas genommen. In Denver wurden besonders dreiste Dealer erwischt, die sollen ihre Geschäfte mit der Droge aus einem Imbisswagen für mexikanische Tacos heraus abgewickelt haben. Kunden konnten einfach zum Food Truck gehen und zu ihrem Taco eine Beilage Meth bestellen, teilte die Staatsanwaltschaft in Denver mit. Die Unverfrorenheit der Dealer sei verblüffend gewesen. Als man den Verkauf entdeckte wurden 25 Kg der kristallartigen Droge Meth beschlagnahmt und 17, mutmaßlich am Verkauf Beteiligte, mußten sich vor Gericht verantworten.

Jährlich suchen über 125 000 Personen therapeutische Hilfe, um allein von der Droge Meth los zu kommen. Meist sind die Dealer auch selbst Konsumenten der Droge. Meth läßt sich noch Monate nach dem Konsum über den Körperschweiß und aktuell über den Urin nachweisen.

Andere Mischungen, aus einem künstlichen CannabisWirkstoff und pflanzlichen Stoffen, verändern die Gefühlslage und das Gedächtnis, während Opiate schwere somatische und psychische Störungen erzeugen. Das Neueste ist der Konsum von frei verkäuflich als „Badesalz" vertriebenen Synthetikdrogen. Diese gepanschten Rauschmittel sog. „Legal Highs" sind billiger als die harten Drogen und werden über das Internet vertrieben. Die Wirkung dieser Substanzen ist kaum erforscht und daher unberechenbar. „Legals", weil die unbekannten Substanzen vom Gesetzgeber noch nicht erfaßt sind. Werden sie erfaßt, sind sie auch schnell wieder abgewandelt. Es gibt als Badesalz getarnte Drogen, die angeblich zu Bärenkräften verhelfen aber auch zu Wahnvorstellungen und in deren Folge die Konsumenten, mit übelsten Übergriffen auf Mensch und Tier, außerhalb jeglicher Kontrolle geraten. Andere Nebenwirkungen sind Angstzustände und Psychosen, Nieren- und

Herz-Kreislaufversagen. Bereits 14- und 15-Jährige experimentieren mit diesen Drogen. Auf dubiosen Online-Plattformen haben sie darüber Kenntnis erhalten.

Einzelne US-Bürger fühlen sich ohne Waffe schlecht und schutzlos, wenn sie zu arm sind sich eine Waffe zu kaufen. Besonders wenn sie in einem sozialen Brennpunkt leben meinen sie nur eine Chance zu haben wenn sie im Besitz von Waffen sind. Wie erwähnt bestätigten die obersten Richter das Recht auf Selbstverteidigung mit Waffen als ein Grundrecht, ungeachtet der kommunalen Regelungen. Jeder Bürger habe das Recht sich mit der Waffe zu verteidigen, infolge dessen sterben im Schnitt 80 Menschen pro Tag durch Schußwaffen. Der militante Verband „National Rifle Association" sieht sich mit diesem Urteil bestärkt und setzt sich, selbstbewußter denn je, für die ungehinderte Verbreitung von Waffen aller Art ein. Waffenbesitz ist ein durch die Verfassung verbrieftes Recht der Bürger!

Eine Waffe im Haushalt zu haben, als ein Selbstverständnis wie Messer und Gabel, führt immer wieder zu dramatischen Vorfällen. So hat in einer ländlichen Gegend des US-Staates Kentucky ein 47-jähriger Mann seine Frau, seine Tochter und zwei Nachbarinnen erschossen. Der banale Grund war, die Ehefrau hatte die Frühstückseier nicht nach seinen Vorstellungen zubereitet. Das Drama ereignete sich in einer Ansiedlung aus Mobilhäusern und Campingwagen mit einer Handvoll schräger, skurriler und verarmter Bewohner. Anwohner solcher Ansiedlungen haben im Allgemeinen kein gutes Ansehen. Man findet solche Ansiedlungen häufig abseits in heruntergekommenen Gegenden, oft ohne Strom und Wasseranschluß. Gekocht wird mit

Gasflaschen, der Fernseher läuft mit Solarenergie. Sind die Bewohner weißer Hautfarbe gibt es für sie die negative Bezeichnung „White Trash"- weißer Abfall, besonders wenn sie der bildungsfernen Unterschicht angehören. Häufig sind es Alkoholiker, die es nicht schaffen oder geschafft haben in ordentlichen Verhältnissen mit regelmäßigem Einkommen zu leben. Ihre Ernährung besteht überwiegend aus lange haltbaren Konserven. Das US-Sozialsystem ist auf Langzeitarbeitslosigkeit nicht eingerichtet. Viele Betroffene stehen nach dem Auslaufen der staatlichen Unterstützung ohne jegliche Hilfe da, ihnen droht der Absturz in die Armut. Es sind Menschen, die sich schon ganz abgewendet haben von dem was man Lebenslauf, Perspektive, Hoffnung nennt. Etliche schleppen sich als Jobnomaden mit der Sehnsucht nach Sesshaftigkeit durchs Leben. Sie nehmen jeden Job gegen jede Bezahlung an, nur um überleben zu können und ihre Notlage wird mit Nachtarbeit, geringster Entlohnung und mit Arbeitszeiten ohne Ende ausgenutzt. Erkrankt ein solcher Arbeitssklave droht ihm sofort der Verlust des Jobs. Die Mehrheit der Amerikaner ist der Meinung, daß jeder, der arbeiten will und sein Geld zusammenhält, es früher oder später schafft sein Leben in geordnete Bahnen zu bringen; dies ist für die Mehrheit beinahe ein Naturgesetz. Zu diesem Naturgesetz gehört auch der Umkehrschluß, daß wer es nicht schafft, die Ursache ausschließlich in seiner eigenen Faulheit, Dummheit, Ungeschicklichkeit oder Langsamkeit zu suchen hat. Auf den einen oder anderen mag es zutreffen. Ob dies wirklich generell der alltäglichen Realität entspricht möchte ich jedoch bezweifeln. Im mittleren Westen gibt es hunderte von Städten die Industriebrachen gleichen, es sieht so unvorstellbar schlimm aus, daß man sich die verheerenden

Lebensumstände in den verrottenden Kommunen ehemaliger Industriezentren gar nicht vorstellen mag.

Nach dem Sozialhilfegesetz verliert ein alleinstehender Arbeitsfähiger nach drei Monaten seinen Anspruch auf Essensmarken, wenn er nicht wenigstens eine Halbtagstätigkeit hat oder an einer Arbeitsmaßnahme teilnimmt, das kann zum Bsp. eine Arbeit als Straßenfeger sein. Ausnahmen können nur die Gemeinden selbst beantragen. Große Städte wie NY tun dies in der Regel aber nicht. Wenn von Staats wegen der Kampf gegen die Armut eröffnet wird, dann verflüchtigt sich die viel gepriesene Freiheit. Präsident Roosevelt hat bereits in den 1930ern gesagt: „Die andauernde Abhängigkeit von Sozialhilfe führt eine geistige und moralische Auflösung herbei, die eine grundsätzliche zerstörerische Wirkung auf den Charakter der Nation (!) ausübt. Wenn man andauernde Sozialhilfe vergibt, trägt man bei zu einer schleichenden, einschläfernden Zerstörung des menschlichen Geistes. Es verstößt gegen die amerikanische Tradition... Wir müssen die Arbeitslosen nicht nur vor ihrem körperlichen Verfall bewahren, sondern auch vor dem Verfall ihrer Selbstachtung, ihres Selbstvertrauens, ihres Mutes und ihrer Entschlußkraft".

Das Selbstvertrauen setzt auf das Verlangen auf eigenen Füßen stehen zu wollen. Wer da nicht mithalten kann wird nach dieser Logik, durch staatliche Hilfe, nur in Abhängigkeit gehalten und abgelenkt sich selbst zu helfen. Notlagen sind nach dieser Argumentation selbstverschuldet.

Das Elend vieler Menschen wird staatlicherseits, mit unverhohlener Rücksichtslosigkeit, in Kauf genommen. Wer nicht mithalten kann ist ein Außenseiter, der selbst als Mensch versagt hat, mit dem scheinbar etwas nicht stimmt, deshalb ist nichts schlimmer in Amerika als zu scheitern.

Hilfe gibt es von mildtätigen Organisationen, die sich aus Spenden finanzieren, und ihren ehrenamtlichen Mitarbeitern.

Spenden sind ein Schauplatz auf dem in den USA eigene Anliegen und persönliche Vorlieben zum Ausdruck gebracht werden können. So spendete einmal ein Wall-Street-Banker eine Million Dollar für Viagra-Pillen an Männer, die sich diese nicht leisten konnten.

Der Mißbrauch von Waffen in Verbindung mit paranoiden Vorstellungen ist, an den Vorfällen gemessen, in den USA ein unendliches Thema.

Ein besonders krasser und zugleich tragischer Vorfall, der insbesondere in Japan das Ansehen der USA beschädigte: Ein 16-jähriger Austauschschüler aus Japan war zu einer Halloweenparty eingeladen und als die Schüler in ausgelassener Stimmung durch die Straßen in Baton Rouge, der Hauptstadt von Louisiana zogen, klopften und klingelten sie nach altem Brauch an den Türen, um mit den Süßigkeiten beschenkt zu werden, die an diesem Tag in großen Mengen bereitgehalten werden. Der junge Japaner geriet offensichtlich in eine Straße, die zum schlechteren Stadtteil zählt. Der Junge klopfte an und von der Haustüre schrie ihm der Bewohner mit einer Pistole in der Hand „Freeze!" entgegen. Da der junge Japaner dies nicht verstand ging er weiter, darauf erschoß ihn der Bewohner aus kurzer Entfernung. Der Hausbesitzer und seine Frau hatten sich bedroht gefühlt. Der Vorfall erregte besonders in Japan großes Aufsehen und Empörung. Noch mehr Empörung erregte das Gerichtsurteil, denn der Todesschütze wurde vom Gericht freigesprochen und im Beisein der Eltern des Getöteten gab es Beifall im Gerichtssaal. In Japan konnte man das

Urteil nicht verstehen, man begriff weder den Beifall noch den Freispruch. Die Amerikaner ihrerseits begriffen die japanische Empörung nicht, hatte der Todesschütze doch nur sein (amerikanisches) Recht in Anspruch genommen, sich auf seinem Grund und Boden mit der Waffe zu verteidigen. Das Gericht hatte bei der Beurteilung des Falles die Argumentation des Schützen akzeptiert, er habe sich bedroht gefühlt. Zwar bedauerte man den Vorfall, damit hatte es aber auch sein Bewenden. Die Japaner konnten darüber hinaus nicht verstehen, daß der Schütze sich mit keinem Wort bei der Familie entschuldigte, wie es in Japan üblich ist. Der Anwalt erklärte dazu; nach US-Recht könnte jedes Wort der Reue als Schuldbekenntnis ausgelegt werden, deshalb unterblieb jegliche Entschuldigung. Später hat ein US-Justizminister die weitreichenden Notwehrgesetze angeprangert: es sei an der Zeit, Gesetze in Frage zu stellen, die sinnlos das Konzept der Selbstverteidigung ausweiten und damit den Boden für gefährliche Konflikte bereiten. Solche Gesetze würden eher zur Gewalt beitragen als diese zu verhindern. Ein einsamer Rufer in der Wüste. Ob sich etwas ändern wird ist es mehr als fraglich.

Bei einem politisch motivierten Anschlag in Arizona wurde einer Abgeordneten des Kongresses auf offener Straße in den Kopf geschossen, weitere 13 Personen verletzt und für weitere sechs endete der Anschlag tödlich. Der 22-jährige fanatische Todesschütze hatte zuvor im Internet ein Manifest mit wirrem Inhalt veröffentlicht, in dem er der Regierung vorwarf, diese versuche das Denken der Menschen zu kontrollieren. Die niedergeschossene Abgeordnete war dafür bekannt, daß sie die Reform der Krankenversicherung befürwortet. Unklar blieb, ob der kaltblütige Mörder durch politische Propaganda der Republikanischen Partei aufgehetzt war, denn der Wahlkreis der Abgeordneten gehört zu den Angriffszielen einer besonders konservativen Abgeordneten der Republikanischen Partei. Diese ließ sofort jeglichen möglichen Zusammenhang mit ihr dementieren, dies sei Rufmord und Hetzkampagne und sie bete für die Opfer, für deren Frieden und Gerechtigkeit. Ironie dieser Geschichte ist, die niedergeschossene Abgeordnete, obwohl Demokratin, tritt für den freien Erwerb von Waffen ein und ist gegen schärfere Waffengesetze. Sie behauptete in einem Fernsehinterview, eine ziemlich gute Schützin zu sein und sie wisse sich zu verteidigen, ein in den USA gängiges Argument für den Waffenbesitz. Zu ihrer Verteidigung ist sie im Besitz einer Pistole der gleichen Bauart, wie sie der Täter benutzte, angeblich eine Waffe mit großer Feuerkraft, die sich leicht verstecken läßt. Der Waffenbesitz hat ihr nichts genützt, schließlich wurde sie nicht nach Wildwestmanier zu einem Pistolenduell aufgefordert.

Der Sheriff in Arizona gab die Meinung vieler wieder, indem er sagte, die ungeheuerliche Wut und der Haß in Amerika habe Arizona zum Mekka der Vorurteile und des Fanatismus gemacht. Arizona hat neben den Bundesstaaten Alaska und Vermont besonders lockere Regeln für den Besitz von Waffen.

Seit Jahrzehnten ereignen sich zahlreiche schockierende Massaker, dies hat einen gewissen Gewöhnungseffekt in der amerikanischen Bevölkerung zur Folge. Die Tat eines einzelnen Täters schockiert, so zynisch das klingen mag, die Bevölkerung jeweils nur kurzfristig.

Die amerikanische Presse berichtete über einen bekannten exzentrischen schwarzen Box-Promotor, der auf dem Weg zu einer Beerdigung war. Die Kontrolle am Flughafen staunte bei der Durchleuchtung seines Gepäcks, denn der hatte sich reichlich mit Pistolenmunition eingedeckt. In einem Land in dem schon Zwölfjährige mit einer Knarre herumlaufen eigentlich nichts ungewöhnliches, aber der Umstand, daß der bekannte Box-Promotor auf dem Weg zu einer Beerdigung war, stimmt nachdenklich. Die Munition wurde vom Sicherheitspersonal konfisziert.

Es gibt sie schon immer und häufiger, die dramatischen Vorfälle, die auf den unbedachten Umgang mit Waffen zurückzuführen sind. Besonders ist der Aufschrei immer dann groß, wenn es um Schießereien in Schulen geht und unschuldige Kinder und Lehrer davon betroffen sind. Die USA sind das einzige westliche Land, in dem regelmäßig Massaker mit Schußwaffen verübt werden. Die laxen Waffengesetze sollten nach dem erklärten Willen mutiger Demokraten wenigstens ein wenig verschärft werden. Sie planten ein Verkaufsverbot von halbautomatischen Schnellfeuergewehren, denn niemand benötigt Militärwaffen zur Selbstverteidigung. Die mächtige Waffenlobby lief sofort Sturm gegen diese Pläne und kündigte erbitterten Widerstand an, denn sie wollen sich in ihrer Freiheit nicht beschneiden lassen. Eine Beschränkung würde ihrer Meinung nach den gesetzestreuen Bürgern Rechte nehmen. Diese Demokraten haben ihr Ziel nicht erreicht, der Senat stimmte gegen ein schärferes Waffengesetz. Nicht einmal die Angst vor Amokläufern und Massakern hat gereicht, um eine Änderung des Waffenrechts durchzusetzen, eine schwere politische Niederlage für die Demokraten. Unmittelbar vor der Abstimmung hatte ein offenbar islamistisch motiviertes Ehepaar ein Blutbad bei einer Weihnachtsfeier in Kalifornien angerichtet, bei dem 14 Menschen starben.

Ob sich in Zukunft etwas ändern wird ist mehr als fraglich, solange sich die grundsätzliche Haltung der Amerikaner zu Schußwaffen nicht ändert. Die Amerikaner müssen von selbst begreifen, daß der Waffenbesitz ein Problem ist und die Verherrlichung von Waffengewalt in der US-Gesellschaft müßte ein Ende haben, dies läßt sich nicht von der Regierung verordnen. Durch den privaten Waffenbesitz gibt es jedes Jahr tausende Tote, 60 % rund 12 000 davon sind Selbstmorde. Das sind einige hundert mehr als als erschossen werden.

Die Demokraten unter Obama, dem ersten amerikanischen Präsidenten mit Wurzeln in Afrika, Sohn eines Kenianers, hatten es bereits im ersten Jahr seiner Präsidentschaft geschafft Sonja Sotomayor, eine Kandidatin mit Migrationshintergrund für das Oberste Gericht durchzusetzen. Dies war ein großer Erfolg. Sie ist die erste Hispanierin, im Land der unbegrenzten Möglichkeiten, an diesem Gericht. Eine Juristin, die aus einfachen Verhältnissen stammt.

Die Medien waren voll von positiven Berichten über dieses revolutionäre Ereignis. Viele Jahre hat eine Riege von republikanischen Präsidenten damit verbracht, den obersten Gerichtshof mit verläßlich konservativen Richtern aufzufüllen. Die Hispanics sind mit 15 % der Bevölkerung die größte ethnische Minderheit. Es sind die Einwanderer aus Lateinamerika, die in den USA gegen geringe Entlohnung sehr oft die Drecksarbeit erledigen, für die sich die gebürtigen Amerikaner zu schade sind. Sie arbeiten in Restaurantküchen, bei den gut Betuchten als Hausmädchen oder als deren Gärtner. Die Reichen sehen kein Problem in der geringen Entlohnung, sie meinen, sie zeigen den Armen ihre Freundlichkeit, indem sie diese für ein Taschengeld in ihrer Küche, im Garten oder als Kindermädchen beschäftigen, selbstredend ohne Sozialversicherungsbeiträge für sie abzuführen, obwohl gesetzlich vorgeschrieben. Die gesetzlichen Regelungen werden einfach ignoriert. Nicht alle bekommen ein Taschengeld oder den gesetzlich vorgeschriebenen Mindestlohn. Jenes billige Heer schuftet als Haus- und Kindermädchen für Kost und Logis. Religiös begründeter Druck und die Armut läßt diese Sklaven in ihrer Lage verharren. Mucken sie auf wird ihnen der geldliche Wert von Unterkunft und Logis vorgerechnet.

Auch Farmer und Fleischfabriken bedienen sich dem Heer der Billigarbeiter. Farmer in Kalifornien könnten ohne die Latinos ihre Erdbeeren nicht ernten und Fleischfabriken im mittleren Westen ihre Hähnchen oder ihr Fleisch nicht verarbeiten. Ohne Lese- und Schreibkenntnisse, verarmt und ungelernt, stehen die meisten somit auf der untersten Stufe der sozialen Leiter. Nur wer lesen und schreiben kann ist im Vorteil.

Der Abstimmung um die Berufung von Sonja Sotomayor, der Kandidatin für das Oberste Gericht, waren monatelange heftige Diskussionen vorausgegangen, die sich an einer Äußerung der Kandidatin entzündet hatten. Sie meinte, eine kluge Latina mit ihrer reichen Erfahrung würde häufig zu besseren Urteilen gelangen als ein Weißer Mann, der nicht den Lebenskampf geführt habe wie sie. Demokratie komme nur aus Erfahrung, auch aus schlechter.

Ihre Äußerung „Weißer Mann" wurde als Rassismus ausgelegt. Diese Puertoricanerin ist ein Paradebeispiel vom amerikanischen Traum; als Waisenkind aufgewachsen in der Bronx von New York, einem heruntergekommenen überbevölkerten Stadtbezirk mit überwiegend schwarzer Bevölkerung. Gegen alle Widrigkeiten kämpfend, erhielt sie ein Stipendium an den Eliteuniversitäten Princeton und Yale, traditionell die Kaderschmiede von reichen Zöglingen aus den Südstaaten. Aufgestiegen von ganz unten nach ganz oben wurde sie nun Richterin am Supreme Court in Washington, dem höchsten Gericht der USA. Seit bestehen dieses Gerichtes ist Sotomayor erst die dritte Frau am Supreme Court und die erste mit hispanischer Herkunft.

Tatsächlich kann jeder im Land der unbegrenzten Möglichkeiten, wenn er dort geboren ist, nicht nur ins höchste Richteramt, sondern auch zum Amerikanischen Präsidenten oder in den amerikanischen Senat gewählt werden, so sieht es die Verfassung der Vereinigten Staaten vor. Diese großzügige demokratische Regelung kann aber im Einzelfall zu zweifelhaften Personenwahlen führen. Anläßlich der Vorwahlen zum amerikanischen Senat, wurde in South Carolina ein ganz offenkundig ungebildeter, ehemaliger Soldat mit 100 000 Stimmen nominiert und verwies damit im Rennen um die Senatskandidatur einen angesehenen Richter und Parlamentsabgeordneten auf den zweiten Platz. Ein geistig zurückgebliebener 32-jähriger Soldat, der nach sechseinhalb Jahren aus der Armee entlassen wurde, niemand kann sagen warum. Er wurde in sechs Jahren niemals befördert und war seit seiner Entlassung arbeitslos. Der Ex-Soldat, er spricht in einem stereotypen amerikanischen Slang der Unterschicht, hat erhebliche Probleme sich verständlich auszudrücken. Eine Sprachebene, die viel stärker als im Deutschen die soziale Schicht markiert. Zusammen mit seinem ebenfalls mittellosen Vater wohnt er in einer schäbigen Wohngegend und ist straffällig. Der hemmungslose Ex-Soldat soll einer Studentin Pornobilder gezeigt und sie zum Sex gezwungen haben.

Offensichtlich führt der Auswuchs von Ablehnung und teilweise der Haß auf bestimmte etablierte Politiker zu solchen Wahlergebnissen. Nicht nur in South Carolina auch in anderen Bundesstaaten der USA sind amtierende Senatoren und Abgeordnete in den Vorwahlen dem gleichen Schicksal erlegen. Nachdem Details um die Person des Ex-Soldaten bekannt wurden, hat die Demokratische Partei versucht den Traumtänzer von seiner Kandidatur abzubringen. Unklar blieb woher der Ex-Soldat die 10 000 $ hatte, die zur Nominierung erforderlich waren. Gerüchte und Spekulationen machten die Runde, die Republikanische Partei habe als Strippenzieher im Hintergrund gestanden, sie habe ihn gesponsert, um damit den betreffenden altbewährten Abgeordneten zu Fall zu bringen.

Geld spielt in amerikanischen Wahlkämpfen immer eine sehr große Rolle. Wer Geld hat, kann sich teure Werbesendungen im Fernsehen kaufen und ins höchste Amt aufsteigen, ohne Geld geht nichts. Mit Benefizveranstaltungen und von Privatleuten wird sehr viel Geld gesammelt. Enorme Mengen an Spendengeldern werden von eigens dafür gegründeten Organisationen, sogenannter Super-Pacs und von reichen Politmäzenen mit einer gewaltigen Spendenflut in den amerikanischen Wahlkampf gepumpt. Eine Handvoll Milliardäre unterstützen damit die ihnen genehmen Kandidaten mit Millionen. Der Milliardäre unterstützen mit bis zu 100 Millionen Dollar die Präsidentenwahl um eine bestimmte Wahl zu verhindern und um den Kandidaten ihrer Wahl ins Weiße Haus zu hieven. Experten rechneten in der Vergangenheit mit bis zu 3 Milliarden Dollar Spenden für die Präsidentschaftskandidaten. Diese Spender und die von der Industrie gesponserten Parteien erwarten als Gegenleistung, daß ihre Interessen vertreten werden. Den mächtigen Konzernen geht es um Profit und maximalen Gewinn, sie wollen sich eine goldene Nase verdienen. Kritiker warnen davor, daß Wahlen in den

USA gekauft werden könnten. Dem wird widersprochen, der Wahlkampf wäre eine harte Auslese, die dem Wähler die Chance gebe, die Kandidaten gründlich zu prüfen. Die Entscheidung des US-Verfassungsgerichts, daß der Staat nicht begrenzen darf, wie viel Geld Unternehmen oder Gewerkschaften einem Kandidaten zukommen lassen, hat dazu geführt, daß enorme Summen in den Wahlkampf fliesen. Schätzungen zufolge sollen die Ausgaben aller Parteien, Unterstützergruppen einschließlich der Kandidaten im Präsidentschaftswahlkampf 2016 rund 4,6 Milliarden Euro betragen haben.

Mancher nüchterne Sozialwissenschaftler bezeichnet die USA inzwischen als Oligarchie, deren ehernes Gesetz immer primär darauf abzielt die großen Besitztümer zu verteidigen. Zu den Reichsten zählen etwa ein Prozent der Bevölkerung, das sind ca. 3 Millionen Amerikaner. Die 400 Superreichen unter ihnen bewirken ihre Vermögensverteidigung mit Lobbyisten im Kongreß. Vor allem unterhalten sie gewiefte Anwälte, Wirtschaftsprüfer und Steuerberater, die dafür sorgen daß ihr Steuersatz möglichst gering ausfällt. Der zweitreichste Amerikaner nach Bill Gates, der Investor Warren Buffett bezahlt weniger Steuern als seine Sekretärin.

Viel Geld fließt auch bei der Wahl der Gouverneure. So mancher vermögende Kandidat oder Kandidatin bewarb sich als Gouverneur und ließ sich die Wahlkampagne Millionen aus seinem Privatvermögen kosten. Eine Kandidatin, die sich in Kalifornien um die Wähler bewarb bombardiert diese geradezu mit Fernsehwerbung, sie zu wählen. Ihre fantasielosen, penetranten und unendlichen Werbewiederholungen führten zum gegenteiligen Effekt, zumal der Vorgänger im Amt ihre Wahlwerbung und sie als seine mögliche Nachfolgerin nicht unterstützte, dieses Reglement hatte sie ignorierte. Sie wollte Kalifornien wie eine unabhängige Unternehmerin führen. Selbst ihre Parteifreunde rätselten aus welchem Grund sie nach einer steilen beruflichen Karriere, unbedingt Gouverneurin werden wollte. Schließlich zog sie nicht als Gouverneurin in Sacramento ein. Ein anderer machte das Rennen, dieser hatte dann, ob der Haushaltsnöte in Kalifornien, dem größten Bundesstaat der USA, ähnliche unternehmerische Ideen. So wurden die Ausgaben für Gesundheit und Sozialleistungen abermals verringert und die Gehälter der Staatsbediensteten gekürzt. Und wenn die Kalifornier nicht mehr Steuern bezahlen, sollen auch die Ausgaben für die Schulen gekürzt werden, die Kinder könnten nach seiner Auffassung auch zu Hause von den Eltern unterrichtet werden. Ob die Kinder allein durch das häusliche Einüben und Erlernen stereotyper und standardisierter Antworten später lebenstüchtig sind, interessiert scheinbar niemanden.

Bedingt durch den Bildungsnotstand kann jeder Siebte nicht fehlerfrei schreiben. Bekannte Musiker und Schauspieler können nicht richtig lesen und schreiben. Der genaue Blick offenbart eine Malaise. Mangels Bildung wird die traditionelle Klassengesellschaft zementiert, ein Umstand den die Gründerväter der USA eigentlich hinter sich lassen wollten. Die Elite erneuert sich aus ihren eigenen Reihen mit Geld durch den Besuch von Eliteinternaten und Eliteuniversitäten. Es ist ganz wesentlich an welcher Uni man seinen Abschluß gemacht hat. Die bereits gepfeffert hohen Studiengebühren gehen Jahr für Jahr in die Höhe. Nur für den, der es sich finanziell leisten kann ist der Besuch einer Uni möglich. Für viele Amerikaner, besonders aus den ärmeren Schichten, ist es unerschwinglich geworden. Wenn die Chancen eines Kindes von den finanziellen Möglichkeiten seiner Eltern abhängt ist dies ein erdrückkender Nachteil. Wer reich geboren wird bleibt reich, wer arm ist bleibt es ebenfalls. Es gibt nur ein paar wenige gesponserte Studienplätze, die an besonders herausragende Collegeabsolventen vergeben werden. Der Abschluß an einer Eliteuniversität schafft die Basis zum beruflichen Erfolg und hohem Ansehen. Studiert wird bevorzugt alles was später einen Job im Investmentbanking, der Unternehmensberatung oder bei Hedgefonds ermöglicht, also das schnelle Geld bringt. Ingenieurwesen und Naturwissenschaften überlassen sie bevorzugt den Immigranten aus China und Indien. Die USA aber brauchen mehr Ingenieure, Wissenschaftler und Techniker. Rußland und Japan widmen sich traditionell beide einem Aufbau ihrer technologischen Elite, Amerika dagegen bringt fünfzehnmal so viele Anwälte hervor. In Kalifornien allein sind deshalb über eine Million Rechtsanwälte tätig.

Jene Amerikaner sind höchst angesehen die tatsächlich beruflichen Erfolg haben und ihr Geld durch Konsum zur Schau stellen. Erkennbarer Neid auf Erfolgreiche oder generell Sozialneid gibt es im Alltag nicht. Erfolg gilt auch (selbst wenn es der Erfolg der anderen ist) als Beweis dafür, wie großartig das Land ist. Deshalb werden auch im Unterschied zu anderen Nationen, Manager und Politiker dafür bewundert wenn sie Millionen angehäuft haben, die Mormonen und deren Bischöfe nicht ausgenommen. Der Chef des US-Sportartikelherstellers Nike kann sich zum Beispiel über mehr als 40 Millionen Dollar Gehalt freuen, ohne daß dies eine große Diskussion im Land auslösen würde. Während im Gegensatz dazu die jährliche Vorlage der Liste von Managergehältern in Deutschland bestens dazu geeignet ist Neiddebatten auszulösen und gefragt wird: „Ist es wirklich gerecht, wenn die Spitzenmanager eines großen Konzerns mehr als das Hundertfache dessen verdienen, was ein Durchschnittsarbeiter bekommt?" In den USA ist der Abstand zwischen Chef und Arbeiter noch deutlich größer als hierzulande.

Reichtum gilt für nicht wenige als sichtbarer Beweis des göttlichen Wohlwollens. Die Gottgefälligkeit der persönlichen Bereicherung, das Geld, der Wert des eigenen Besitzes, die Höhe des Einkommens sind kein problematisches Gesprächsthema, es ist geradezu der Ausdruck von Solidität und Rechtschaffenheit. Man redet gerne und stolz darüber. Die Protestanten in den nördlichen Staaten haben die Arbeit in den Rang einer religiösen Pflicht erhoben, daraus ergibt sich die Pflicht zum Geldverdienen. Folglich, wer viel Geld verdient ist von Gott ausgezeichnet und führt ein besonders gottgefälliges Leben. In der Umkehrung gilt: wer kein Geld verdient und arm bleibt, der ist offenbar ein Sünder und von Gott wegen seiner Sünden durch Armut bestraft. Armut ist in dieser Denkweise eine von Gott verhängte Schande, Reichtum eine von Gott gewährte Auszeichnung.

Die überwiegende Mehrheit der Kinder und Jugendlichen zählt zur „Generation ohne Zukunft". Nicht wenige haben keinen Collegeabschluß, der wird aber zum Studium an der Uni benötigt. Für lange Zeit reichte jeder Abschluß an einem College als Baustein für den sogenannten amerikanischen Traum – ein Versprechen der Gründerväter, eine Vision mit guter Ausbildung und harter Arbeit nach oben zu kommen, um in den meisten Fällen es besser zu haben als die Eltern. Mittlerweile sind sogar mehr als die

Hälfte der Hochschulabsolventen in den USA arbeitslos und gehören zu den größten Verlierern der amerikanischen Krise. Der Arbeitsmarkt gibt diesen Absolventen kaum eine Chance. Zwei Drittel der Collegeabsolventen sind nicht nur ohne Aussicht auf einen Job, sie haben auch wegen der Studienkosten am Ende ihrer Collegezeit einen Schuldenberg von durchschnittlich 26 500 Dollar. Die Wenigen, die einen Job finden und oft nur in unterqualifizierten Tätigkeiten, erzielen einen so geringen Verdienst, daß sie sich gerade über Wasser halten können. An Schuldentilgung ist nicht zu denken. Auf Studienkredite verlangen die Banken höhere Zinsen als auf Baukredite. „Wie solle ich das jemals abbezahlen?" fragen sie. Viele übernehmen Tätigkeiten im mies bezahlten Servicebereich, für die sie kein jahrelanges Studium mit akademischem Abschluß benötigt hätten. Es gibt für die mit dem Überleben beschäftigten auch die Variante Hoffnung, wenn sie als Trainee, d.h. Praktikant, in der Hoffnung auf eine spätere Anstellung, umsonst arbeiten. Private Agenturen für Arbeitsvermittlung lassen die Jobber zwei Monate umsonst arbeiten, den Lohn für den ersten Monat behält der Arbeitgeber und den Lohn für den zweiten Monat komplett die Agentur. Der Beschäftigte bekommt rein gar nichts, er muß einigen der privaten Agenturen, für die Jobvermittlung, noch eine Gebühr bezahlen. Genau gesehen ist es eine Art Sklavenhaltung, keiner stört sich daran. Nach Ablauf der zwei Monate wird der Sklave mit faulen Ausreden, z.Bsp. er wäre nicht gut gewesen, wieder in sein Schicksal entlassen. Der Jobsuchende kann sehen wo er bleibt, sich bei Freunden und Familie durchbetteln und weitere Schulden machen. Trotz guter Ausbildung müssen sie die Erfahrung machen, daß gute Jobs fast nur über Beziehungen vergeben werden.

Alternativen wie das Angebot von Berufsausbildung, vergleichbar einer Lehre, gibt es praktisch nicht und wird auch staatlicherseits in der Regel nicht gefördert, hierzu wäre eine Reform des Ausbildungssystems erforderlich. Bisher verweigern sich die USA der Einführung eines soliden beruflichen Ausbildungssystems.

Wer Schreiner sein will und glaubt er sei einer, hängt sich einfach ein Schild an die Tür. Qualitative Arbeit wird zur Glückssache. Neben wenigen privaten und nicht kostenfreien „Berufsschulen" z.Bsp. für Handwerker, bleibt es einigen großen europäischen Firmen in den Staaten überlassen, kostenfrei und im eigenen Interesse qualifizierte Mitarbeiter auszubilden.

Wirtschaftsexperten haben die Notwendigkeit erkannt und angeregt eine Berufsausbildung ähnlich dem dualen Ausbildungssystem wie in Deutschland „Earn while you learn" mit Praxisbezug einzuführen, konnten sich vergleichsweise nicht durchsetzen.

Junge Amerikaner sind nach der Schule nichts, sie haben keine Ahnung von der Praxis im Arbeitsleben. Learning by doing ist und bleibt angesagt. Jener, der bei einer Bewerbung seine Befähigung plausibel selbst (nicht durch einen vernünftigen Lebenslauf) oder noch besser durch eine Empfehlung oder ein Abschlußzeugnis, darlegen kann, erhält den Job. Die Empfehlungen spielen dabei wie gesagt eine sehr große Rolle. Ohne von den richtigen Leuten empfohlen zu werden, schafft man es vielfach trotz Zeugnis überhaupt nicht, auch nur eine, vernünftige Arbeitsstelle zu finden. Selbst um in den Himmel zu kommen brauchst du in Amerika ein Empfehlungsschreiben, nämlich eines von armen Leuten, wurde mir gesagt.

Neben anderen Problemen bei der Arbeitssuche ist diese Erschwernis in Ausmaß und Eigenart eine typisch amerikanische Eigenart. „The Winner takes it all, the looser has to fall". Man bekommt einen Arbeitsplatz indem man jemanden kennt, der jemanden kennt.

Für das Überleben gilt „Ever tried. Ever failed. No matter. Try again. Fail again. Fail better. – Immer versucht. Immer gescheitert. Egal. Versuche es wieder. Scheitere wieder. Scheitere besser". Dieses Zitat des irischen Nobelpreisträgers Samuel Beckett gilt für die USA im Besonderen. Nicht der ist ein Verlierer, der hinfällt, sondern derjenige, der liegenbleibt. Oft führt die Niedergeschlagenheit im Erwerbsleben auf die deprimierende Erkenntnis zurück, daß sich Leistung offenbar nicht mehr lohnt: „Es sind doch nur die Reichen, die immer reicher werden". Den Verzweifelten wird dann bei der erniedrigenden Arbeitsuche konkret empfohlen einfach jede Arbeit anzunehmen und es wird der Glaube vermittelt, daß wenn ein Mensch anständig ist, komme er auch irgendwie weiter und in Arbeit. Irgendwie ist es immer weitergegangen und es wird auch immer irgendwie weitergehen, sagen sie. Und wer schwer arbeite und sparsam ist, könne sich durchaus ein wenig Geld zusammenscharren und sich wohlfühlen.

Durch die Ungleichbehandlung der Rassen und ethnischer Gruppen, trifft es die Schwarzen und Latinos besonders. Ihnen wird gesagt: „Nirgendwo in der weiten Welt gibt es arme Leute, die so glücklich sind wie hier in Amerika". Diesen Unsinn glauben die Leute dann auch noch.

Die Kluft zwischen Arm und Reich wird immer tiefer, es entsteht eine immer größere Unterklasse. Keiner dieser Entwicklungen wurde in den letzten Jahren wirklich Einhalt geboten. Immer wieder verhindern engstirnige Gruppeninteressen ein Umdenken.

Eine weiße Minderheit mit Hetzen und maliziösen Angriffen gegen die Demokraten, färbt düstere Prophezeiungen mit rassistischen Untertönen. Es gibt viele offene und z.T. auch geradezu böswillige verbale Angriffe in der extrem gespaltenen amerikanischen Gesellschaft. Das Klima zwischen der Demokratischen und Republikanischen Partei ist schon immer vergiftet, man hört es in jedem Wahlkampf um die Präsidentschaft. Sachkundige Historiker und Beobachter behaupten, wie seit dem Bürgerkrieg von 1861 nicht mehr. Teilweise werden Wahlkämpfe mit unglaublich geschmacklosen Sticheleien geführt, üble Beleidigungen des politischen Gegners nicht ausgeschlossen.

Wenn das amerikanische Parlament d.h. der Kongreß mit seinen zwei Kammern, dem 100-köpfigen Senat und dem Repräsentantenhaus mit 435 Abgeordneten, neu gewählt wird, reportieren die Gegner des jeweiligen Präsidenten diesen in zahllosen Fernsehsendungen und Wahlwerbespots negativ und diskreditierten ihn zum Teil in übelster Weise. So wurde anläßlich der Kongreßwahlen in einem Fernsehspot der Gegner von Obama, zuerst ein Totenschädel gezeigt, dieser dann mit dessen Gesicht überblendet, dazu hörte man höhnisch und mit tiefer Stimme den Satz: „Mit dem Engel des Todes in die Hölle". Aber die schrillen Töne gingen nicht wenigen Amerikanern auf die Nerven. Der Effekt war, sie wandten sich von dem Spektakel ab. Der dunkelhäutige Barack Obama, von der Demokratischen Partei, der erste schwarze Präsident wurde nicht nur gewählt, er blieb auch in der zweiten Amtszeit im Weißen Haus, weil besonders Latinos, Schwarze und

Asiaten ihn wählten. Die konservativen Republikaner hatten verloren, weil ihnen das Gespür für die Realität in den Großstädten und die gesellschaftliche Wirklichkeit der Migranten und Minoritäten fehlte. Die als Nachfolgerin an Stelle von Obama designierte Demokratin Clinton hatte die Mehrzahl aller Wählerstimmen, verlor aber, weil sie von den sog. Wahlmännern nicht zur Präsidentin gewählt wurde. Es lag „nur" an der Eigenart des amerikanischen Wahlsystems, danach wird nicht automatisch jeder, der die meisten Wählerstimmen hat auch Präsident. Dasselbe passierte ihr nochmals, als sie nach der Amtszeit von Obama gegen den konkurrierenden Bewerber um das Präsidentenamt den Republikaner Donald Trump antrat. Sie hatte, trotz ekliger Gerüchte und schmierigen Verleumdungen, drei Millionen mehr Wählerstimmen aber wurde von den Wahlmännern erneut nicht in das Präsidentenamt gewählt. Nicht einmal die Schwellenländer tun sich so schwer damit, eine Frau zur Präsidentin zu wählen.

Langfristig werden die Weißen gegenüber den Schwarzen und Latinos noch mehr an Einfluß verlieren. Nach der jüngsten Prognose des US Census Bureau werden sie vermutlich ab dem Jahr 2043 zum ersten Mal in der Geschichte der USA weniger als die Hälfte der Bevölkerung stellen. Die heutigen Minderheiten werden dann zusammen in der Mehrheit sein. Die tiefe Angst, die in vielen Weißen sitzt, ihr rassisches und kulturelles Privileg zu verlieren, wird sich dann bewahrheiten, dies könnte das Ende von „White Supremacy" – der Herrschaft der Weißen sein.

Die Radikalen in der Republikanischen Partei, freuen sich vor allem, wenn sie es mit den „Real Americans", den chauvinistischen Amerikanern, zu tun haben. Dazu gehören auch die Abtreibungsgegner im Bundesstaat Kansas. Kansas ist das zuverlässigste Stimmenreservoir für die Republikaner. Die Anti-Abtreibungsbewegung spielt dort eine große Rolle. „Wichita Abtreibungshauptstadt“ steht auf dem Truck einer 55-Jährigen mit sinistrer Aura, die diesen durch die Straßen steuert. Abgebildet sind gräßliche Bilder, das Kinderherz im Abfalleimer, zerstückelte Föten und der Text: „Möge Gott mit uns Gnade haben“. Sie ist 100 % von sich überzeugt das Richtige zu tun. Sie war schon viel radikaler, indem sie einen Bombenanschlag auf eine Abtreibungsklinik verübte. Der von ihr ausgeführte Bombenanschlag brachte sie für über zwei Jahre ins Gefängnis. Die Zahl der Abtreibungen ist in den USA fast dreimal so hoch wie in Deutschland und in Wichita gibt es landesweit bekannte Ärzte und Kliniken. Die Abtreibungsgegner verhalten sich rabiat und mit ihrer Parforcejagd hart an der Grenze der Legalität. Sie kundschaften die Kliniken aus, setzen Belohnungen für Hinweise aus und bei Verdacht durchwühlen sie deren Müll. Dann bedrohen sie die Mitarbeiter, schicken ihnen Briefe und denunzieren sie bei ihren Nachbarn, in dem sie die Mitarbeiter als perfide Mittäter bezeichnen. Statt sich auf alte Tugenden wie Sachlichkeit und Fairness zu besinnen, lauern sie Angestellten der Klinik auf und belästigen diese, wo immer sie ihnen begegnen können, bis diese schließlich ihre Arbeit kündigen. Sie stehen vor der Klinik, stellen Kreuze auf, protestieren mit Schildern und versuchen die ankommenden Frauen umzustimmen. Für sie ist Abtreibung Mord und der einfachste Weg ein „Problem“ los zu werden. Da es sehr wenige Ärzte in den USA gibt, die diesen schwierigen Eingriff vornehmen, kommen aus allen Bundesstaaten abtreibungswillige

Frauen nach Wichita. Kinder umzubringen heißt die Zukunft zerstören, sagen zurecht die Gegner der Abtreibung. Papst Franziskus hat in einer großartigen politischen Rede die Abtreibung als Teil einer der Menschen unwürdigen „Kultur" des Wegwerfens verurteilt.

„Leider werden heute nicht nur Nahrung und überflüssige Güter zu Abfall, sondern oft werden sogar Menschen weggeworfen, als wären sie nicht notwendige Dinge".

So seine Kritik in einer Neujahrsansprache. Ist nicht die „Kultur" des Wegwerfens in den USA besonders weit verbreitet?

Die Hoffnung der schwarzen Bevölkerung

Ihre Träume sind noch nicht ganz erfüllt seit Martin Luther King am 28. August 1963 in seiner legendären Rede in Washington vor gut 250 000 Menschen den hoffnungsvollen Satz sprach: „I have a dream". Damit meinte er, daß seine Kinder eines Tages in einer Nation leben, in der sie nicht nach der Hautfarbe, sondern nach ihrem Charakter beurteilt werden. Dann sollten die Schwarzen niemals mehr der Verachtung der Weißen ausgesetzt sein.

Man erinnere sich, daß noch 1967 gemischtrassige Ehen in 17 US-Staaten verboten waren. Bis in die 1960-er Jahre gab es gesonderte Eingänge in den Kinos und Toiletten mit der Aufschrift „Colored" – Farbige und daß sie, wenn überhaupt, nur an einem abgesonderten Strand baden durften. Die Coca-Cola am Getränkekiosk mußten sie im Stehen trinken, wenn sie überhaupt bedient wurden. Die Kirchen waren in der provinziellen Himmelreich-Welt in der Regel getrennt, selbst die Friedhöfe waren getrennt. Jede Berührung wurde im Alltagsleben nach Möglichkeit unterbunden. Erst 1965 erhielten die schwarzen Bürger Stimmrecht und durften zur Wahl gehen. Zuvor war dies ein Privileg der weißen Bevölkerung. Nichtweiße wurden für minderwertig gehalten.

Heute kommen sie offiziell natürlich gut miteinander aus, so der Tenor der weißen Bevölkerung. In Teilen mag das auch stimmen, generell gilt es nicht. Heuchelei, Verlogenheit und Doppelmoral ist weitverbreitet. Es kommt immer wieder vor, daß Weiße zuerst bedient werden und der Schwarze warten muß, man tut so als wäre er nicht da. Seit Jahren fordern die Vertreter der schwarzen Bevölkerung in den Südstaaten, der einstigen Hochburg der Sklaverei, daß auch ihre Seite der Geschichte dargestellt wird; der Haß, die menschlichen Leiden und die Ausbeutung auf den Plantagen. Der Anbau von Baumwolle und Zuckerrohr sorgte einst für enormen Reichtum.

In den Südstaaten wird den Touristen von einer charmanten jungen Fremdenführerin, im passenden Scarlett-O'Hara-Kleid, die schöne heile Plantagenwelt der alten Herrenhäuser und der Reichtum in der Einrichtung mit wertvollen Möbeln und Bildern, dem teuren Porzellan- und Silbergeschirr vorgeführt. Mit keinem Wort erwähnt sie wie dieser Reichtum erwirtschaftet wurde. Das Wort Sklaverei wird bei der Führung in den Mund genommen, aber nur im halbwegs positiven Zusammenhang. Das Grauen des Sklavenhandels ist vielen nur grob bekannt. Geschlagene 386 Jahre lang von 1501 bis 1887 segelten die Schiffe an Afrikas Westküste, luden dort Menschenware ein, transportierten sie nach Süd- und Nordamerika. Die Sklaven wurden dort mit ungeheurem Profit verkauft. Ein Team von amerikanischen und englischen Historikern und Wissenschaftlern hat fast 35 000 Fahrten mit 12,5 Millionen verschleppten Schwarzen dokumentiert. Eines der größten Verbrechen gegen die Menschlichkeit. Rund 15 % starben schon während der Reise, andere hatten meist nur ein kurzes Leben auf amerikanischem Boden. Es lag der Verschleppung kein politischer, religiöser oder sonstiger

Konflikt zugrunde, kein Monarch hat es je angeordnet. Dasselbe Amerika, in dem Menschen wie Waren gekauft und wie Tiere gehalten wurden, steuerten Millionen Europäer der Freiheit halber an. In ihrer romantischen Vorstellung ein paradiesisch gelobtes Land. Sie die Apostel der Freiheit, die sich in Europa aus Ketten befreien wollten und andere in Amerika als Arbeitssklaven in Ketten legten. Bereits 1762 formulierte Jean-Jacques Rousseau in seinen drei Gegenuniversen aufrührerisch das Menschenrecht: Liebe und Arbeit in der Gemeinschaft; Autonomie durch Bildung; Freiheit durch Gleichheit (entworfen gegen falsche Souveränitäten) gegen Macht, Religion und Geld.

Noch um 1820 stammten 80 % aller nach Nord- und Südamerika „emigrierten" aus Afrika. Millionen Afrikaner waren längst in Amerika bevor die ersten europäischen Emigrationswellen eintrafen. In zwei Jahrhunderten haben mehr als sieben Millionen Deutsche über Bremerhaven ihr Land verlassen, die meisten von ihnen gingen nach Nordamerika. Nachweislich wanderten allein im Jahr 1882 fast 250 000 Deutsche dort ein.

Der hochverehrte und deshalb auf jedem amerikanischen Geldschein abgebildete George Washington, der unumstritten bisher reichste Ex-Präsident, besaß fast 25 000 Hektar Land und 300 schwarze Arbeitssklaven. Auch der zu den großen und nicht minder verehrten Vätern Amerikas zählende Jefferson war Sklavenhalter und Sklavenbesitzer gewesen. Leben, Freiheit und das Streben nach Glück, das galt nur für weiße Menschen. Für die Schwarzen, die draußen vor den Veranden der Herrenhäuser arbeiteten galt dies nicht. Die Sklaven hatten den Reichtum der Großen zu erhalten. Die großen stolzen Worte in der amerikanischen Verfassung galten nicht für sie. Sie waren keine Menschen, sie waren Gegenstände und so wurden sie behandelt. Der Sklave gehörte seinem Herrn wie ein Hund oder Pferd. Der Besitzer verfügte über die Arbeitskraft der Sklaven für viele Jahre und hatte noch den Vorteil, daß sich diese durch Kinder vermehrten, und sich dadurch das Vermögen, das sie darstellten, mit hundert oder gar fünfhundert Prozent verzinste. Die Sklavenherren konnten, wenn sie es wollten, den Mann hierhin, die Frau dorthin und deren Kinder anderswohin verkaufen. Die Freiheit galt nur für die Freien, für die Unfreien galt sie nicht. Die Gleichheit galt nur für die Gleichen, für die Ungleichen galt sie nicht. Zahlreiche Romane bedienen die Sehnsucht der Unbelehrbaren nach der Zeit der Plantagenherrlichkeit und der Sklaverei. Noch heute muß Amerika ernten, was damals gesät wurde.

Überall im Süden gibt es partiell heute noch Rassenprobleme. Ein rühriger Prediger in einer Baptistengemeinde versuchte in naiver Frömmigkeit die Gemeinde zusammenzuführen und erwartete von den weißen Gemeindemitgliedern abwechselnd, jeder, an einem anderen Sonntag, solle ein schwarzes Gemeindemitglied oder noch besser eine ganze schwarze Familie zum Essen einladen. In der Folge hagelte es nur so Kirchenaustritte von weißen Gemeindemitgliedern. Der tiefe Süden ist immer noch voll von Rassisten und bigotten Menschen. Die kirchliche Gemeinde ist für sie nicht nur das geistliche, sondern auch das geistige Zentrum des Daseins wie in längst verflossenen Zeiten bei uns.

Als in Virginia ein schwarzer Pastor eine Gemeinde übernahm, die zu 99 % weiß war und darin eine Chance zur Überwindung rassistischen Denkens sah, waren nach einiger Zeit seines Antrittes 80 % der Gemeindemitglieder Schwarze, die weißen gingen nicht mehr in diese Kirche.

Über Henry Ford II wurde erzählt, er habe einmal bei einer Management-Sitzung, die sich mit dem Programm von Chancengleichheit befaßte, veranlaßt, die Abteilungen sollen über ihre Fortschritte bei der Einstellung und Beförderung von Schwarzen berichten. Später als die Berichte nicht so beeindruckend waren, richtete er in einer Rede einen leidenschaftlichen Appell an die leitenden Angestellten etwas für diese zu tun. Die Rede soll so bewegend gewesen sein, daß einigen die Tränen kamen. Als Ford später mit seinen leitenden Angestellten, in deren abgesonderten Kasino, am Mittagstisch saß, begann er gegen die Schwarzen loszulegen. „Diese gottverdammten Nigger hasse ich" soll er gesagt haben. „Ich glaube ich übersiedle eines Tages in die Schweiz, wo es keine gibt". Die ganze anrührende Rede war nur eine Show gewesen. Wenn man auf die schwarze Bevölkerung zu sprechen kommt, ist auch heute noch eine heuchlerische Doppelmoral weitverbreitet.

Natchez im Bundesstaat Mississippi ist eine der bekannten Städte in den Südstaaten. Die Stadt Natchez war vor dem Bürgerkrieg (1861-1865) der zweitgrößte Sklavenmarkt im Süden nach New Orleans. Es gibt dort nur ein winziges Schild an einer versteckten Stelle, das auf den ehemaligen Sklavenmarkt hinweist, kein Museum weit und breit. Für ein Museum mag von den Weißen keiner das Geld aufbringen und die meisten Schwarzen haben dafür kein Geld. Eine Dramatisierung dieser traurigen Geschichte ist für viele mit weißer Hautfarbe einfach lächerlich, sie haben keinen Bedarf. Jene mit ausgeprägter patriotischer Gesinnung nutzen die geschichtliche Vergangenheit der Nation zur Selbstverherrlichung, Kritik an der Nation ist für sie obsolet.

Nichts ist zu finden von den Morden an der schwarzen Bevölkerung, die dort zuletzt in den 1960-er Jahren vom rassistischen und gewalttätigen Geheimbund Ku-Klux-Klan, den Rittern des brennenden Kreuzes, begangen wurden und die bis in die 1980-er Jahre in manchen Orten durch die Straßen zogen. Sie sehen es auch heute noch als ihre Aufgabe an, für eine weiße Rasse und wie sie sagen, für kommende Generationen von wundervollen weißen Kindern zu kämpfen.

Inzwischen richtet sich der Haß der Anhänger auch immer mehr gegen Juden. Bekannt wurde der Gründer und Anführer eines regionalen Ablegers des Ku Klux Klan Glenn Miller in Kansas City. Er fühlte sich offenbar wie ein Partisanenkämpfer in erfolgreicher Mission. In Kansas City hat er drei Menschen getötet. Bevor er den Abzug seiner Waffe drückte, fragte er seine Opfer, ob sie Juden seien. Miller schrieb ein Buch mit dem Titel "Ein weißer Mann meldet sich zu Wort" und kandidierte mehrmals für politische Ämter, immer mit dem Ziel „die jüdische Dominanz der US-Regierung, der Medien und der Zentralbank zu brechen, sowie die Dekadenz der amerikanischen Kultur zu beenden". Seine politischen Ziele gehen über die Unterdrückung der afro-amerikanischen Bevölkerung deutlich hinaus. So erklärte er, daß er auf dem Gebiet der Staaten North- und South Carolina eine reinrassige weiße Nation errichten wolle. Miller wehrte sich gegen den, nach seiner Meinung, von der Regierung in Washington aufgezwungenen Multikulturalismus.

Im Hafen der Toleranz

Deutschland war nach Ende des zweiten Weltkrieges ein
Paradies der Toleranz für schwarze US-Soldaten. Anfänglich galt für alle US-Soldaten ein strenges Verbot sich mit
den Deutschen zu fraternisieren. Allzu enger Kontakt oder
gar Freundschaften zu Deutschen waren zuerst verboten.
Die MP – Militärpolizei kontrollierte streng die Vergnü-
gungsstätten, besonders auch die dunklen Kaschemmen
mit den Damen, die mehr als Blümchensex boten. Die MP
achtete dabei streng darauf, daß sich keine GIs in die An-
sammlung finsterer Bars und Bordelle verirrten. Mancher
ängstliche Barbesitzer schrieb wegen der US-Soldaten „Off
limits“ – Kein Zutritt! an die Türe, dies wurde später von
den Stadtverwaltungen untersagt; es sei Diskriminierung.
Das strikte Verbot von Fraternisierung war weltfremd und
konnte nicht lange durchgehalten werden. Die meist jungen
Soldaten sowie die jungen Frauen fanden immer Wege dies
zu umgehen. Die weißen Besatzungssoldaten waren wegen
ihrer lockeren und unbekümmerten Art und ihrer sportlichen Figur begehrt und bei den Schwarzen kam noch eine
gewisse exotische Ausstrahlung hinzu, die Frauenherzen
schmelzen ließ. Natürlich hatten sie, bedingt durch den
günstigen Wechselkurs, viel Geld, der Dollar war damals
4,20 DM wert. Zu dieser Zeit betrug die Miete für eine
Dreizimmerwohnung DM 55.- und ein einfacher Arbeiter

verdiente DM 280.- im Monat, oft auch weniger. Die Besatzungssoldaten brachten so manches „Werbegeschenk“ in Form von begehrten Fressalien mit. Nicht nur bei den Kindern in der Familie der Umworbenen waren Schokoriegel oder Schokokekse und andere amerikanische Süßigkeiten begehrt, denn wie bekannt: „Chocolate makes you happy!“.

Zum ersten Mal fühlten sich die schwarzen Soldaten menschlich gleichwertig, daraus entstand später der Freiheitskampf in den Vereinigten Staaten von Amerika.

Es waren lehrreiche Erfahrungen der schwarzen amerikanischen Soldaten. Ausgerechnet in Deutschland lernten sie nach dem Krieg viel über Rassismus im eigenen Land. Viele der GIs waren blutjung und so naiv, wußten nichts von der Welt außerhalb Amerikas. Einer sagte mir jahrzehnte später einmal: „The heck what was going on over there. We didn't know anything about it“ – Wir hatten keine Ahnung was dort los war. Als sie Ende April 1945 bei der Befreiung das Konzentrationslager Buchenwald sahen, fragten sie die „Walking dead“, die wandelnden Leichen: „Was tust du hier und wofür kämpfst du?“. Selbst ihr Bataillonskommandeur berichtete, als er den Auftrag bekam das KZ Dachau zu sichern, hatte er keine Ahnung was ein „Concentration Camp“ ist und vermutete, daß es sich um ein Kriegsgefangenenlager handelt. Derselbe war am sog. D-Day, der Invasion der Alliierten in der Normandie beteiligt. Als man ihn nach dem Krieg fragte wo er angelandet sei, antworte er: „Wissen sie, mein Haufen ist an so vielen Stränden angelandet, daß ich den Namen vergessen habe“.

Die schwarzen GIs wußten, es gab bei ihnen zu Hause keinen Antisemitismus, dafür aber einen ausgeprägten Rassismus, der sie wie eine schleimige Spur der Macht, bis in die amerikanischen Kasernen in Deutschland verfolgte.

Nicht nur während des Krieges wurden die schwarzen amerikanischen Soldaten aussortiert und in eine Gruppe gesteckt, wo sie abgesondert trainierten, wohnten und aßen, auch kämpften sie getrennt von ihren weißen Kameraden. Bis zum Jahre 2010 gab es in der gesamten Geschichte der US-Armee insgesamt nur fünf Soldaten mit dunkler Hautfarbe, die bis zum vier Sterne General befördert wurden. Sie hatten schnell verstanden, wie bei den Nazis gab es zuhause den Haß auf die Kommunisten. Statt der Zigeuner gab es andere Minderheiten, denselben Haß auf Gewerkschafter oder Homos, alle waren auch bei ihnen „Not good enough" – nicht gut genug, um sie als Mensch oder ihre Meinung zu tolerieren. In jener Zeit waren die Schwarzen in Amerika nicht einmal gut genug, um aus demselben Wasserhahn zu trinken. Bis Mitte der 60-er Jahre stand am Eingang von Bädern „Hunde und Nigger verboten". Die damalige Begründung war, Schwarze würden zu unkontrolliertem sexuellem Verlangen neigen. Man hatte Angst gehabt, sie würden über weiße Frauen herfallen und Krankheiten einbringen. Ausgewiesene Restaurants und Hotels in rund zweihundert Städten der Südstaaten durften nur von Weißen betreten werden. Bis 1955, teilweise bis in die 1960-er Jahre in Mississippi, durften sie niemals im vorderen Teil des öffentlichen Busses sitzen, die Schwarzen hatten hinten zu sitzen. Die ersten Reihen waren nur für Weiße. In der Mitte gab es ein paar Plätze für Schwarze, die aber stets für einen Weißen geräumt werden mußten.

Als 1955 die schwarze Rosa Parks sich weigerte diesen Platz zu räumen, obwohl sie ein weißer Fahrgast dazu aufforderte, wurde sie von der Polizei festgenommen. Infolge dessen kam es zu Unruhen und einer Boykottbewegung. Dies gilt in den USA als der Beginn der schwarzen Bürgerrechtsbewegung.

Wegen der selbstverständlichen Rassentrennung mußten die Schwarzen zu einer klinischen Behandlung meilenweit fahren. Nur wenige Institutionen nahmen aus Wohltätigkeit einzelne mit dunkler Hautfarbe auf. Wurden sie behandelt, war dies je nach Lage der Dinge, nicht selten mit medizinischen Versuchen gekoppelt, von denen die Betroffenen nichts erfuhren. Schließlich wurden sie kostenlos behandelt und dies war nach Meinung der behandelnden Ärzte der Preis dafür.

Bis in die 1970er Jahre wurden von einer Gesundheitsbehörde in Tuskegee im Bundesstaat Alabama, Syphilis-Studien an Dunkelhäutigen ohne deren Wissen durchgeführt. Untersucht werden sollten die Folgen unbehandelter Infektion mit Syphilis. Diese Menschen wurden absichtlich zu Studienzwecken infiziert. Verwerflich ist es, weil diese Menschenversuche durchgeführt wurden, obwohl wirksame Medikamente (Antibiotika) gegen Syphilis erhältlich waren. Die Versuchskaninchen, überwiegend aus der schwarzen Unterschicht, wurden niemals aufgeklärt. In keinem Fall lag eine Einwilligung vor.

Eine Geschichte aus dem Fundus der Peinlichkeiten: Als die legendäre dunkelhäutige französische Tänzerin Josephine Baker 1951 bei ihrer zweiten USA-Tournee darauf bestand, mit ihrem weißen Ehegatten in einem Zimmer zu nächtigen, wurde sie aus dem Hotel geworfen. Viele Jahre zuvor, 1935, wurde sie in der New York Times als Negerschlampe tituliert. Zu dieser Zeit wurde die Karriere vieler amerikanischer Schauspieler und Schauspielerinnen zerstört, wenn sie sich nicht an die ungeschriebenen Rassengesetze der US-Unterhaltungsindustrie hielten. Vor allen Dingen wenn sie sich in ihren Liebesaffären über die gesellschaftlichen Schranken hinwegsetzten. Männer und Frauen mit unterschiedlicher Hautfarbe wurden daran gehindert gemeinsam Geld oder „Liebe" zu machen. Dies alles gab es im Deutschland der Nachkriegszeit nicht, so lernten die schwarzen Soldaten, daß es nicht zwangsläufig so sein muß und was es heißt in echter Freiheit zu leben.

Der schwarze amerikanische Schriftsteller William Gardner Smith hatte, als er 1947 als Besatzungssoldat in Deutschland war, dieses Freiheitserlebnis und es in seinem Roman „Last of the Conquerors" verarbeitet. Dort steht auch der Text : „Weißt du, was ich gelernt habe? Daß ein Nigger nicht anders ist als alle anderen Menschen auch. Ich mußte hier herüberkommen, um das zu lernen."

Als das Fraternisierungsverbot aufgehoben wurde erlebten die schwarzen Soldaten, die meisten kamen aus den Südstaaten, im Nachkriegsdeutschland zum ersten Mal die Freiheit, ohne Angst vor Strafe und Nonvalenz, sich mit einer weißen Frau zu treffen, die sie ohne Vorbehalte liebte oder überhaupt akzeptierte und vielleicht in Deutschland sogar heiratete. 1946 wären sie in den Amerikanischen Südstaaten von peniblen Extremisten dafür gelyncht worden. Noch 1959 wurde in Mississippi ein Schwarzer, der bezichtigt wurde eine weiße Frau vergewaltigt zu haben, von Unbekannten aus dem Gefängnis entführt und gelyncht.

Hätten Weiße, noch Jahre später, in den USA einen Schwarzen zu einer Feier eingeladen, wären alle Weißen peinlich berührt gewesen und einer nach dem anderen wäre, unter Vorgabe eines Vorwandes, wieder gegangen.

Die schwarzen Soldaten bemerkten wie selbst ihre eigenen weißen Kameraden viel feindseliger waren als die meisten

Deutschen. Weil die Diskriminierung zu Hause so extrem war, sahen sie ihren Aufenthalt im Hafen der Toleranz als eigene Befreiung. Einige fragten sich, wieso können wir die Rassengesetze der Deutschen beseitigen, unsere eigenen im „Land of the free"- Im Land der Freiheit aber nicht? Wie können wir Freiheit und Toleranz verbreiten wollen, wenn es zu Hause kein gleichberechtigtes Leben für alle gibt? Diese lehrreiche Erfahrung der schwarzen Soldaten hatte später maßgeblichen Einfluß im Kampf gegen ihre Entrechtung, in der Bürgerrechtsbewegung unter Martin Luther King, der in den 1960-er Jahren zum Führer der amerikanischen Bürgerrechtsbewegung wurde. Eine Bewegung der Schwarzen, die ihnen half sich aus ihrer Lähmung, Wut und Diskriminierung zu befreien. Für die Schwarzen war er der meistgeliebte und für die Weißen der meistgehaßte Mann. Erst als Präsident J. F. Kennedy 1963 ein ganzes Bündel einschneidender Rassengesetze auf den Weg brachte, die den Schwarzen die vollen Bürgerrechte und Gleichwertigkeit zusicherte, sollte es sich ändern. Kennedy wurde, wie drei andere Präsidenten in der US-Geschichte, noch vor Verabschiedung dieser Gesetze erschossen und Martin Luther King 1968 in Memphis, Alabama. Sein Geburtstag wird seit 1984 am dritten Montag im Januar mit einem Feiertag geehrt. King war eine der großen charismatischen Figuren seiner Zeit, der vier Jahre vor seiner Ermordung mit dem Friedensnobelpreis geehrt wurde. Seine Ermordung entfachte schwere Rassenunruhen. Die Hauptstadt Washington, deren Bevölkerung zu über drei Vierteln aus Schwarzen besteht, nicht ausgenommen. Ganze Stadtteile wurden geplündert und gerieten in Brand.

Es wird behauptet, J. F. Kennedy, habe die Präsidentschaftswahl nur deshalb gewonnen, weil er den populären dunkelhäutigen Sänger Harry Belafonte dazu bewegen konnte in Radio und Fernsehen für ihn Wahlwerbung zu machen. Schließlich hätten die so gewonnenen Stimmen der Schwarzen, bei der Präsidentschaftswahl, den Ausschlag gegeben. Sein Gegenspieler R. Nixon versuchte über die Diskriminierung Kennedys die Wahl zu gewinnen, dazu waren alle Mittel recht. Von Unbekannten wurde in die Praxis des Hausarztes der Kennedys eingebrochen, um an die Krankendatei J. F. Kennedys zu gelangen. Kennedy sollte wegen seiner Erkrankungen diskriminiert werden, denn einen Kranken hätten die Amerikaner nie zum Präsidenten gewählt. Viele waren überzeugt, daß Nixon im Hintergrund daran beteiligt war, dies blieb jedoch ungeklärt.

Als Nixon später doch noch Präsident wurde, wollte er die Presse zensieren. Es ging dabei um die Veröffentlichung der sog. Pentagon Papiere, deren Inhalt waren Lügen und Vertuschungen während des Vietnamkrieges. Daraus erfuhren die Amerikaner auch, daß ihre Präsidenten sie getäuscht hatten mit der Behauptung, der Vietnamkrieg diene der Sicherung der Demokratie. Arthur Sulzberger der spätere Verleger der New York Times publizierte die Pentagon-Papiere trotzdem und riskierte hinter Gittern zu landen. Der Streit über die Veröffentlichung in dieser seit über 160 Jahren bestehenden Zeitung, ging bis vor den obersten Gerichtshof, dieser entschied im Eilverfahren, daß die US-Regierung die Veröffentlichung nicht verbieten durfte.

Millionen Tonnen Bomben wurden auf das kleine Land Vietnam abgeworfen, ein Mehrfaches von dem, was von allen Alliierten zusammen im 2. Weltkrieg abgeworfen wurde. Auch an die Aktion „Agent Orange" sei erinnert, bei dieser Kampfaktion wurden zur Entlaubung des Dschungels hochgiftge Chemikalien aus Flugzeugen verstäubt, mit verheerenden Auswirkungen für Mensch und Tier. Sämtliches tierische Leben wurde in den bekämpften Regionen ausgelöscht. Die vietnamesische Bevölkerung sollte, nach dem Willen der Amerikaner, vernichtet werden. Aus Helikoptern wurden sie, ohne jegliche Chance, auf ihren Feldern mit Maschinengewehren beschossen und wie Hasen bejagt. Ihre strohgedeckten Hütten wurden aus der Luft angegriffen und mit Napalm in Brand gesteckt. (Anm.: Napalm ist schwer zu löschen und erzeugt schwerste körperliche Hautverbrennungen) Ob sich in diesen Hütten Alte, Frauen und Kinder befanden interessierte nicht. Durch diesen Vernichtungsfeldzug, „Krieg" genannt, den die Vietnamesen bezeichnender Weise „American War" nennen, wurden am Ende über 3 Millionen Vietnamesen getötet. Auf der Seite der Amerikaner waren es 58 000 gefallene Soldaten, zahlreiche körperlich Schwerstbehinderte und unzählige traumatisierte US-Soldaten, die damit mit verheerenden Folgen für den Rest ihres Lebens gezeichnet waren. In den Gesellschaften beider Länder sind die Wunden des Krieges bis heute nicht verheilt. Ein Kriegsveteran erzählte über das seltsame Leben danach, das Amerika für ihn bereit hielt. Das erste, was er erfuhr, faßte er in einem Satz zusammen: „Du kommst zurück, und niemanden kümmert es". Als Veteran sei es schwierig auf den Einsatz stolz zu sein: Viele seiner Kameraden schämten sich für das, wovon sie Teil gewesen seien, der Frust ist groß. Besonders schwer sei es für jene, die immer noch einen Sinn in all dem Blutvergießen suchen, wofür seine Freunde gekämpft haben und gestorben sind.

Die vietnamesische Bevölkerung muß bis heute an den Folgen durch körperliche Mißbildungen der Kinder leiden, auch Tiere werden bis heute mißgebildet geboren. Auf der ganzen Welt wurde gegen den Vietnamkrieg protestiert, die USA waren von den Massenprotesten nicht ausgenommen. Lyndon B. Johnson aus Texas, der damalige Präsident der Vereinigten Staaten, hatte als oberster Befehlshaber die Bombardierungen und ständige Steigerung der Truppenstärke genehmigt. Am Ende des Vietnamkrieges sollen 500 000 US-Soldaten in Vietnam stationiert gewesen sein, die meisten von ihnen blutjunge Männer, oft noch keine 20 Jahre alt. Dieser Krieg war Johnson ganz offensichtlich über den Kopf gewachsen. Als die nicht endenden weltweiten Proteste ein riesiges Ausmaß annahmen, ließ er die Bombardierungen einstellen und kandidierte nicht wie vorgesehen für eine zweite Amtsperiode.

Während des Golfkrieges 1991 gab es erneut Restriktionen für die Journalisten. Anlaß für das militärische Eingreifen der USA in Kuweit war bekanntlich der Angriff des irakischen Diktators Hussein um in den Besitz der dortigen Ölquellen zu gelangen. Im Wall Street Journal wurden die Journalisten in einer Studie als „Hotelkrieger" bezeichnet, weil sie einfach keine Chance hatten aus eigener Anschauung über die Vorgänge zu berichten. Es wurden Regeln mit einer Neigung zur Geheimhaltung aufgestellt, die nur noch zuließen, das zu berichten, was die Offiziere der Armeepresse an gefilterten Informationen preisgaben.

Die Frage der Hautfarbe ist auch heute noch ein Thema. Ex-Präsident Obama, der sich selbstverständlich als ein Teil der „black community" sieht, hat im Wahlkampf einmal gesagt: „Daß ich eben doch Schwarzer bin, merke ich spätestens dann, wenn ich in New York versuche, ein Taxi heranzuwinken".

Die Intoleranz findet sich im „Land of the free" auch anderweitig, von wegen Meinungsfreiheit und Pressefreiheit wie sie die Amerikanische Verfassung im Zusatzartikel von 1791 als Rede- und Pressefreiheit ausdrücklich garantiert. Seit langem wird die Meinungsfreiheit ab- und die Kontrolle ausgebaut. Offiziell wird behauptet eine Zensur fände nicht statt. Tatsächlich werden US-Bürger bevormundet, indem in fast allen Bundesstaaten Bücher von unliebsamen Autoren, darunter Shakespeare, Mark Twain und Hemingway, heimlich auf dem Index der Büchereien stehen und Opfer landesweiter Säuberungsaktionen werden. Dies geht auf eine lange Tradition zurück. Es gab bereits 1650 eine öffentliche Bücherverbrennung auf dem Marktplatz von Boston. Nur sind heute die Methoden der Zeit angepaßt und entsprechend subtiler. Es gibt rund zweihundert, zum Teil recht militante, private Organisationen, die auf öffentliche Bibliotheken erfolgreich Druck ausüben, um Amerika von den ihnen unliebsamen Autoren fernzuhalten. Wie überall und immer sind sie so erfolgreich, weil hinter ihnen die ewig gestrigen reichen Geldgeber und noch schlimmer, die Geldgeberinnen mit ihrem starren Reglement stehen, die ihre Büchereien sponsern. Man kann davon ausgehen, daß nicht wenige über eine äußerst dürftige Bildung verfügen. Ohne private Geldgeber und Stiftungen müßten viele Büchereien schließen.

In einigen Büchereien verbannen, per ordre de Mufti, die Bibliothekare Bücher, wenn dort von vorehelichem Sex, Alkoholmißbrauch oder Prostitution die Rede ist, selbst Märchen wie Hänsel und Gretel, weil Kinder in dem Märchen angeblich lernen, daß eine Hexe verbrannt wird. Trotzdem rennen an Halloween, am Abend des 31.Oktober, dem Tag an dem die Geister der Toten mit den Lebenden Kontakt aufnehmen, tausende Kinder kostümiert und maskiert, bevorzugt als Hexe verkleidet, auf der Straße herum und noch nie wurde ein Kind verbrannt.

Wieder andere sind diesen engstirnigen Spießern angeblich zu vulgär oder zu rassistisch, wie die Erzählungen und Romane von John Steinbeck. An Mark Twains Klassiker „Huckleberry Finn" mit all seinen pubertären Freiheiten haben sie zu bemängeln, die Hauptfigur lebe außerhalb der Gesellschaft und fürchte weder Gott noch irdische Autoritäten. Kindern soll eine paradiesische heile Welt vorgegaukelt werden; doch man kann im Leben aus Schwierigkeiten nur lernen.

Das Kinderbuch Struwelpeter – Shockheaded Peter ist wegen dem Zuviel an Autorität und den drastischen Folgen von Fehlverhalten auf dem Index. Selbst in Harry Potter wurde schon problematisches entdeckt.

Der Comiczeichner Walt Disney konnte und seine Nachfolger können auch heute mit seiner Micky Maus nur deshalb so erfolgreich sein, weil von ihnen die klassischen Tabus; Sex, Religion und Tod, ausgeklammert werden.

In manchen Bibliotheken werden unliebsame Bücher lediglich unter Verschluß gehalten, unklar ist nur vor welcher Leserschaft. Shakespeares Hamlet ist einfach nie da und, so oft man fragt, gerade ausgeliehen. Graham Greens Roman „Der stille Amerikaner" traf anscheinend einen empfindlichen Nerv und erzeugt bis heute heftige Ablehnung. Wenn Gutes dem Menschen nicht nur keine Liebe einbringt, sondern auch zu bösen Folgen führen kann, rüttelt dies an den Grundfesten amerikanischen Denkens. Amerikaner reagieren darauf mit Ratlosigkeit und Ablehnung. Ein solches Buch wird aussortiert und wird, wenn überhaupt in der Bücherei existent, nicht ausgeliehen.

Bis nach Deutschland versuchte man mit einer in Amerika zusammengeschusterten absurden Reinigungsliste, die Aufnahme und Ausleihe bestimmter Bücher in den Büchereien der „Amerika-Häuser" zu verhindern, natürlich gehorchte in Europa keines der Häuser. Es ging bei diesem Zensus hauptsächlich um den Boykott kommunistischer oder sowjetischer Literatur. Jeder Autor der im Osten veröffentlichte, war in ihren Augen Kommunist oder Sympathisant der Kommunisten und somit automatisch ein Feind der USA. Ein republikanischer Präsidentschaftsbewerber hat in einer Fernsehsendung behauptet, Rußland und China wären Feinde der USA. Eine recht merkwürdige Behauptung, China ist mit mehr als einer Billion Dollar (über tausend Milliarden Euro) an Staatsanleihen der größte Gläubiger Washingtons. Und ganz nebenbei arbeiten die Chinesen an einer größeren Unabhängigkeit vom Dollar. So wie es die Russen schon lange beabsichtigen. Die Vorherrschaft des Dollars ist aber nur schwer zu erschüttern.

Die Einteilung, nicht nur in der politischen Welt, in Gut und Böse spielt im Denken der Amerikaner eine große Rolle. Feindbilder helfen eine Gemeinschaft zu bilden und zu festigen. Es wimmelt traditionell in ihrem Denken von Feindbildern. Wenn wir gemeinsam den anderen, den Feind hassen, eint uns das. Diese Bedrohung von außen bringt die Menschen im Kampf gegen die Bedrohung einander näher. Einst waren es die Nazis, später die Sozialisten und Kommunisten, heute ist es der politische Islam. Die damalige Sowjetunion war für den überzeugten Republikaner und Präsidenten Ronald Reagan das „Reich des Bösen" und an dieser Feststellung des amerikanischen Ex-Präsidenten hielt man lange unverrückbar fest. Änderung im Denken gab es erst als der russische Präsident Gorbatschow das Ruder übernahm. Antikommunismus hatte sich zur fixen Idee entwickelt und diese ist auch heute noch in vielen Köpfen. Auch die Demokratische Partei war und ist, nach der Meinung einiger ewig Gestrigen, eine umstürzlerische Organisation, deren Programm die Vereinigten Staaten zerstört.

Ein US-Entertainer hatte ein paar Kinder in sein TV-Studio eingeladen und fragte in die Runde, ob eines der Kinder eine Idee hätte, wie die USA jemals die gewaltigen Schulden von über einer Billion Dollar („billions" steht im amerikanischen Englisch für Milliarden) bei den Chinesen wieder los werden könnten. Eines der Kinder antwortete fröhlich und unbefangen, es hätte die Lösung: „Alle Chinesen töten!". Das Studiopublikum lachte und der Entertainer meinte: „Das ist eine interessante Idee". Wegen dieser interessanten Idee gab es wenige Stunden nach der Sendung erheblichen Protest von Seiten der Amerikaner mit chinesischer Abstammung und später von der Chinesischen Regierung. Dem Entertainer wurde u.a. die Verbreitung von Rassismus und Haß vorgeworfen. Kritiker sammelten 100 000 Unterschriften, mit der Forderung den Entertainer zu entlassen.

In den meisten Teilen der USA haben die Leute wirklich keine Ahnung von dem, was sich außerhalb ihrer Gegend oder in der Welt abspielt. Da herrscht Hysterie wenn es um Moslems geht. Wie immer dient ein Feindbild dazu die Nation zusammenzuhalten und meist ein bestimmtes politisches Denken durchzusetzen. Konservative Politiker kreieren Feindbilder und nutzen sie gezielt für ihre Zwecke besonders gerne bei Wahlveranstaltungen.

Aber nicht bei allen Wählern kreieren Feindbilder eine positive Wirkung. Nicht jeder wird damit zum Präsidenten gewählt. – „Überall stößt man auf die Spuren jener Kraft, die stets das Böse will und stets das Gute schafft." – et vice versa (s. Mephisto in Goethes Faust).

Weil alles privat gesponsert wird müssen sich nicht nur Büchereien, sondern auch Musiksender, Fernsehsender und Theater von selbsternannten Zensoren Einschränkungen vorschreiben lassen, sonst gibt es kein Geld mehr. Ein konservatives Medienimperium beherrscht vor allem die ländlichen Bereiche der Fernsehlandschaft und die unzähligen privaten Radiostationen ganz und gar, denn die Amerikaner sind generell gerne konservativ. Die Radiostationen leben von ihren Reklamesendungen, sie dienen überwiegend als Berieselung und Geräuschkulisse, für einige auch nur um deren Einsamkeit zu vertreiben.

Die durch Zensoren erzeugten Einschränkungen und Bevormundungen, bei bestimmten Fernsehsendern, scheint die Mehrheit der Zuschauer nicht weiter zu stören. Sie nehmen sich keine Zeit zum Überlegen und folgen dem Eindruck des Augenblicks. Die Mehrheit faßt ihre Meinung nicht durch bewußtes Nachdenken. Der eine oder andere spricht mit zwei oder drei Bekannten, Anhänger der eigenen Partei, ob sie seinem eigenen Eindruck zustimmen oder ihn ablehnen und festigen damit die vorherrschende Meinung. Fernsehsender schüren die Angst vor Terror und die Angst davor, die Kontrolle zu verlieren. Mißverständnisse werden geradezu provoziert. Es gibt mittlerweile weder eine einzige umfassende politische Nachrichtensendung noch in hinreichendem Umfang eine kritische Presse. Objektive Presse, wie die kränkelnde New York Times, die Washington Post oder die Huffington Post, ist die Ausnahme. Daß es an journalistischer Objektivität fehlt, scheinen die wenigsten zu wissen. Regionale Zeitungen mit kleinen Auflagen berichten nur über die Bürger von Unter- und Oberkotzau oder Schnarchenreut, ihren Hochzeiten, Kirchen, Todesfällen und Samaritertreffen. Diese Zeitungen sind auf die Bedürfnisse ihrer Leser zugeschnitten; Ihre Bedürfnisse sind die Ursache oder Wirkung dieser Form der Informationsversorgung. Sie informieren nicht einmal, wie jedes europäische Provinzblatt, in groben Zügen über das aktuelle Geschehen in der Welt.

Die US-Bürger sind die am besten Unterhaltenen, aber die über das Weltgeschehen am schlechtesten Informierten. Nicht überraschend ist deshalb, wenn Amerikaner keine blasse Ahnung von der sie umgebenden nichtamerikanischen Welt haben, und zugleich auch keine Ahnung von ihrer Ahnungslosigkeit. Von einem Professor der Stanford Universität stammt die Bemerkung, die Amerikaner wären eine „in Illusion verfangene Gesellschaft, die aber gleichzeitig darauf pocht, realistisch zu sein". Sie glauben völlig ernsthaft, daß in ihrem Staat die Informations- und Meinungsfreiheit nicht nur „de jure", sondern auch „de facto" besteht.

Ihr verfassungsgemäßes Streben nach Glücklichkeit ist schon fast rührend. Dies geht zurück auf ihren Präsidenten Jefferson der, in Anlehnung an die französische Aufklärung, die amerikanische Unabhängigkeitserklärung verfaßte. Jefferson machte das Streben nach Glücklichkeit „the pursuit of happiness" in der Verfassung zu einem verbrieften Recht der Amerikaner. Sie erwarten Glücklichkeit nicht nur als Kinder.

Das Streben nach Glück ist für sie zeitlebens ein staatlich verbrieftes Recht. Nicht selten ist aus der Sicht der Unbeglückten deshalb eine Therapie erforderlich, die einhergeht mit der Einnahme von Happiness-Pillen oder gar Drogen.

Ihre Ahnungslosigkeit vom Geschehen in der Welt wird einem klar, wenn man notgedrungen Konsument der US-Massenmedien wird. Ganz offenkundig möchte ein Großteil der Fernsehzuschauer in den USA immer weniger informiert und stattdessen, über die Kopulation von Klischees, in ihrem Weltbild bestätigt werden, dies führte beim ältesten Nachrichtensender CNN zu verminderten Zuschauerquoten. Nach über 30 Jahren liefen CNN die Zuschauer davon. Der Sender hat sich stets bemüht eine glaubwürdige und faktenbasierte Nachrichtenquelle zu sein. Die Einschaltquoten bei den beiden anderen großen Fernsehsendern zeigen deutlich nach oben. Statt Wahrheit gibt es dort Manipulation und immer stärker auf Emotionen setzende Nachrichten mit unsinnigem Geschwätz. Konservative Einpeitscher haben ungebrochenen Zulauf. So werden Horrorgeschichten mit hohem Verblödungspotential über den bevorstehenden Untergang und das Ende der Freiheit in Europa, durch einen drohenden sozialistischen Umsturz und das Ende des Euro, präsentiert. Es fühlen sich diejenigen bestätigt, die auf einen Zusammenbruch des Euro wetten, die das ganze Experiment einer Währungsunion mit so vielen unterschiedlichen Nationen für gescheitert erklären. Von allen Anleihen des Europäischen Rettungsfonds haben die USA weniger als sechs Prozent gekauft. Dagegen die Asiaten, vor allem die Chinesen 25 %.
 Ein Sender untermalt mit Fernsehbildern von terroristischen Ereignissen in Paris und gewaltsamen Ausschrei-

tungen in Griechenland seine Nachrichten. Im Bericht über Griechenland wird besonders ein Transparent mit dem Hakenkreuz ähnlichen Symbol der „goldenen Morgenröte" einer rechtsextremen, rassistischen und neonazistischen griechischen Partei, deren Mitglieder öfters den Hitlergruß zeigen, oder einer kommunistischen Partei herausgestellt. Der Kommentar dazu: „So sieht es zur Zeit überall in Europa aus". Entsprechend der Einschaltquote möchten deutlich mehr als zwei Millionen amerikanische Zuschauer dieses, ihrer Vorstellung entsprechende bizarre Szenarium, genau so sehen. Ebenso bizarr die Vorstellung eines anderen ultrakonservativen Moderators. Der hatte seine eigene schräge Erklärung für ein Erdbeben: Es müße nicht, aber es könnte eine Strafe Gottes für das Verhalten der Menschheit sein.

Die konservativen Medien, allen voran der TV-Sender Fox News, bevorzugtes Medium der Republikaner, stilisierten sich als patriotische Alternative und letzte Bewahrer amerikanischer Werte, die es gegen Feinde zu verteidigen gilt. Diese Feinde sind selbstverständlich im linksliberalen Lager zu finden und Fox macht keinen Hehl daraus der Propaganda-Arm der republikanischen Partei zu sein.

In den sogenannten Abendnachrichten wiederholen die Moderatoren unermüdlich dieselben ideologischen Phrasen. Nämlich die Gefahr, die von illegaler Einwanderung ausgeht oder die Bedrohung durch den Islam. Mit diesem Erfolgsrezept findet keine Berichterstattung im klassischen Sinne mehr statt.

Der Fernsehsender CNN dagegen mit seiner gediegenen Seriosität und ausgewogen informierenden Variante, hat das Nachsehen gegenüber der polemisierenden Konkurrenz. Larry King, die Talkshowlegende von CNN, der ein viertel Jahrhundert als erste Adresse für Einzelinterviews von Politikern galt, hatte die Hälfte seiner Zuschauer verloren und als 77-Jähriger an einen jüngeren Nachfolger übergeben. Es blieb abzuwarten, ob sich das Publikum überhaupt noch für das ausführliche Einzelinterview begeistern läßt oder ob es weiter die Konkurrenz bevorzugt, mit deren zunehmender Polemik und Talkshows, die ohne die erforderliche Gesprächskultur im Fernsehen, häufig mit Geschrei enden. Werden künftig die abendlichen Schlammschlachten bevorzugt und zum Maßstab? Worte sind Taten. Nicht wenige betrachten den Nachrichtensender CNN als einen „Feind des amerikanischen Volkes".

Nicht nur bei den Radio- und Fernsehsendern wird zensiert, auch die Theatersponsoren redigieren fleißig. Die Intendanten hängen von den Geldgebern und deren Kritik ab. Es gibt kein öffentlich finanziertes Kulturleben, auch die Presse hat ein gewichtiges Wort mitzureden. Wer an der Macht der Presse zweifelt, wird eines besseren belehrt. Bei den Sommerfestspielen in San Diego mußte in der englischen Version der „Zauberflöte" aus dem schwarzen Monostatos ein unverfänglicher „Exotic" werden. Kraftausdrücke oder zweideutige Texte am Theater sind undenkbar. Nicht nur im Fernsehen und in den Radiosendern auch am Theater werden Kraftausdrücke ausgeblendet. Wenn man bei einem Musiksender zur Auffassung gelangt, er habe schädlichen Einfluß auf die amerikanische Jugend, wird der Sender auf Anweisung völlig aus dem Netz verbannt. Aus demselben Grund werden bestimmte Theaterstücke erst gar nicht aufgeführt.

In diesem Netz der Repressionen hat besonders die Literatur zu leiden. Täglich erreichen das Büro für intellektuelle Freiheit (ALA) an die fünf Meldungen von Zensurmaßnahmen. Es geht soweit, daß sogar Druckereien den Druck verweigern, wenn ihnen der Text nicht paßt. Ein Großteil der Organisationen, die für eine nach ihrer Vorstellung saubere Literatur sorgen wollen, gehörten dem konservativen Lager an. Zum Teil sind es kuriose Gruppierungen, wie das Netzwerk patriotischer Briefschreiber. Sie wenden sich gegen sexuelle Aufklärung in der Literatur. Andere sortieren aus, wer den amerikanischen Patriotismus, das traditionelle Familienbild oder den „American Way of Life" in Frage stellt. Auf Anweisung der Science Association und der so genannten Kreatonisten werden Schulbücher durchforstet, ob die Evolutionstheorie von Charles Darwin (1809-1882) erwähnt wird. Darwin hat bekanntlich die Schöpfungsgeschichte der Bibel in Frage gestellt, daß nicht Gott die Menschen wie wir sie heute kennen erschaffen hat, sondern, daß sich im Laufe der Evolution verschiedene Menschenarten entwickelt haben und ein gemeinsamer Stamm zu den Affen besteht. Ein entsprungener Affe, wie der Dichter Musil schrieb, der auf einem Lehmhaufen kauernd durch Gottes unbekannte Unendlichkeit saust. Über 90 Prozent der menschlichen Gene sind mit denen der Menschenaffen identisch. Die DNA der Schimpansen ist mit der des Menschen zu 98,6 Prozent vergleichbar. Folglich ist der Mensch ein etwas klügerer Affe. Bei der Maus sind es immerhin noch ca. 80 Prozent. Dies geht auf gemeinsame Vorfahren mit der Maus zurück, die vor über 90 Milllionen Jahren lebten. Dies ermittelten und behaupten Genetiker im US-Bundesstaat Maryland in einer aktuellen Analyse.

Die Kreatonisten dagegen verfechten die Ansicht, daß Gott die Erde in sieben Tagen erschaffen hat. Nach ihrer Meinung vor ungefähr 6000 bis 10 000 Jahren, mit allen Lebewesen wie wir sie heute kennen. Wissenschaftliche

Erkenntnisse durch Funde in der Wonderwerk-Höhle in Südafrika beweisen durch verkohlte Knochen unzweideutig menschliches Hantieren mit Feuer vor einer Million Jahren. Die Universität Boston hat in den „Proceedings" der US-amerikanischen Akademie der Wissenschaften an Hand der untersuchten Knochenfragmente und pflanzlichen Überreste nachgewiesen, daß diese dort verbrannt und nicht nach einem natürlichen Brand nach dorthin geweht worden waren. Darüber hinaus weisen andere Forscher auf eine über drei Milliarden Jahre während Entwicklung des heutigen Menschen hin. Sie vermuten die Wiege der Menschheit in Afrika. Falls zutreffend fand dort die Entwicklung von den affenartigen Wesen zum modernen Menschen statt. Dies alles beeindruckt, nach wie vor, die Kreatonisten nicht, die Ihre Augen vor dem Offensichtlichsten verschließen.

Besonders die Kinder werden beeinflußt. Wehe, du glaubst nicht! Nach der nihilistischen Ansicht der Kreatonisten gab es keine Evolution, dies sei alles wissenschaftlicher Humbug und politische Verschwörung. Wer daran zweifelt sollte das Museum der amerikanischen Kreatonisten in Petersburg/Kentucky besuchen (Petersburg, 2800 Bullittsburg Church Road, Kentucky 41080), dort gibt es von den Kreatonisten Antworten auf alle Fragen.

Es gibt feministische Organisationen, Scharfmacher im Geschlechterkampf, deren Kurzhaarmuttis, Schimären der weiblichen Identität, wenden sich gegen ein nach ihrer Meinung herabwürdigendes Frauenbild in der Literatur. Für sie ist bereits die finanzielle Fürsorge eines Mannes für die Frau Prostitution der Frau.

Amerikanische Verleger und Journalistenverbände versuchen auf der anderen Seite mit großem Aufwand dagegen zu halten, nicht ohne Erfolg. Sie zeigen in Buchausstellungen, in den „Banned Books Weeks“ die ständig wachsende Zahl konfiszierter Bücher. Die Bücherzensur wird von ihnen als engstirniger Schwachsinn bezeichnet und ließe erkennen, daß die Zensoren noch nicht im 21. Jahrhundert angekommen sind. Diese amerikanischen Zensoren sind vernarrt in sich selbst mit einer Tendenz zum Isolationismus. Eine Übersetzung dieses Buches würde ebenfalls konfisziert und mit sehr hoher Wahrscheinlichkeit von keiner öffentlichen amerikanischen Bücherei übernommen und ausgeliehen. Selbst der Druck dieses Buches würde nicht von jeder amerikanischen Druckerei ausgeführt, denn der vorgehaltene Spiegel mit der Lebenswirklichkeit erscheint vielen als Provokation und Antiamerikanismus, den jeder echte Amerikaner, nach seiner Auffassung selbstbewußt in der großartigsten Nation der Welt lebend, zurückzuweisen hat. Kritik an der Nation und ihren Bürgern ist etwas ungeheuerliches, empörendes und bedeutet für sie Verrat.

Zunächst würde der Druck höflich, mit vorgespielter Freundlichkeit, und einer fadenscheinigen Ausrede verzögert, schließlich der Auftrag zurückgegeben oder abgelehnt.

Unbestritten hat jede Nation schattige und dunkle Seiten, über die man nicht spricht. Bei den Amerikanern scheint es aber so, als pflanzten sich die dunklen Seiten wie unausrottbares Unkraut immerwährend fort. In Amerika, der tief gespaltenen Nation, gibt es in vielen Bereichen, nicht nur im Alltag, statt Fortschritt häufig Stagnation. Auch bei der Legislative werden Änderungen und Gesetzesreformen verhindert, die meisten Gesetzentwürfe erreichen den Kongreß überhaupt nicht.

Phänomenal im Alltag ist die Vorliebe für die unendliche Wiederholung von alten romantischen Hollywoodfilmen im Fernsehen, bevorzugtes Thema: Eifersucht und Scheidung aber glückliches Ende, denn auch die Liebe ist ein harter Wettbewerb. Andere Filme und Soaps erzählen bevorzugt von Übergriffigkeit, vom Habenwollen, von der Dauerkonkurrenz auch unter Freundinnen und in Liebesdingen. Amerikaner halten so manche Charaktere mit krankhafter Unreife in egoistischen Filmkomödien für attraktiv. Die Filmkomödien sind Opium für das Volk.

Oder die ewig gestrigen Fernsehfilme über die Glanztaten der Amerikaner im zweiten Weltkrieg, daß man sich nicht über die Frage vereinzelter Hinterwäldler wundern muß, ob Hitler noch lebt. Es sind sicher dieselben, die keine Ahnung haben, wo Deutschland überhaupt liegt. Daß seinerzeit die DDR und BRD verwechselt wurde war nicht verwunderlich. Die DDR hatte das recht schlau konzipiert mit der sogenannten „Demokratischen Republik". Aufgrund der spärlichen Berichterstattung wußten nur wenige Amerikaner, daß Waleri Walerjewitsch und seine Genossen die DDR gar nicht verlassen konnten, und mancher meinte in der BRD regierten die Kommunisten. Selbstredend wurde man gefragt, ob man aus der DDR komme.

Wenn heute deutsche Rockbands mit tiefdröhnendem Rockgewitter und Imponiergehabe in den Vereinigten Staaten mit großem Erfolg auf Tournee gehen, bestärken sie manchen verschlafenen amerikanischen Hinterwäldler in seinem schrägen Deutschlandbild. Bands wie Kraftwerk oder Tokio Hotel erweckten mit infernalischer Soundkulisse den Eindruck, daß Deutsche zum Grotesken neigen. Der Rockband Rammstein wurde, weil falsch verstanden, unterstellt sie wären Nazis. Das stimmt natürlich nicht, die einst auch in den USA erfolgreiche Band wirkte einfach provozierend, wenn der Sänger Till Lindemann in einer militärisch anmutenden Lederjacke mit rollendem R, finsterer Miene und faschistoiden Posen oder obszön in fast grimmiger Atmosphäre den häßlichen Deutschen mit Texten parodierte, wie: „Schönes Fräulein, Lust auf mehr? Blitzkrieg mit dem Fleischgewehr. Schnaps im Kopf, du holde Braut, steck Bratwurst in dein Sauerkraut". Oder „Links zwo drei vier" ein solcher Song bediente gerade im Ausland alle Klischees und könnte auch zum Lachen sein. Selbst wenn Till Lindemann mit seinen blondierten Haaren, dann in eine rosa Plüschjacke schlüpfte und so schöne deutsche Wörter wie „Lust", „Sehnsucht" oder „lekken" in den Mund nahm, klangen diese noch ein bißchen deutscher. Kein Tabubruch war ihnen zu heikel oder auch zu platt, um nicht einen Song daraus zu machen: Inzest, Kannibalismus, Splatter. Wie andere deutsche Rockbands prägten sie durch Auftritt und gallenbittere Textattacken das Bild der Deutschen in den USA.

Ein groteskes Bild ließe sich auch von den US-Amerikanern zimmern, wenn man den Aufdrucken einiger T-Shirts und ihren obszönen Aufforderungen größere Beachtung schenken würde. Nach den Shirts, wird Jede mit nach Hause genommen, um sie da... (sie wissen schon was). Andere verkünden per Aufdruck, sie wären bereit zum sofortigen... Warum nicht gleich die Handynummer dazu? Man amüsiert sich köstlich über die Empörung der verbogenen Nachfolger der Puritaner mit der Aufschrift: „Suck my D." oder „Kiss me were it smells funny", lesbar als eine Version des Götz von Berlichingen und weiterer obszöner Aufforderungen in großer Variation. Es hat ja etwas von Bekenntnis, so ein Aufdruck und wenn es nur das Ende der Ehe ist. So trug A. Schwarzenegger nach seiner Scheidung von Maria Shriver einmal ein T-Shirt mit der Aufschrift „I survived Maria" – ich habe Maria überlebt. Statt wie eine Ratte auf (schlüpfrige) Reize zu reagieren, hat der Mensch glücklicherweise die Möglichkeit, diese zu bewerten.

Die Mehrheit der Amerikaner interessiert sich nicht wirklich für den Rest der Welt, sie benötigen keinen Reisepass. Die wenigsten sind hinreichend gebildet und haben Geld für Reisen ins Ausland, um ihren Horizont zu erweitern. Sie werden in ihrer vermeintlichen Freiheit als Bürger vom Staat bevormundet und lassen sich seit Jahrzehnten vorschreiben, daß sie nicht direkt nach Kuba reisen oder mit Kuba handeln dürfen.

Auslandsreisen sind den meisten auch nicht wichtig. Sie sind der Meinung, sie hätten alles im eigenen Land. Es genügt ihnen die tägliche Fernsehinformation, die ihnen besonders beim Fernsehsender Fox nach dem Mund redet. Diese ausgesiebte Information ist gerade mal geeignet für gelangweilte Hausfrauen. Ihr angenehmes Regengeprassel trägt aber mit Sicherheit nicht zu einer vernünftigen Horizonterweiterung bei.

Bedeutende Wissenschaftler sind bzw. waren meist aus dem Ausland eingewandert. Die besten Nachwuchsforscher gingen einst in die USA, weil die Gehälter und Aufstiegschancen besser als in den meisten anderen Ländern waren. Wie ein roter Faden zieht sich der ökonomische Eigennutz als Motiv für die Anwerbung durch die Geschichte der USA. In einem bekannten biologischen Labor in den USA war von den 13 Forschern kein einziger US-Amerikaner. Mittlerweile hat sich das Blatt gewendet, weil in vielen

Ländern für hochrangige Wissenschaftler die Gehälter inzwischen höher sind als in den USA. Trotzdem buhlen die USA auch heute noch unverhohlen um die Intelligenten der Welt: um Ingenieure, Naturwissenschaftler und Computerfreaks. Arbeitserlaubnis wird aber mehr denn je nach Leistungsfähigkeit und volkswirtschaftlichem Gebrauchswert erteilt. In einem populären US-Geschichtsbuch heißt es selbstgefällig und pathetisch: „Es ist ein großes Privileg Amerikaner zu sein. Überall auf der Welt sind Menschen erfüllt von der Sehnsucht auch Amerikaner zu werden". Die Selbstgefälligkeit gehört zur alltäglichen Überzeugung der Amerikaner. Daß sich jedermann seinen „amerikanischen Traum" erfüllen kann ist aber nichts als eine Legende, der Mythos vom offenen Einwanderer-Land ist längst überholt.

Diese Selbstgefälligkeit offenbart sich in vielfältiger Weise. Als einmal das Gespräch auf die Fußballweltmeisterschaft kam, antwortete ein Amerikaner selbstgefällig, diese könnten sie auch gewinnen, wenn sie nur wollten. Wir Deutschen gelten ja als sehr unverblümt. Die unverblümte Rückantwort, den Amerikanern fehle die körperliche Geschicklichkeit und geistige Kraft dazu, löste einen Schock aus, den man sich groß genug gar nicht vorstellen kann. Sie sind der Meinung, allein mit der richtigen Einstellung, alles erreichen zu können. Amerikaner sind in ihrem Herzen, soweit sie echte Amerikaner sind, der Meinung, daß sich alles organisieren läßt, alle Probleme zu lösen sind, daß auch die ausgefallensten Handfertigkeiten und Berufe erlernbar sind, wenn man nur genügend guten Willen und Geduld mitbringt. Nichts kann sie mehr treffen, als wenn man anzweifelt, daß sie die Nummer Eins seien – We're Number One.

Bei Fußballweltmeisterschaften wundern sie sich über die weltweite Begeisterung. Sie ist ihnen unheimlich, weil sie es lieber sähen, wenn ihr Baseball oder ihr American Football auf der Welt im Vordergrund stehen würde. In den Zeitungen wird dann über das merkwürdige europäische Fußballspiel gelästert, besonders, wenn Spiele 0:0 ausgehen. Für sie ist nur ihr Nationalspiel Baseball richtiger Sport, darüber reden die Männer beim Bier brüderlich vereint mit Fremden, Nachbarn oder auch Feinden. Fußball wird häufig nur tolerant zur Kenntnis genommen und ist bei vielen als Damensport verschrien, erst recht seit es auch in den USA bekannte „Mannschaften" im Frauenfußball gibt. Das Ansehen könnte sich in Zukunft jedoch, dank der teuer eingekauften deutschen Fußballtrainer und Sportler, ändern.

Zuviel Recht hat manchen Herrn gemacht zum Knecht

In den USA sind, häufiger als anderswo in der Welt, Recht-haberei und Klagen an der Tagesordnung, wenn es notwendig erscheint eine Kakophonie gegen alles und jeden. Die Vereinigten Staaten gelten als die klagewütigste Nation der Welt, mit dem Hang zum Absurden und Skurrilen. Nirgendwo auf der Welt wird so viel vor Gerichten geklagt. Häufig geht es um vermeintliche oder auch tatsächlich erlittene Körperschäden, besonders wenn sich finanziell Profit daraus schlagen läßt. So wurde die Fast-Food-Kette McDonald von einer Amerikanerin verklagt, weil diese sich den Mund an einem zu heißen Kaffeebecher verbrüht hatte, mit dem Argument: man hätte sie darauf hinweisen müssen, daß der Kaffee heiß sei. Sie bekam recht und erhielt einen hohen Betrag an Schmerzensgeld zugesprochen. Heute haben die Becher einen Aufdruck, der darauf hinweist, man könne sich evtl. verbrühen.

Ferrero, der italienische Hersteller von Nutella mußte sich einer Sammelklage stellen und drei Millionen Dollar für eine außergerichtliche Einigung bereitstellen. Geklagt wurde weil Nutella ungesund und fett ist und die Konsumenten sich durch irreführende Werbung getäuscht fühlten. Mit dem Geld sollen bis zu vier Dollar für jedes Glas Nutella, das wegen der Werbung in den USA gekauft wurde, zurückgezahlt werden. Auf einer eigens eingerichteten Webseite hatten die Kläger Gelegenheit ihre Ansprüche, maximal 20 Dollar, geltend zu machen. Künftig müssen nun detaillierte Angaben zu Zutaten und Nährwert angegeben werden. Sammelklagen wie im Fall Nutella zielen im ausufernden amerikanischen Rechtssystem statt auf Gerechtigkeit nur auf Schadensersatz.

Es gibt Aufschriften an Sitzgelegenheiten bis zu welchem Körpergewicht der Gäste sie geeignet sind. Jeder geht vor's Gericht, selbst die alte verschrobene Zausel wegen der in der Reinigung verschlampten Bluse. Diffamiert und verklagt wird, in reichlich ausgeschmückter Fantasie mit hanebüchener Aussage, die mit dem Fernglas in ihrem Badezimmer beobachtete lesbische Nachbarin, als unmoralische und biblische Sünderin. Freiherr von Knigge soll gesagt haben: „Das billigste Vergnügen ist die moralische Entrüstung." Hintergrund dieser Klage war die Empörung über die Weihe einer 56-jährigen, offen lebenden lesbischen Bischöfin der anglikanischen Kirche zur Weihbischöfin von Los Angeles. Die anglikanische Kirche selbst ist in dieser Thematik tief gespalten.

Bekannt wurde auch die Klage einer Raucherin gegen eine bekannte Zigarettenfirma wegen der Schädigung durch das Rauchen ihrer Zigaretten. Es fehlte auf den Zigarettenpackungen der Hinweis auf die Gefahr von Gesundheitsschäden. Zum Ausgleich wurde in der Erstinstanz ein Schadenersatz in Höhe von 28 Milliarden Dollar zugesprochen. Später reduzierte ein Berufungsgericht die Strafe auf 28 Millionen. In den USA sind Zahlungen in Millionenhöhe keine Seltenheit. Ein Zustand, den Rechtspolitiker bisher hierzulande noch ablehnen.

In einer Kleinstadt in Zentralkalifornien mit 56 Obdachlosen wurde bei einer städtischen Säuberungsaktion, neben in Einkaufswagen deponierten Habseligkeiten der Obdachlosen, auch ein Rollstuhl auf die Müllkippe gefahren. Anwälte verklagten im Namen der Obdachlosen die Stadt und diese zahlte am Ende 2,3 Millionen Dollar an die Betroffenen.

Mit solchen teils grotesken Fällen, mit denen Anwälte in den USA vor Gericht ziehen, schlagen sie für ihre Klientel nicht selten unglaubliche Summen heraus. Auf 50 Millionen verklagte in Washington ein fachkundiger Richter seine chemische Reinigung, die seine angeblich wertvolle Hose verschlampt hatte. Nach endlosem juristischen Hickhack einigten sich die Beteiligten jedoch auf eine geringere Summe.

Noch befremdlicher war die Klage einer Frau aus Chicago, sie verklagte einen Toten. Der Mann wurde von einem Zug überfahren, sein lebloser Körper wurde in die Luft geschleudert und traf die Frau am Bahnsteig, dieser wurden mehrere Knochen gebrochen. Das Gericht wies die Klage jedoch ab, mit dem seltsamen Argument, der Getötete hätte ihre Verletzungen nicht vorhersehen können.

Ein US-Abgeordneter verklagte Gott vor Gericht, wegen vergangener und andauernden Terrordrohungen. Die Anklage gegen den Allmächtigen wurde nur deshalb abgewiesen, weil Gott keine Adresse habe, so das Gericht. Im Prinzip kann man in den USA jeden aus jedem Grund verklagen und das Gericht beschäftigen.

Touristen sollten, wie die Amerikaner, erste Hilfe bei Verkehrsunfällen strikt vermeiden. In Europa gibt es Verkehrsgesetze die auch Unbeteiligte verpflichten, in Lebensgefahr schwebenden Personen, erste Hilfe zu leisten. Diese Samariterhilfe ist in den USA sehr risikoreich. Wer einem verletzten Verkehrsteilnehmer zu Hilfe kommt, riskiert von einem auf solche Fälle spezialisierten Anwalt verklagt zu werden, weil der Helfer angeblich durch die unsachgemäße Hilfe die Verletzungen seines Klienten noch verschlimmert hat. Die Höhe der Schadensforderung kann Millionen von Dollar betragen.

Ärzte verzichten, aus Furcht vor einer kostspieligen Schadensersatzklage, auf eine Spritzentherapie mit wirkungsvollen Substanzen und verordnen stattdessen lieber weniger wirkungsvolle Pillen. Im Falle eines in den USA weilenden Touristen führte dies zu gesundheitlichen Problemen. Dieser hatte zur Fortsetzung seiner Therapie Substanzen mitgebracht, die er sich in den USA von einem Arzt spritzen lassen sollte. Er fand keinen Arzt, der ihm die Spritzen verabreichte. Man nannte ihm den Grund der Verweigerung nicht. Seine Anfrage war, in Unkenntnis der komplizierten Rechtsprechung, bei jedem amerikanischen Arzt hoffnungslos.

Die wenigsten amerikanischen Ärzte entsprechen dem Idealbild des selbstlosen, hochgebildeten Arztes, dem nichts menschliches fremd ist. Im Allgemeinen handelt es sich eher um Ärzte, die sich auf einem möglichst engen Gebiet vollkommen spezialisieren. Einer mit Breite des Wissens und Weite des geistigen Horizonts wird eher für unqualifiziert, aus Konkurrenzneid im schlechtesten Fall sogar für unseriös gehalten, damit können sie nichts anfangen. Dies spiegelt die allgemein übliche Denkweise der Durchschnittsamerikaner wieder, man geht zum Fachmann, sprich Spezialisten. Genauso wie im sonstigen Alltag, wenn ein vertrauenswürdiger Berater oder eine Beraterin hinzugezogen wird. Meist reicht für ein anstehendes häusliches Problem oder eine Entscheidung die sich aufblasende Busenfreundin.

Verständliche Klagefälle sind am ehesten noch die Streitigkeiten wegen zu hoher Arztrechnungen oder vermeintlich falscher ärztlicher Behandlung. Eher weniger verständlich sind die Klagen wegen der Nebenwirkung von Arzneimitteln. Immer ist es der gleiche Tenor von Dr. Megaclever: man hätte pflichtgemäß darauf hinweisen müssen, dann hätte man keinen Schadensanspruch geltend gemacht. Weite Bevölkerungsteile sind, wie beschrieben, geradezu besessen von der Verletzung ihrer persönlichen Rechte und ihrem Recht auf Klage. Nach der Schätzung von Rechtsexperten werden bis zu 15 Millionen Zivilklagen pro Jahr bei den US-Gerichten eingereicht. Geht man von über 311 Millionen Einwohnern in den USA aus, kann von der klagewütigsten Nation gesprochen werden. Der Grund ist in diesen großzügigen Schadensersatzzusprüchen zu suchen und weil die amerikanischen Geschworenen bei Gericht in derselben Art und Weise wie die Kläger denken, besonders wenn es um Geldausgleich für die Verletzung von Persönlichkeitsrechten geht. Hinzu kommen noch die horrenden Strafgelder für die Verliererseite, die das Zehnfache des geldlichen Schadensanspruches betragen, nicht selten auch noch mehr.

Neben den Gerichten gibt es private Schiedsstellen, diese entscheiden über privatrechtliche Streitfälle ohne das Gericht. Wer es eilig hat und genügend Geld kann sich derer bedienen. Hunderte von Juristen bieten sich dafür in Zeitungsanzeigen an.

Die Beträge aus Schadensersatzansprüchen und Strafgeldern, meist aus Zivilstreitigkeiten zusammen mit den Verwaltungsgebühren, werden von US-Juristen auf Billionen geschätzt. Rechtsexperten streben eine grundlegende Änderung des Rechtssystems an, weil die unberechenbare

Klagerei mittlerweile alle Bereiche des täglichen Lebens betrifft. Die Unberechenbarkeit hemmt die Inovationsbereitschaft von großen und kleinen Unternehmen. Ein großer weltweit tätiger Berliner Multidienstleister, mit Schwerpunkt in der Gebäudereinigung, gab in Texas und Louisiana seine Niederlassungen wieder auf. Von den einst über 4000 Beschäftigten in den USA ist nur noch ein Drittel übrig. Der Grund lag im massiven Mißbrauch der Arbeitsschutz-, Haftungs- und Antidiskriminierungsgesetze. In wenigen Jahren gab es bei dieser Firma über 1000 Klagefälle von Mitarbeitern und in keinem Fall wurde weniger als 100 000 Dollar Schadensersatz gefordert. Dem Unternehmen sind die vielen gleichartigen Schadensfälle aufgefallen. Offensichtlich bewarben sich Mexikaner und Puertoricaner gezielt bei der großen Firma und hatten bei Einstellung bereits die Anschrift eines cleveren Anwaltes in der Tasche. Sie arbeiteten für ein paar Monate und verklagten diese Gebäudereinigung wegen Gesundheitsschäden, weil man zu schwer habe tragen müssen oder wegen Diskriminierung. Vielfach gilt es automatisch als diskriminierend, wenn ein weißer Arbeitgeber einen dunkelhäutigen Faulenzer, geprägt von systematischer Faulheit, Pflichtvergessenheit und Schusselei vor die Türe setzt. Da die Prozesse teuer sind, egal ob man gewinnt, blieb nur die außergerichtliche Einigung. Anwalt und Kläger teilen sich den erstrittenen Schadensersatz, und der Kläger ist in seiner Heimat ein gemachter Mann. Der Schutz vor Gesetzesmißbrauch ist nur mit großer Bürokratie zu managen. Um den Vorwurf von Diskriminierung später abwenden zu können, müssen Bewerberauswahl und Absagen ausführlich und unter Zeugen dokumentiert werden. Viele Firmen wurden bereits auf diese Weise aus den USA vertrieben.

Besonders kurios ist der Klagefall gegen einen in den USA ansässigen englischen Rocksänger, ein „enfant terrible" der Gegenwelt, den sie den Fürst der Finsternis nennen. Der Rocksänger gehört zu den reichsten Briten in Amerika. Im Empörungsorgasmus sahen Eltern in ihm den Satan persönlich. Deshalb wurde auf einer Musiktour in den USA, im Radio davor gewarnt, ihm in die Augen zu sehen. Der Suizid eines Studenten, angeblich wegen eines fiesen Songtextes über langschwänzige Ratten und weiße Mäuse, führte in den USA zu einigen Klagen gegen ihn. Der Rocksänger erzählte von einem amerikanischen Fan aus Dallas, einem Spinner mit unangreifbarer Begriffsstutzigkeit, der seit Jahren in seinem Büro anruft und Fotos von seinem eigenen Haus schickt. Überall habe der den Namen des Rocksängers draufgemalt. Auf alle Wände drinnen und draußen, selbst auf das Dach. Er schickte auch ein Foto von der Gruft, die er sich im Keller gebaut hat, in der Hoffnung, daß er mit dem Rocksänger nach dem Tod dort vereint ist.

Die Streitkultur richtet in etlichen Fällen mehr Schaden an als daß sie hilft, nicht zuletzt, wenn in Schulen sich die Lehrer nicht mehr durchsetzen können, aus Angst verklagt zu werden und es in der Folge in der Schule drunter und drüber geht. An öffentlichen Schulen, besonders in Ghetto-Schulen werden Lehrer und Angestellte häufig körperlich angegriffen, zu 70 % von den Schülern, aber auch von den Eltern. In einzelnen Schulen soll es 200 bis 300 Attacken pro Jahr geben.

Gemeinden verbieten aus Furcht vor Schadensklagen den Kindern das Schlittenfahren auf öffentlichem Gelände oder das Baden im See. Auf Kinderspielplätzen werden harmlose

Kriechröhren entfernt mit der Begründung, es könne sich dort ein Kinderschänder verstecken.

Der Anwaltsberuf kann überaus lukrativ sein. In Schadensfällen kassiert der erfolgreiche Anwalt 30 bis 50 % der den Klägern zugesprochenen Beträge. Ein Denunziant, der einen entscheidenden Tip gegeben hat erhält bis zu dreißig Prozent der Summe, in der es im Streitfall geht. Laut US-Anwaltskammer (ABA) gibt es in den USA auf rund 260 Bürger einen Anwalt, mehr Anwälte als Mediziner. Die US-Advokaten schalten teure Werbespots im Fernsehen in denen sie ihre Tätigkeit, für alle möglichen Streitigkeiten im Alltag, leicht verständlich anbieten und um einen Kläger werben. Die gelben Seiten im Telefonbuch quellen über mit Einträgen von Anwälten. Anruf genügt, sie sind bei uns jederzeit willkommen.

Money, money

Geiz ist nicht geil lautet die Lebenseinstellung der Amerikaner. Wer spart, über den schütteln die meisten den Kopf. Wer spart ist dumm. Während in der BRD die Leute, trotz Inflationsrate mit anhaltendem Niedrigzins und Geldentwertung, im Schnitt 10 % ihres verfügbaren Einkommens zurücklegen, haben die US-Bürger im Durchschnitt so gut wie gar nichts mehr auf einem Konto. Geld ist zum Ausgeben da und hat man keines, holt man es sich bei der Bank oder benutzt in der Regel eine der vielen Kreditkarten, die von den Kreditkarteninstitutionen unaufgefordert zugeschickt werden. Wenn ich sie zugeschickt bekomme, warum soll ich sie dann nicht benutzen? In einer US-Studie wurden Erwachsene mit der Frage konfrontiert, wie lange es dauern würde, einen Kredit von 3000 $ bei 12 % Zinsen abzuzahlen, wenn sie jeden Monat 30 $ abbezahlten. Nur ein Drittel der Befragten konnte es errechnen. Der Kredit wird niemals abbezahlt, da die Raten gerade die Zinsen decken. Alles wird, wie beschrieben, auf Abzahlung und Vorschuß gekauft, vom Haus bis zur Urlaubsreise oder den Kleidern. Bleibt eines Tages der Monatsverdienst aus, steht man vor einer Katastrophe.

Die amerikanische Lebenseinstellung zum Geld verpönt eben das Schuldenmachen nicht, das zeigt sich deutlich am Tag nach Thanksgiving.

Thanksgiving wird immer am vierten Donnerstag im November gefeiert, es ist der wichtigste Feiertag in den USA. Traditionell wird er in den Familien mit einem großen Truthahnbraten üppigen Beilagen und einem Pumpkin Pie – Kürbiskuchen als Nachtisch, gefeiert. Dieser Feiertag ist als Familienfest wichtiger als Weihnachten. Für nicht wenige ist Weihnachten, das traditionellste Fest überhaupt, ein „Game and Fun-Event", weniger ein besinnliches Familienfest, eher ein Anlaß zu lebhaften Partys und Tanzveranstaltungen. Das zeigt sich auch an den seltsamen Kreationen „X-Mas-Shopping" oder statt Weihnachtsgrüße versendet man „X-Mas-Grüße". Die wenigsten wissen, daß X im griechischen der Anfangsbuchstabe von Christus ist. Statt stille Nacht, heilige Nacht, singt man Jingle Bells oder Rudolph, the red-nosed Reindeer. Nicht wenige wünschen sich einfach „Happy Holidays". Begründet wird dies, es wäre wegen der Nichtchristlichen besser, denn davon gibt es im „Melting Pot" jede Menge. Frohe Weihnachten zu wünschen wäre als setzte man einem Vegetarier oder gar einem Veganer einen Schweinebraten vor und wünsche ihm guten Appetit.

Der Freitag nach Thanksgiving wird als Black Friday bezeichnet, an diesem Tag fallen die Amerikaner in einen Kaufrausch. Das ohnehin stark ausgeprägte Einkaufsverhalten scheint sich vor Weihnachten bis zur Besessenheit zu steigern. Geldbeutel und Kreditkarten sitzen so locker wie geölte Revolver. Black Friday ist der geschäftigste Einkaufstag des Jahres, der Startschuß für das Weihnachtsgeschäft. Einzelne Warenhäuser und Händler haben, ähnlich wie Hotels, einen telefonischen Weckservice eingerichtet, der ihre Kunden nach Wunsch bereits um vier Uhr morgens weckt, damit die Kunden es rechtzeitig ins Kaufhaus oder ins Einkaufscenter zur Schnäppchenjagd schaffen. Die Kunden finden sich auch tatsächlich in großer Zahl zur Ladenöffnung in der Frühe ein, und schlagen sich fast um die Schnäppchen, besonders bei den Discountern. Die Jagd nach Schnäppchen gehört für sie zum gelungenen Einkaufserlebnis. Gekauft wird Kitsch und Kruscht, Losbudenkram, Überflüssiges und Unvorstellbares welches das Leben bunter macht, und wenn überhaupt, es nur in Amerika zu kaufen gibt. Exotische Whiskysorten, CDs mit den unterschiedlichsten Geräuschen wie Vogelgezwitscher, das Rauschen des Meeres, Walgesängen, Knistern eines Kaminfeuers, Geräusche der Millionenstadt New York und anderen Geräuschen, dem einen sollen sie beim Aufwachen helfen und dem anderen beim Einschlafen. Die New Yorker Stadtgeräusche sollen lt. CD-Beschreibung zur Verminderung von Heimweh beitragen. In großer Auswahl gibt es die in amerikanischen Haushalten so beliebten Nippes und andere Dekoartikel für das Haus, blinkende Herzen und Weihnachtsmänner zum Anstecken oder Gruseltrash, der eigentlich mit Weihnachten nichts zu tun hat. Dinge, die man noch nicht kennt und schon gar nicht braucht, vor allem so ausgefallen wie möglich sollte es sein. Shop till you drop – Einkaufen bis zum Umfallen lautet die Devise. Shopping gehört hier regelrecht zur Unterhaltung, vergleichbar mit einem Besuch im Kino oder Freizeitpark.

Die Geschäfte schreiben damit schwarze Zahlen, deshalb „Black Friday". Wie in anderen Extremen gibt es auch hier die Gegenbewegung, die Anti-Konsumaktivisten, die den gleichen Tag als „Buy Nothing Day" – den kauf nichts Tag propagieren. Die Fernsehsender aber lehnen Werbespots der Antiaktivisten ab. Sie wollen sich nicht das große Geschäft mit der Mehrheit ihrer Werbekunden vermiesen lassen. Nach Schätzung der Gegner sind es bis zu 3000 Werbespots täglich auf den Fernsehsendern. Wie nicht anders zu erwarten erwog der Erfinder der Anti-Kampagne, wegen der Ablehnung, gerichtliche Schritte einzuleiten.

Nach einer Umfrage wissen 88 % der Amerikaner um die materialistische Einstellung in ihrer Gesellschaft. Sie können sich aber dem Konsumrausch in der Vorweihnachtszeit nicht entziehen, weil von der Familie Geschenke erwartet werden und sie in ihrem Umfeld zu fest eingebunden sind.

Deren Fantasie würde galoppieren, gäbe es keine Geschenke. In der Folge steigt über die Kreditkarten der Schuldenberg. Von den indianischen Kwakiutl wird erzählt, daß sich die Häuptlinge immer reichhaltiger beschenkten und sich somit gegenseitig ruinierten. Warum sollten die heutigen Amerikaner davon ausgenommen sein?

Opfer der Immobilienkrise

Die US-Haushalte sind im Durchschnitt mit 19 000 Dollar verschuldet, Hypotheken für das Haus nicht mitgerechnet. Bekannte Hypothekenbanken finanzierten bis zur Finanzkrise, mit leichter Hand, Häuser für jedermann. Qualität, Haltbarkeit und Aussehen der Häuser interessierte die Banken nicht. Die Banken waren geradezu besessen, den Amerikanern Häuser zu finanzieren. Jeder konnte, auch wer über wenig Geld verfügte, ein Haus erwerben. Es wurde mit hohem Risiko zu viel Geld verliehen, so daß es zu einem Immobilienboom kam. Die Leute kauften sich auf Pump gleich mehrere Immobilien, in der Vorstellung, sie mit steigenden Preisen wieder mit hohem Gewinn verkaufen zu können. In guten Jahren stiegen die Häuserpreise um acht bis zehn und manches Mal um 15 %. Als die Immobilienpreise kollabierten waren die Häuser bis zu 40 % weniger Wert, sie konnten ihre Spekulationsobjekte nur noch unter Ankaufspreis verkaufen und blieben auf ihrem Schuldenberg mit Hypothekenzinsen von bis zu 18 % und mehr pro Jahr sitzen. Für viele war das Selbstwertgefühl aus dem Lot, die Besitzer konnten wegen der Schulden ihren Lebensstil nicht mehr auf Kredit finanzieren. Nicht leicht in einem Land, in dem man den Erfolg einer Person gewissermaßen nach einer Checkliste beurteilt. Für ein gutes Ansehen hat man ein Haus in einer bevorzugten Wohngegend, mit ebenso erfolgreichen Nachbarn, dies ist ein Muß. Diese bevorzugten Wohngegenden werden mit „traditioneller Gegend" umschrieben d.h. dort wohnen nur Weißhäutige und auch keine Ausländer. Man wechselt problemlos das Haus oder Apartmenthaus, um nur ja immer in der richtigen Gegend zu wohnen.

In einer der großen Städte zu arbeiten ist ok aber dort in einer Wohnung zu wohnen ist für den Durchschnittsamerikaner eine Zumutung. Man sucht sich lieber ein Haus in der genehmen Suburbia – Vorstadt. Dort gibt es Bäume und Vögel, Büsche und grünes Gras. Hier können die Kinder spielen. Hier lohnt es sich, das Heim zu schmücken, das Haus und den Garten sauber und gepflegt zu halten. Besucht man Bewohner einer solchen schmucken Gegend ist man überrascht wie mit welcher Freude und Fantasie sie ihre Häuser einrichten. Schöne Möbel, auch Antiquitäten und der Sinn für Stil offenbart sich sofort, daß man gezwungen ist, evtl. deutsche Überheblichkeit in diesen Dingen über Bord zu werfen. Mit so viel Sinn für Maß und Anmut eingerichtete Häuser und Wohnungen kenne ich nur aus Spanien. In der besseren Wohngegend ist ein Auto, oder mehrere von einer Nobelmarke selbstverständlich, denn gegenüber Klamotten oder Uhren besitzt ein „Sports Car" namens „Porsch", das überflüssige „e" läßt man weg, oder ein Mercedes den unschlagbaren Vorteil, er kann nicht gefälscht werden. So dient das Auto neben dem Haus als authentischer Nachweis für den persönlichen Status. In den Südstaaten muß es ein Pickup sein, auch wenn man damit nichts zu transportieren hat. Ein unförmiges ursprünglich für Farmer und Wildhüter konzipiertes Fahrzeug, das Unmengen von Sprit braucht. Für einige das Maß aller Dinge. Man sollte möglichst einen Job bei einer

Bank haben, dann steigt das Ansehen enorm. Wichtig ist nur ein Job bei einer Bank, egal ob dort eine qualifizierte Tätigkeit ausgeübt wird oder nicht. Wenn jemand für eine Bank arbeitet denken sie, daß er alles kann und man ihn alles fragen kann. Noch besser ist es das Einkommen reicht, um sein Kind auf's College zu schicken und mit seiner Frau einmal in der Woche zum Abendessen und ins Kino oder Theater zu gehen, dann ist man zufrieden, man kann sich den sog. amerikanischen Standard leisten. Ob das Haus völlig auf Pump gekauft und das Auto nur geleased ist interessiert niemanden. Die Amerikaner sehen am Monatsende auf ihr Konto und fangen zu rechnen an, wie viel sie noch übrig haben, um mit dem Restgeld noch weitere Kreditverpflichtungen einzugehen. Warum etwas sparen, im nächsten Monat kommt doch neues Geld. Hier paart sich die Unfähigkeit im Umgang mit Geld mit der nicht geringen Selbstüberschätzung.

Es gibt eine Clique der Gierigen und Rücksichtslosen, die verdienen sehr viel Geld. Sie verdienen es in den USA zwar, aber vielfach hat man nach einiger Zeit das unausweichliche Gefühl, daß sie es nicht verdienen, so viel zu verdienen. Die Gunst der Umstände schüttet ihnen das Geld in den Schoß. Wer auf's Geld aus ist und die Augen offenhält, nicht rechts und links sieht und sich nicht von der Quelle verdrängen läßt, der kommt früher oder später zu Geld, meistens früher. Wer nicht zu Geld kommt, und das passiert natürlich auch nicht selten, der hat es nach gängiger Meinung sich selbst zuzuschreiben.

Immobilienfinanz

Auf dem Höhepunkt des Immobilienbooms wurden selbst mexikanischen Wanderarbeitern vollfinanzierte Häuser verkauft und Kredite mit über 120 % des Immobilienwertes ausgezahlt. Die Kreditnehmer konnten damit zusätzlich die neue Möblierung mit dem hochwertigen Vollholztisch samt Auto mit ungeahnter Straßentauglichkeit und was sonst noch gewünscht wurde, erwerben. Ironische Hypothekenvermittler machten in Spottlust Witze über diese Kreditkunden. Die Kredite hießen „Ninja-Kredite“ von: No income, no job, or asset – kein Einkommen, keine Arbeit, kein Vermögen. Neben diesen Hypothekenschulden haben die meisten Amerikaner zusätzliche Schulden als Kreditkarteninhaber. Mehrere Kreditkarten sind üblich, damit wird in Sorglosigkeit und Kurzsichtigkeit konsumiert und gerne über die Verhältnisse gelebt, so oft und so lange mit den Karten bezahlt werden kann. Selbstverständlich muß die geschuldete Summe mit Zinsen, meist innerhalb von 18 Monaten, zurückgezahlt werden. Einige Banken berechnen keine Zinsen, wenn die jeweilige Monatsabrechnung innerhalb einer bestimmten Frist bezahlt wird. Es gibt Regelungen, nach denen nur ein geringer monatlicher Mindestbetrag zurück zu zahlen ist. Solange diese Mindestsumme beim Kreditkarteninstitut eingeht, funktioniert die Karte; man hat Kredit. Wird wegen fehlender Mindestzahlung eine Karte gesperrt, hat man noch weitere in der Tasche. Wer mit vielen Karten hantiert kann leicht den Überblick verlieren. Schließlich summieren sich nach 18 Monaten die Zahlungsverpflichtungen, einschließlich der nicht geringen Zinsen, zu einer gewaltigen Summe. Verliert jemand seine Arbeit, steht er vor dem Abgrund, Zwangsräumung wegen der Hypothekenschulden inklusive, denn der wahre Eigner des Hauses ist die Hypothekenbank. Jahrelang gab es über 1 Million Privatkonkurse jährlich. In großer Zahl wählten überschuldete Immobilienbesitzer die ungeregelte Form des Konkurses. Sie warfen einfach den Schlüßel ihres überschuldeten Hauses bei ihrer Bank ein und machten sich aus dem Staub.

Die Geschichten von Leuten häufen sich, die bereits mit vierzig, fünfzig oder noch viel älter ihren Job verloren haben und keine Vollzeitbeschäftigung mehr finden. Wenn sie keine Ersparnisse mehr haben und nur noch Schulden, ziehen sie bei ihren erwachsenen Kindern ein. Gibt es keinen bewohnbaren Keller im Haus, schlafen sie auf dem Sofa ihrer erwachsenen Kinder bis sie wieder Arbeit gefunden haben, von der sie eigenständig leben können. Eigenständig kann auch das Wohnen in einer Wohngemeinschaft sein. Oft können sie sich nicht einmal das wirklich leisten, so wenig Einkommen erzielen sie.

Selbst Stadtväter und -mütter ließen es während des Immobilienbooms so richtig krachen und finanzierten auf Pump die lang begehrte Konzerthalle, so in Stockton, einer Stadt mit 300 000 Einwohnern. Nicht genug, für eine Million Dollar Gage ließ man einen prominenten Barden auftreten und feierte eine gute Zeit zu „Sweet Caroline". Neubauten schossen wie Pilze aus dem Boden und trieben die Immobilienpreise in ungeahnte Höhen. Sie waren in derselben Position wie Hausbesitzer, die zwei oder drei Hypotheken gleichzeitig aufgenommen hatten. Schließlich konnte die Stadt ihre Hypotheken und Rechnungen nicht mehr bezahlen, die Immobilien gingen an die Banken zurück. Schuld war der tödliche Kreislauf aus hoher Arbeitslosigkeit, geringeren Steuereinnahmen und fallenden Immobilienpreisen. Stockton mußte Insolvenz anmelden. Heute sitzt die Stadtverwaltung in einem baufälligen alten Rathaus, in dem das Wasser aus den Hähnen nicht mehr trinkbar und das von einer Rattenplage befallen ist. Wer kann, verläßt die Stadt.

In Georgia wachsen über 60 % der Kinder bei alleinstehenden Müttern auf. Deren Kinder versagen sehr oft in der Schule, leiden überdurchschnittlich unter psychischen Erkrankungen und Drogenabhängigkeit. Die Mädchen liegen bei den Teenagerschwangerschaften an der Spitze und die Jungs sind häufig in Gewalttaten verwickelt. Verlieren diese jungen Mütter ihren Job, erhalten sie maximal für vier Jahre öffentliche Unterstützung, danach nichts mehr und stehen auf der Straße, im Elend und in Verzweiflung, am Rande dessen was man Leben nennt, fern jenes zivilisatorischen Versprechens mit dem Amerika einst gegründet wurde. Abstoßend wirkt wie mit denjenigen verfahren wird, die aus dem Rahmen fallen; fast jedem kann dies widerfahren. Nicht wenige geraten in Panik und bringen sich aus Geldnot um oder geraten in unwürdige Abhängigkeitsverhältnisse, in denen sie ausgenützt werden. Wenn sie etwas Glück haben, finden sie einen Job mit dem staatlich vorgeschriebenen Mindestlohn und leben von der Hand in den Mund. In einer solch prekären finanziellen Situation haben Hinterbliebene nicht einmal das Geld für die Beerdigung ihrer Angehörigen, diese bleiben in Kühlhäusern liegen. Die New York Times schreibt, im Bundesstaat Oregon sei die Zahl der Leichname, um die sich die Angehörigen nicht mehr kümmerten, um die Hälfte gestiegen. Der Bezirk Wayne in Michigan habe zusätzlich Kühllastwagen angeschafft, weil im Leichenhaus kein Platz mehr ist. Andere Bundesstaaten lösen das Problem auf amerikanische Art, sie stellen Leichname, für die niemand Geld hat, der Forschung zur Verfügung. Gestiegen ist auch die Zahl derer, die Grabstellen aus Geldmangel aufgeben oder verkaufen.

Die Suchaktion nach Geldquellen führt zu mehr oder minder kreativen Ideen und Verhaltensweisen. Ein Versicherungsbetrüger, dem später die Ermittler auf die Schliche kamen, täuschte im Einvernehmen mit seiner Ehefrau sein Ableben vor, um an die hohe Lebensversicherung für seine „Witwe" zu kommen. Er fuhr mit seinem Boot aufs unruhige Meer hinaus und kam nie wieder. Das Boot wurde angespült und man hielt ihn für tot. Der vorgetäuschte Tod wurde als einzige Möglichkeit angesehen um aus der Finanzmisere zu kommen. Der Gedanke alles zu verlieren, für das er so lange gearbeitet hatte und vor den Kindern als Versager dazustehen, schien ihm unerträglich. Was für eine Schande, denn nichts ist schlimmer in Amerika als zu scheitern. Nachdem die Polizei und die Lebensversicherung von dem angeblichen Tod überzeugt war, wurde die Lebensversicherung ausbezahlt. Der Versicherungsbetrüger mietete sich in einem Motel ein. Seine Frau sollte die Schulden abtragen und dann wollte er irgendwann wieder auftauchen. Als die Eheleute unbesorgt zu zweit ein Haus kauften, kamen ihnen die Ermittler der Versicherung auf die Schliche und der Betrüger versuchte seinen Kopf zu retten, indem er behauptete, er habe einen Gedächtnisverlust erlitten und könne sich an nichts mehr erinnern.

Andere Kreative versuchen es mit Hausverlosung. Ein großes Haus mit Grundstück und Pool für nur 99 Dollar, wer hätte das nicht gerne. Für den einen das große Glück und den anderen die Befreiung von der Hypothekenlast. Daß ein Konzept mit Hausverlosung schnell populär wird, ist nicht verwunderlich wenn, wie in den USA, Millionen Hausbesitzer auf einem Schuldenberg sitzen, der den Wert ihrer Immobilie weit übersteigt. Häufig wurden die Kredite nicht direkt von der Bank, sondern über Hypothekenvermittler vergeben, die jedoch nur Interesse daran hatten, Kredite mit möglichst hohem Zins und vielen Gebühren zu vermitteln. In etlichen Fällen arbeiteten Kreditvermittler und Gutachter zusammen, um den Wert des Hauses möglichst hoch zu bewerten. In Wirklichkeit war das Haus vielleicht nur die Hälfte wert. Die Kreditsucher erkennen das Betrugsmanöver zu Gunsten der Geldvermittler nicht und leben stolz im naiven Glauben eine hochwertige Immobilie zu besitzen.

In Kalifornien suchten hoch verschuldete Eigenheimbesitzer jahrelang verzweifelt nach einem Käufer, der bereit war annähernd den gewünschten Preis zu bezahlen. So kamen sie auf die Idee der Hausverlosung, die mittlerweile in ganz Amerika von verzweifelten Hypothekenschuldnern kopiert wird. Bei der ersten Verlosung eines Hauses in den USA zum Lospreis von 99 Dollar pro Los, dauerte es weniger als zwei Monate bis 6500 Lose verkauft waren. Der Haken an dieser Geschichte ist in Amerika nur, daß Gewinner ohne Eigenkapital bei einer Bank Geld aufnehmen müssen, um die horrenden Verkaufssteuern zu bezahlen. Die Kultur des Schuldenmachens und der unersättliche

Appetit auf Schulden bleibt gewahrt. Vor der Finanzkrise konnte jeder, für seine Traumreise nach Hawaii oder ein neues Auto, Geld auf sein Haus aufnehmen, die Banken ließen sich das Risiko ihr Geld nicht wiederzusehen mit kräftigen Zinsaufschlägen bezahlen. Mittlerweile bedarf es der Suche nach einer willigen Bank.

Um den persönlichen Bankrott abzuwehren gingen viele zuerst zu ihrer Bank, um ihr Anliegen auf Umschuldung und Stundung vorzutragen, fanden aber meist kein Gehör. Die Banken verwiesen sie an Insolvenzexperten, eine neue Berufsgattung, dort wurde ihnen ein „Individual voluntary arrangement" angeboten, selbstverständlich nicht umsonst. Mit einem mehrjährigen Abzahlungsplan für die aufgelaufenen Schulden und einem von dem Experten beim Kreditgeber ausgehandelten Schuldennachlaß gelang es in den meisten Fällen, dem persönlichen Bankrott und der Zwangsversteigerung zuvorzukommen. Die fette Gebühr der Insolvenzberater wurde in die monatliche Abzahlungsrate eingebaut. Bedingt durch Kreditkartenschulden steigert sich die Zahl der Kunden für solche Arrangements zunehmend, vor allem bei der jüngeren Generation.

Kreditkarten sind in den USA das beste Zahlungsmittel, auf Kreditkarte gibt es alles. Viele Geschäfte nehmen bei höheren Kaufpreisen überhaupt kein Papiergeld, manches Mal schon ab einem Kaufpreis von zwanzig Dollar nicht mehr. In den Geschäften hat man Angst vor Falschgeld, es wird von großen Mengen Falschgeld gesprochen, weil der Dollar einer der am leichtesten zu fälschenden Geldscheine überhaupt ist. Der Dollar ist seit seiner Einführung unverändert. Sicherheitsmerkmale wie in Europa, die leicht von jedem Laien nachprüfbar wären, gibt es nicht. Auch ist die grüne Farbe bei allen Noten gleich. Erst neuerdings hat man mit der Einführung verschiedenfarbiger Denominationen angefangen, um den alten „greenback" abzulösen.

Viele Ladengeschäfte, auch in guten Gegenden, haben Angst vor Raubüberfällen. Wer nichts in der Ladenkasse hat, von dem kann auch nichts gefordert werden. Die einzige Ausnahme gibt es bei der Autobahnpolizei, dort kann in der Regel das „ticket" – der Strafzettel, nicht mit der Kreditkarte beglichen werden. Ein „ticket" hat sich schnell bei einem Tempolimit von 55 - 70 Meilen pro Stunde. Wer bei mehr als 70 Meilen Geschwindigkeit erwischt wird, hat ein Problem. Erst seit kurzem darf man auf einem Teilstück der I-90 mit 80 Meilen pro Stunde also 130 Stundenkilometer fahren. Neuerdings auch auf einigen privat errichteten und mautpflichtigen Autobahnabschnitten. 80 Meilen, ein für amerikanische Verhältnisse atemberaubend hohes Tempolimit. Auf den großen Highways wird selbst aus der Luft, mit Helikoptern, das Einhalten der Höchstgeschwindigkeit kontrolliert. Die Sheriffs wollen „cash" sehen, sonst geht es in Handschellen ab in den Knast, zu den Knastvögeln, bis das Geld da ist.

Ist der Schnellfahrer ein Schwarzer gibt es auch brutale Mißhandlungen durch die Polizei. Landesweit bekannt wurde die Attacke gegen einen 36-jährigen schwarzen Amerikaner, der nachdem sie sein Auto wegen Geschwindigkeitsüberschreitung stoppten, von vier Polizisten mit mehr als 50 Schlägen niedergeprügelt und getreten wurde, die schließlich noch mit der Schreckschußpistole auf ihn feuerten. Passanten filmten den ganzen Vorgang und übergaben die Aufnahmen einem Fernsehsender. Die erwartete Verurteilung der Polizisten unterblieb, nachdem das Strafverfahren in einem mehrheitlich von Weißen bewohnten

Ort stattfand, mit einer Jury, der kein Schwarzer angehörte. Drei der Polizisten wurden zunächst frei gesprochen und das Verfahren gegen den Vierten platzte. Erst als es zu massiven Unruhen und gewaltsamen Ausschreitungen gegen das Urteil kam, dabei 55 Menschen getötet und 2000 verletzt wurden, kam es erneut zu einer Anklage und Verurteilungen. Der geschädigte Schwarze bekam 3,8 Millionen Dollar Entschädigung zugesprochen, wurde aber einige Zeit später tot in seinem Pool aufgefunden, mutmaßlich ermordet.

In manchen Gegenden mit hoher Arbeitslosigkeit verfallen ganze, zum Teil historische, Straßenzüge. Gerät jemand mit seinem Hypothekenkredit in Rückstand und kann die fälligen Raten nicht mehr bedienen, muß er je nach Bank damit rechnen, rabiat auf die Straße gesetzt zu werden. Von den Banken übernommen und vertrieben zu werden, gab es schon immer, wenn es Farmhäuser mit Land waren. Die Familien wurden vertrieben, wenn die Bank an den Feldern der Farm interessiert war.

Oft stellen sich, wie erwähnt, die Banken stur, behandeln die Schuldner wie lästige Fliegen und wiegeln alle ab, die wegen Abhilfe direkten Kontakt mit der Bank aufnehmen wollen. Schließlich häufen sich die regelmäßig eintreffenden Gebühren und Säumniszuschläge zu astronomischen Summen. Gehen die Forderungen bei der Bank nicht ein, werden die Häuser nach einem Gerichtsbeschluß zwangsgeräumt und gehen auf die Bank über. Bei einigen Banken reichte oft ein lächerlich geringer Ratenrückstand. Die JP Morgan Bank, eine der großen US-Banken beauftragte unqualifizierte Mitarbeiter, ausstehende Hypothekenzahlungen einzutreiben. Diese unqualifizierten Mitarbeiter hatten keinerlei Fachkenntnisse, wurden praktisch von der Straße weg eingestellt, wußten nicht wie mit Schulden umzugehen ist. Diese von der Bank beauftragten Mitarbeiter haben ohne ausreichende Überprüfung einfach die Schuldner aus ihren Häusern vertrieben. Auch die Deutsche Bank hat sich, in Millionen dieser Fälle, in den USA besonders hervorgetan und sich einen Namen als „King of foreclosure" gemacht. Ist die Zwangsräumung einmal erfolgt und das Haus verlassen, ziehen nicht selten in Folge die Vandalen ein, plündern alles was sich zu Geld machen läßt, demolieren das Gebäude, bis am Ende nur noch die kahlen Wände übrigbleiben. Dies hat Auswirkungen auf die Nachbarschaft, denn wer will schon in einer Gegend wohnen in der leerstehende Häuser verrotten und verfallen und dem darin hausenden Gesindel oder Drogendealern tagtäglich über den Weg laufen. Für die Wertminderung eines Hauses reicht es bereits, wenn in unmittelbarer Nachbarschaft längere Zeit mehrere Immobilien zum Verkauf stehen, für jeden leicht erkennbar an den großen Schildern „For Sale", die üblicherweise vor dem Haus aufgestellt werden. In Folge sinkt der Wert der anderen Immobilien in der Nachbarschaft rapide, keiner kann sie mehr zu einem guten Preis verkaufen oder an vernünftige Leute vermieten. Kommt noch eine rassistische Komponente dazu, über die man nicht spricht, wird ein Verkauf praktisch unmöglich und die Häuser stehen jahrelang leer. Die Banken, die Verhandlungen mit den Besitzern einst abgelehnt hatten, überlassen letztlich die ramponierten Häuser, häufig zu einem lächerlichen Preis, der Gemeinde. Damit sparen sich die Banken die Kosten für den Abriß. Nicht selten gehen Häuser mit vorangeschrittenem Verfall plötzlich in Flammen auf, verursacht durch spielende Kinder oder Drogenabhängige, die unsachgemäß mit Feuer umgehen. Manchmal wird ein Haus auch von den Nachbarn angesteckt, um das Gesindel, das sich eingenistet hat, wie Ungeziefer zu vertreiben. Eine andere Methode ist, zwangsverwaltete Häuser zu Paketen geschnürt und zu Dumpingpreisen, an Spekulanten weiterzureichen. Die Bank aus Frankfurt streitet ab, damit etwas zu tun zu haben. Sie habe für die Instandhaltung eine Service Gesellschaft und einen Immobiliendienstleister beauftragt. Die Millionen von eingeleiteten Zwangsversteigerungen im Immobiliensektor in den USA sind bereits seit Jahren im Aufwärtstrend.

Eine neue Welle von Zwangsräumungen erschüttert mittlerweile die USA. Dieses Mal sind es nicht die Banken, sondern die Kommunen. Diese verkaufen bereits bei geringen Steuerschulden, die der Stadt geschuldeten Beträge an Firmen, die mit Räumungen und Hausverkäufen leichtes Geld machen.

Besonders darunter zu leiden haben immer mehr ältere und behinderte Amerikaner, die ihr oft langjähriges Heim verlieren, wenn sie beim Staat oder der Kommune Steuerschulden haben. Es interessiert die Stadt nicht, ob das Haus resp. das damit verbundene Vermögen, die einzige Absicherung für deren Ruhestand ist. Verbraucherschützer berichteten von einer 75-Jährigen im US-Bundesstaat Montana, die mit Steuerforderungen von lediglich 6000 $ in Rückstand geriet, da verkaufte die Stadt ihre Steuerschuld an eine Firma. Diese ordnete die Zwangsräumung an und warf die 75-Jährige aus dem Haus. Dabei war diese eigentlich nicht einmal arm, ihr Haus hatte einen Wert von 150 000 $. Die an die Investoren abgetretenen Steuerschulden sind eine lohnende Angelegenheit. Die Drohung mit dem Verlust des Hauses ist ein starkes Druckmittel.

Entsprechend hart sind die Zahlungsbedingungen, die sie durchsetzen können. Bei Ratenzahlungen verlangen sie bis zu 50 % (!) Wucherzinsen. Im Internet wird dafür als Weg zu schnellem Reichtum geworben.

Zu der großen Verliererseite gehören die Rentner. Ohnehin sind die Altersrenten nicht gerade üppig und verglichen mit denen in Europa vergleichsweise gering. Die Rentner müssen im wahrsten Sinne des Wortes sehen wo sie bleiben. Früher zog es die Rentner, vor allem im Winter, in die von ihnen bevorzugten Bundesstaaten im Süden und Südwesten.

Südkalifornien oder Sun City hatten jahrzehntelang die Führungsrollen, nach dorthin zogen die Rentner entweder für immer, an das glitzernde Meer und den ewig blauen Himmel, dort wo man den Rest seines Lebens in Shorts und Badelatschen herumlaufen kann, und glücklich mit einer lieben Frau, gutem Essen, einem Boot und angeln locker den Tag verträdelt. Oder sie verbrachten dort nur den Winter als „Snowbirds" – Zugvögel. Das Leben im warmen kalifornischen Klima war billig, man brauchte keine Heizung und die Lebenshaltungskosten waren gering.

Am bekanntesten ist der Sunshine State Florida, mit rd. 3000 Sonnenstunden pro Jahr und seit den 1930er Jahren das Paradies der Rentner. Florida ist der große Konkurrent von Kalifornien. Nichts macht die Floridaner stolzer, als verkünden zu können, Kalifornier hätten Kalifornien aufgegeben und wären nach Florida gezogen. Tatsächlich reicht Florida viele Breitengrade weiter in den Süden als Kalifornien. Wenn es auch sonst mit Schätzen sehr mager ausgestattet ist, verfügt es doch über reichlich Sonnenschein und somit Wärme. Diese kostenlos von der Natur gelieferte wichtige Annehmlichkeit hat sich durch unermüdliche Propaganda in die Hauptquelle ihres Reichtums verwandelt. Die Winter in den Nordstaaten z.B. NY oder Chicago sind wirklich kein Vergnügen und es wird durch die Klimaveränderung immer schlimmer. Wer immer es sich leisten kann, dem muß man nicht lange zureden sich in Florida niederzulassen. Florida lebt eindeutig von den kalten und oft abscheulichen Wintern im Norden. Wenn die Leute erst einmal die Wärme, die milden Lüfte Floridas, die lauen Fluten der See, die lockenden Sandstrände an der Küste erlebt haben, dann lockt sie dies sogar im heißen Sommer nach Florida, und sie fangen an zu träumen, hier ihre späteren Tage zu verbringen, denn im Alter friert man leicht und möchte sein Geld für etwas anderes als die Heizung ausgeben. Dort kann man alles nachholen, was ein ganzes Arbeitsleben lang nicht vergönnt war. Denn in der Regel gibt es, wenn überhaupt, erst nach langer Betriebszugehörigkeit, höchstens 14 Tage Urlaub im Jahr.

Mittlerweile hat sich auch in Florida das Blatt gewendet. Die neuen Paradiesvögel sind die Yuppies und die Preise sind für Rentner, trotz kontinuierlicher Anpassung ihrer Renten an die Inflation, unerschwinglich geworden. Rentner mit bescheidenem Einkommen können da nicht mehr mithalten. Diejenigen, die mit Zinseinnahmen zu ihrer Rente gerechnet haben, sehen sich jetzt doppelt getäuscht seit es kaum noch Zinsen bei der Bank gibt.

Wer sein Geld nicht für ein Ferienhaus oder Hotel ausgeben will, beschafft sich ein Wohnmobil, diese Campingwagen gibt es in großer Variante, manche sind so groß, daß sie sogar zwei Eingänge haben. Selbstredend bieten sie jeden Komfort von der Toilette bis zum Mikrowellenherd. Platz ist selbst für das mobiltaugliche Hundeglück. Die Parkplätze an den Traumbuchten sind vollgestellt mit ganzen Reihen der Bungalows auf Rädern. Für die Nomaden, die ihre amerikanische Unabhängigkeit beim Wort nehmen und ausleben, gibt es auf einigen Plätzen abgelegene Ekken wo sie sich in einem ausrangierten Gefährt auf Dauer häuslich niederlassen können. Sie haben ihren ganzen Besitz offensichtlich auf das Unerläßliche eingeschränkt und hausen in diesen rostigen Gefährten, die aussehen als könnten sie jeden Augenblick auseinander fallen. Die Anderen ziehen je nach Lust und Laune mit ihrem „Mobilhome" weiter. Einige haben ihr Haus und den ganzen Besitz verkauft, um mit dem Erlös und dem erworbenen Wohnmobil die vollkommene Freiheit ausleben zu können. So entgehen sie elegant der Einkommenssteuer und den Hypothekenschulden oder der monatlichen Miete für das Apartment. Für sie ist es ein besseres Leben auf dem Parkplatz der Wahl, anstatt sich an einen festen Wohnsitz zu klammern mit Ausgaben, die monatlich nur ein paar traurige Dollar zum Leben übrig lassen. Sie ziehen ruhelos durchs Land, so lange sie das Lenkrad halten können. Manche sind mit Gleichgesinnten in kleinen Verbänden zu zweit oder mit mehreren unterwegs und wie die großen Trucker sind sie auf ihrer Weiterreise ins Glück „On the road" untereinander mit Sprechfunk verbunden. Was sie aber zum Weiterziehen antreibt bleibt rätselhaft, es ist wohl die seit der Pionierzeit verinnerlichte, in amerikanischen Songs gepriesene und besungene, amerikanische Freiheit und die Weite des Landes.

Diesen unsterblichen Freiheitsdrang anzuzapfen brachte einzelne Staaten im Mittelwesten auf die Idee, Rentner gezielt anzulocken. Im Staat North Dakota mit der „Operation back home" und staatlichen Mitteln. Amerikaner sollten wieder dahin zurückkehren, wo sie ihre Kindheit verbracht hatten. Mit viel Aufwand wurden die Weggezogenen durch Annoncen in Seniorenzeitungen aufgespürt.

In den USA gibt es bekanntlich keine Meldepflicht, ein nationaler Personalausweis existiert nicht. Man beweist seine Identität mit einem Sammelsurium von Nachweisen, dazu gehört neben der Sozialversicherungsnummer, die Kreditkarte zum wichtigsten Utensil der Bürokratie. Hilfsweise wird, wenn auch nicht mehr so häufig, der (nicht fälschungssichere) amerikanische Führerschein akzeptiert. Der Wert bestimmter Nachweise ist fraglich, denn die Schnüffeltechnologie der globalen Computermafia ist inzwischen so weit perfektioniert, daß in den USA sämtliche Daten einer Person einschließlich der Sozialversicherungsnummer, in den einschlägigen Kreisen, für fünfzehn Dollar zu kaufen sind. Angaben, die zur Fälschung einer Kreditkarte benötigt werden, gibt es bereits für einen Dollar. Kreditkarten können von jedermann telefonisch mit den falschen Daten bei den Banken beantragt werden, das dazu passende eigene Foto kann nachgereicht werden.

Der Versuch einen nationalen Personalausweis einzuführen wurde bisher im Kongreß mit dem Argument abgelehnt, dieses Dokument wäre typisch für totalitäre Staaten. Seit dem 11.9.2001 verbreiten sich jedoch auch andere Meinungen.

Wegen des unwirtlichen Klimas in North Dakota hatte die Werbekampagne „Operation back home" bei den Rentnern wenig Erfolg. Dasselbe Programm war jedoch in den Südstaaten, von Arkansas bis ins südlich warme Alabama, erfolgreich weil dort besonders das Klima und der Geldwert stimmig waren. Die Rentner zu locken ist für viele Städte und Gemeinden insofern attraktiv, als es sich hier um einen relativ „pflegeleichten" Personenkreis mit wenig Ansprüchen handelt. Sie bringen ihr Erspartes, meist aus dem Hausverkauf, zur örtlichen Bank und geben ihre Renten für Dienstleistungen, Restaurants, chemische Reinigung und Friseur aus. Wichtig für Gemeinden, die bisher von Industrie und Landwirtschaft abhängig waren und unter einer hohen Arbeitslosenrate zu leiden haben. Damit die älteren Herrschaften sich wohl fühlen, wird das „Retirement Trade" – Rentnergeschäft mit zuvorkommender finaler amerikanischer Freundlichkeit gepflegt.

Der Sunshine State Florida ist mittlerweile nicht nur wegen den unerschwinglichen Preisen „out", sondern auch wegen der, von den Rentnern gefühlten, rasant wachsenden Kriminalität. Tatsächlich aber fiel für lange Zeit in Florida die Kriminalitätsrate und die Mordrate hatte sich insgesamt bereits halbiert, ebenso in großen Städten wie New York, Washington und Boston, einstige Mordkapitale. Insgesamt sind aber im Land der Schußwaffenbesitzer die Gewaltverbrechen mit Mord und Totschlag seit 2017 wieder deutlich gestiegen. Die Stadt mit der höchsten Kriminalität soll inzwischen Dallas in Texas sein. „Dallas, unsere schlimmste Stadt, voller Verbrecher!", vertraute mir eine Frau im Flughafen in NY an.

Doch, es gibt sie noch die gut betuchten Senioren, die wie in der Vergangenheit dem Ruf Floridas folgen können. Für sie gibt es Ghettos für Rentner, schöner gesagt „Resorts". Es gibt sie in Florida in allen Preislagen bevorzugt an der Westküste in Clearwater oder Dunedin. Dort wo die warmen Wasser des Golf von Mexiko den Strand bespülen.

Das Leben in bewachten und kontrollierten Resorts wird unter denen, die es sich leisten können immer beliebter. Wie ein Magnet zieht das Größte „The Villages" im Herzen

Floridas die einsamen Herzen ab 55 Jahren an, die es sich leisten können und einigermaßen fit sind, denn Pflegeeinrichtungen sind verpönt. 98 Prozent der Bewohner sind weißer Hautfarbe.Versteckt hinter verwahrlosten Feldern, nur über schlecht geteerte Highways erreichbar, liegt das eingezäunte und von einer Patrouille kontrollierte Paradies. Es ist 16 Kilometer breit und 19 km lang. Von einem privaten Investor gegründet und mit seiner Familie gemanagt. Die Bauweise der ganzen Anlage ist auf die betagten Herrschaften zugeschnitten, auf „Senior Citizens" wie man in Amerika sagt, wer will schon alt sein!

Fast 80 000 Rentner leben hier in mehreren Dörfern, umgeben von Golfplätzen, künstlichen Seen, Fitnesscentern, Schwimmbädern und Einkaufszentren, mehr als in den zahlreichen anderen Rentnersiedlungen, deshalb waren auch die hochkarätigen Vertreter der Republikaner vor der Präsidentschaftswahl zum Stimmenfang da. Die Einwohner sagen, daß sie sich glücklich schätzen, dort sicher leben zu können.

Nicht nur im Alter „safe" leben zu können, das ist das Thema, welches viele umtreibt. Die Betreiber reden ihnen ein, es gehe um sie herum bergab und sie können deshalb froh und glücklich sein in der Sicherheit der Siedlung zu leben. Solche und ähnliche Botschaften werden über hunderte von Lautsprechern, versteckt in Blumenkübeln, unter der Straßenlaterne, selbst im Fitnessstudio und dem Frisiersalon, tagtäglich von den Betreibern verkündet. Das Resort verfügt über 78 Restaurants, etliche Kinos und Theaterbühnen und mehr als 1600 Freizeitclubs, darunter „Die Freunde des Militärfilms über den Zweiten Weltkrieg". Günstige Häuser mit zwei Schlafzimmern und zwei Bädern gibt es bereits für 125 000 $. Die Nebenkosten incl. Freizeitaktivitäten kosten monatlich 1000 $ und bei Einzug werden einmalig 20 000 $ für die Pflege der Infrastruktur fällig. Scharen von Gärtnern sorgen dafür, daß die Golfplätze gepflegt, die Blumenrabatte und Baumreihen beschnitten sind. Fast jeder Bewohner hat einen Golfcar, der zum Einkaufen, für den Besuch im Nachbardorf oder die Fahrt zum Tanzabend etc. benutzt wird. Die Betreiber betonen sie verkaufen nicht nur Häuser, sondern auch einen Lebensstil und benennen als Beispiel eine 63-jährige Witwe, die gelangweilt und einsam war bis sie in die Siedlung zog und dort sofort acht Freunde fand. Von den privaten Betreibern nicht erwünscht sind Leute, die zu Hause ihren Alltag nicht mehr meistern können oder generell pflegebedürftig sind. Wird jemand pflegebedürftig muß er ausziehen. Diese Siedlung machte auch schon in der örtlichen Presse als Sin City – Sündenstadt und Divorce City – Scheidungsstadt, Schlagzeilen. Eine in der Nähe der Siedlung praktizierende Gynäkologin erzählte im lokalen TV-Sender, daß sie noch nie in ihrer Tätigkeit so gehäuft Fälle von Tripper, Syphilis und anderen Geschlechtskrankheiten behandeln mußte. Auch die Statistiken in Florida würden zeigen, daß Geschlechtskrankheiten vor allem in der Altersgruppe der über 65-Jährigen zunehmen, nicht zuletzt eine Auswirkung der neuen Potenzmittel.

In diesem Resort fühlen sich alle sicher bewacht und können nun getrost auf den geliebten Waffenbesitz verzichten, ganz anders in den großen Städten.

Für die Regierung in Washington sind Einschränkungen für private Waffenbesitzer nicht leicht durchzusetzen, denn in der Ergänzung zur amerikanischen Verfassung steht: „Jeder der bedroht wird, kann sich mit Waffengewalt wehren". Hierzu gibt es allerdings umstrittene Auslegungen.

Lt. Statistik wird jede Stunde in den USA ein Mensch erschossen und man schätzt, daß es über 200 Millionen Schußwaffen gibt. Die Amerikaner sind der Meinung Waffen bieten Schutz und pochen auf ihr Recht eine Schußwaffe zu besitzen. Viele fühlen sich geradezu schutzlos ohne Waffe. Trotz Wirtschaftskrise hatte sich der Waffenumsatz um 8 % erhöht. Viele der Schußwaffenbesitzer haben zu ihren Waffen ein leidenschaftliches Verhältnis. Sie sagen: „Hast du eine Waffe, bist du ein richtiger Mann". Der Trend führt weg von kleinen Waffen, denn es ist einfach sich im Waffengeschäft eine schwere Waffe zu kaufen. Bereits 12- bis 18-Jährige sind oft gezwungenermaßen in „gangs" und an Morden beteiligt. Die Gangs bekämpfen sich gegenseitig oder auch Personen, die ihnen aus irgendeinem Grund nicht passen, sie vermeintlich benachteiligen oder beleidigt haben. Sie lauern der betreffenden Person einfach auf und erschießen sie aus dem Auto heraus, fühlen sich „great" – großartig und lachen hinterher darüber. Diese Jugendlichen finden es auch „great" immer eine Waffe dabei zu haben, um somit nach ihrer Meinung ein richtiger Mann und nicht schutzlos zu sein. Sie betrachten ihre Waffen nicht nur als männliche Dekoration, die Waffen sind ernsthaft zum Benutzen da. Werden sie von anderen „gangs" ohne Waffe erwischt sind sie Freiwild und müssen um ihr Leben fürchten.

Schon Zwölfjährige in den „gangs" nehmen Drogen, weil sie billig zu haben sind. Die in den amerikanischen Labors hergestellten Trips sind billiger als eine Kinokarte, besonders die Halluzinogene und neuerdings Amphetamine. Die reichlich infantilen Jugendlichen wissen nichts von Kids, die aus dem Fenster sprangen, weil sie dachten sie könnten fliegen. Bekannt ist die synthetische Droge Crystal, sie geht einher mit paranoiden Gewalttätigkeiten, was man Opiaten, Kokain und Hasch nicht nachsagt. Mitarbeitern des Gesundheitswesens macht es besondere Sorge wenn die Drogen vermischt werden und die Jugendlichen mit ihrem Horrortrip in die Notaufnahmestationen von Krankenhäusern eingeliefert werden. In Kalifornien werden jährlich 1,7 Millionen Trips konfisziert.

Berühmt ist das jährlich stattfindende Schützenfest in Nevada, ein Fest für die ganze Familie. Dort kann jeder in der Familie, der älter als 12 Jahre ist, das Schießen üben. Geschossen wird bevorzugt mit halbautomatischen Waffen. Die Kinder werden überschwenglich belobigt, wenn sie beim Schießen mithalten können, wie der Lumpi, wenn er das Stöckchen zurückbringt. Geschossen wird mit Waffen allen Kalibers. Vermutlich wegen des Adrenalinschubes selbst mit Kalaschnikows oder anderen Maschinengewehren aus dem zweiten Weltkrieg. Aber man kann auch die modernsten Waffen ausprobieren, bezahlt wird pro Patrone. Teilnehmer des Schützenfestes betonen: „Es macht dich hellwach". Die Sammler unter den Waffennarren sind der Meinung vollautomatische Waffen steigen im Preis, weil bestimmte Typen früher oder später nicht mehr gebaut und somit teurer werden oder gar der Verkauf verboten wird. Etliche Sammler horten die Waffen bis zu einem ganzen Arsenal. Der Privatbesitz von halbautomatischen Einzelwaffen im Wert von 20 000 Dollar ist keine Seltenheit. Die Waffennarren betonen stets ihr verbrieftes Recht auf Waffenbesitz und sind der Meinung, sie nehmen nur ihr gutes Recht war. Selbst unbedarfte Hausfrauen haben nicht selten eine Waffe, um im Fall des Falles auch damit zu schießen. Sie sagen „I enjoy it" – ich habe Spaß – eine Waffe zu haben und zu schießen. Konservative empfehlen den Frauen sich eine Waffe zuzulegen. Sie sind ohnehin der Meinung, daß Schußwaffen jedes Jahr mehr Leben retten, als sie kosten. Nach einem Massaker in einer Kirche durch einen geistig Verwirrten riefen Waffenlobbyisten in einer Talkshow an und argumentierten, wenn alle Gottesdienstbesucher Waffen getragen hätten, wären weniger Opfer zu beklagen gewesen.

Mehr Waffen, weniger Tote; dieses Märchen propagiert die Waffenlobby. Sie propagieren auch für Waffen in allen Schulen, für Lehrer wie Schüler, und das obwohl mehr Bürger unter 26 Jahren durch Waffen sterben als durch Autounfälle. Allein die Verfügbarkeit einer Waffe entscheidet darüber, ob es zu einer Tragödie kommt. Wenn jemand keine Kanone griffbereit hat, wenn er wütend ist, kann er auch keine benützen.

Auch Frauen wenn sich schützen möchten, sollten sie nach Meinung der Lobbyisten, im Besitz einer Waffe sein. Im Herz des Wilden Westens, in Texas, erhalten Mädchen ihr eigenes Gewehr wenn ihre Arme soweit gewachsen sind, daß sie den Abzugsbügel erreichen können. Es sind besonders leichte aber funktionsfähige Sonderanfertigungen, auf Wunsch in rosa Farbe lackiert.

Später dann wird das Mädchen zusätzlich eine Bibel von ihren Eltern erhalten, denn die klassischen Requisiten für ein konservatives amerikanisches Leben sind seit jeher die Bibel und ein Gewehr.

In Texas gingen die Uhren schon immer ein wenig anders. Texaner nehmen den Mund gerne voll, zeigen sich unbekümmert selbstbewußt und sind in der Regel völlig überzeugt von sich und ihrer großen Zukunft. Wie jedermann in den Vereinigten Staaten weiß, nehmen sich die Texaner und alles, was mit ihrem Staat zusammenhängt, besonders ernst. Sie sind sehr stolz auf ihren Staat. In ihren Augen gibt es nichts, was über Texas geht. Für sie ist Texas der Nabel Amerikas; hier ist Amerika noch amerikanischer als anderswo, das Nonplusultra von „God's own Country". Um ihre Waffengesetze und konservative Lebensform bestenfalls auf ewig vor der Einmischung Washingtons bewahren zu können träumen manche von der Gründung einer eigenen Republik, der Republik Texas. Texas war, bevor es sich dem Bunde der Staaten anschloß, eine Anzahl von Jahren eine unabhängige Republik gewesen. Die Unabhängigkeit ist für viele Bürger der USA, und nicht nur in Texas, ein hohes Gut. Je größer der Frust über die Regierung in Washington, wenn diese z.Bsp. für Waffenkontrolle eintreten will, desto größer die Sehnsucht nach eigenen selbstbestimmten Verhältnissen. Eine realistische Chance haben sie in Texas aber nicht, weil die Hürden zu hoch sind.

Texaner sind wie gesagt ein besonderes Volk. Damit man sie auch außerhalb ihres Staates unter dem übrigen grauen Durchschnittsvolk erkennt, tragen sie Filzhüte mit riesigen Krempen, bevorzugt in weiß und wenn das Geld reicht, aus weißem Kaninchenfilz. Diese Stetson-Hüte sind als „Zehn-Gallonen-Hüte" bekannt. Und da sich Texaner, zumindest im Geiste, am liebsten auf einem Westernpferd über die Prärie galoppieren sehen, gehören zum Outfit spitz zulaufende Cowboystiefel, am besten aus Schlangenleder mit schöner Verzierung und hohen Absätzen, damit der Fuß nicht vom Steigbügel abrutscht. Die Stiefel reichen bis zur halben Wade, sie sind beim Gehen ziemlich unbequem und erzeugen einen seltsam holprigen stelzigen Gang, der zum überbetont selbstbewußten breitbeinigen Redneck-Gehabe paßt. Ein prächtiger silberbeschlagener Hosengürtel mit riesiger protziger Silberschnalle perfektioniert den Eindruck, damit der „kulturelle Unterschied" jedem klar wird. Im übrigen sind sie ganz normale Menschen, fahren morgens um neun ins Büro und meist hängen sie ihren Stetson auf den Kleiderständer, dann lesen sie zuerst das Börsenblatt, um zu sehen wie es um ihre Aktien steht.

Schließlich ist es nur ein unschuldiges Vergnügen und nur ein klein wenig verrückt, große Hüte und hohe Hakken zu bevorzugen, um damit der ganzen Welt den Stolz auf den Heimatstaat Texas kundzutun. Seit dem 1.1.2016 dürfen sie dazu jetzt wieder ihre Waffen offen tragen wie in einem Wild-West-Film. Der Bundestaat Ohio, auch eine Hochburg der Republikaner, hat sich mit seinem „Open carry low" dieser Regelung angeschlossen. Jeder kann auch dort seine Waffe, ob Pistole oder Gewehr, offen tragen.

In vielen Staaten sind „Waffen", die versteckt werden können, verboten, dazu zählen dann Totschläger, Schlagringe oder sogar simple Steinschleudern. Wenig nachvollziehbar ist, warum es z.Bsp. in NY streng verboten ist ein Schnappmesser bei sich zu führen, dagegen ein Fleischermesser, egal wie groß, erlaubt ist. Wird jemand erwischt, der sich mit einem Schnappmesser wehrt, muß das Opfer mit 1000 $ Strafe rechnen. In der Bundeshauptstadt Washington ist es jedermann erlaubt eine Pistole zu kaufen, um sie nach Hause mitzunehmen. Wer aber eine Pistole bei sich tragen möchte benötigt eine Erlaubnis der Polizei und die wird nur ganz selten erteilt.

Als Außenstehender kommen einem die polizeilichen und juristischen Verhältnisse in den USA, nicht selten, völlig unbegreiflich vor, sie stecken voller Widersprüche und Fallstricke. Empfehlenswert ist es deshalb weder im Guten noch im Bösen mit der Polizei oder dem Gesetz in Berührung zu kommen oder gar in Konflikt zu geraten. Am Besten macht man einen großen Bogen um die Polizei. Wird man von der Polizei angesprochen ist man von Gesetzeswegen nur verpflichtet seinen Namen zu sagen, alles andere (Nachweis der Identität) liegt in der Entscheidung des Polizisten, verbale Zurückhaltung ist jeweils angebracht. Amerikanische Beamte sind nicht einfach Staatsdiener, je mehr sie sich mit ihren hoheitlichen Aufgaben identifizieren, desto größer wird ihr Stolz und ihre Arroganz das Gesetz verkörpern zu müssen. Das führt dazu, daß sie das Gesetz nicht einfach nur anwenden, sondern der Meinung sind sie müßten es je nach Lage auch ein bißchen anders anwenden. Das macht den Kontakt zu einem Beamten, nicht nur zu einem Polizeibeamten, zu einer Begegnung der besonderen Art, insbesondere in prekären Situationen.

Auf die Karriereleiter mit der Todesstrafe

Wen wundert es wenn ein zum Tode verurteilter Mörder, auf seinen eigenen Wunsch, wie im Wilden Westen erschossen wird. Geschehen in einem Staatsgefängnis in Utah. Der 49-Jährige wurde auf einem Stuhl festgebunden, dann eine Kapuze übergestreift und eine Zielscheibe auf der Brust befestigt. Die fünf anonymen Todesschützen waren ihre dunkle Seite auslebende Polizisten, die sich freiwillig gemeldet hatten. Selbstverständlich waren wie üblich die Verwandten beider Seiten, des Täters sowie des Opfers und Journalisten als Zuschauer dabei. Nur die Hintergrundmusik „Spiel mir das Lied vom Tod" fehlte. Es gab weltweite Proteste, auch mit Demonstrationen in der amerikanischen Bevölkerung, besonders gegen die Art der Hinrichtung.

Ein anderer spektakulärer Hinrichtungsfall und kein Einzelfall, in Virginia, erregte die Gemüter der Öffentlichkeit. Dort wurde eine 41-jährige, geistig zurückgebliebene Frau, trotz Protesten aus der ganzen Welt und einem eigens für sie gebildeten Unterstützungskomitee, mit der Giftspritze hingerichtet. Alle Versuche die Hinrichtung auszusetzen sind gescheitert, weder der republikanische Gouverneur in Virginia begnadigte sie, noch hat der oberste Gerichtshof die Hinrichtung ausgesetzt. Es ist nicht ganz auszuschließen, daß die an der Rechtsprechung Beteiligten glaubten, irgend etwas liefern zu müssen, um diese mitzugestalten.

Wenig Gnade für Straftaten ist politisch gewollt und jeder Ruf nach harten Strafen bringt den Konservativen Wählerstimmen. Die Anderen sehen in dieser Hinrichtung einen Justizskandal und ein weiteres Opfer in einer langen Liste von geistig Behinderten, für die eine Hinrichtung nicht die richtige Strafe ist. Die konservative Mehrheit der Amerikaner sieht kein Justizversagen und betrachtet das Vergeltungsbedürfnis der Gesellschaft als etwas Selbstverständliches und Angehörige rufen nach Rache. Die Sachlage war bei der Amerikanerin nicht nur wegen ihres, an der Grenze zur Debilität liegenden, Intelligenzquotienten prekär, sondern auch deshalb, weil sie persönlich niemanden umgebracht hat. Sie hatte zwei Auftragskiller angeheuert, um an die Lebensversicherung ihres Ehegatten zu kommen. Die beauftragten Killer erhielten nur lebenslängliche Haft. Mit einem der Killer soll sie eine enge Beziehung gehabt haben. Diese Hinrichtung wird auch als ein Beispiel der krassen Ungerechtigkeit des amerikanischen Justizsystems gesehen. In einer Reportage verteidigte Virginias Gouverneur seine Entscheidung mit der Begründung, in seinen Augen reicht für das Todesurteil der Frau allein die Beteiligung.

Aus der Vergangenheit ist die harte Haltung der Gouverneure hinlänglich bekannt. Oft lehnen sie aus Karrieregründen Begnadigung oder Änderung in lebenslange Haft ohne fundierte Argumente ab, so traf es noch viele andere Behinderten nach Jahrzehnten in der Haft.

Behinderte sind auch künftig Opfer der juristischen Schizophrenie, die in den USA den Umgang mit der Todesstrafe auszeichnet. Das US-Verfassungsgericht hat in einer Reihe von Urteilen der vergangenen Jahre den Spielraum für die Todesstrafe immer enger gezogen und hält die Hinrichtung von geistig Behinderten mittlerweile generell für verfassungswidrig. Man läßt jedoch den einzelnen Bundesstaaten großes Ermessen in der Beurteilung einer geistigen Behinderung. Das macht den Schutz der Verfassung gegen fragwürdige Exekutionen zu einem Muster ohne Wert. Besonders auffällig ist die generelle Ablehnungspraxis bei den konservativen republikanischen Gouverneuren, die bei jeder Gelegenheit ihren christlichen Glauben hervorheben und trotzdem ungeniert das fünfte Gebot: „Du sollst nicht töten!" mißachten. Für die Begnadigung fände sich eine passende Geschichte in der Genesis, gleich zu Anfang in der Familienbibel der Gouverneure, nämlich die von Kain und Abel. Der mißratene Kain hat laut Kapitel vier des Buches Genesis seinen Bruder Abel aus Neid erschlagen und gilt als das Paradebeispiel für einen notorischen Übeltäter. Ein Kainsmal will deshalb niemand tragen. Denn das stempelt einen ab als ewigen Versager oder unbelehrbaren Verbrecher. Die Bibel spricht eine andere Sprache Herr Gouverneur. Gott will den so bestraften Sünder Kain keinesfalls für immer brandmarken sondern ihn vor Blutrache schützen. „Der Herr machte ein Zeichen an Kain, daß niemand ihn erschlüge, der ihn fände" heißt es in Vers 15 etwas rätselhaft. Selbst Gott, Herr Gouverneur, gab dem Schwerstverbrecher noch eine Chance. Das sollte zu denken geben, wenn man auf langes Wegschließen oder die viele Jahre später ausgeführte Todesstrafe, besonders bei Jugendlichen, setzt. In einigen Bundesstaaten werden Kinder und Jugendliche wie Erwachsene verurteilt. Die Haftstrafen werden im amerikanischen Recht addiert, dies kann eine lebenslange Haft oder auch die Todesstrafe zur Folge haben. Die Demokraten vermeiden im Gegensatz zu den Republikanern i.d.R. eine präzise Stellungnahme zur Todesstrafe und halten sich bedeckt.

Für noch krasser hält man die Hinrichtung mit dem Galgen, sie wurde zuletzt 1996 an einem Mörder namens Bill Baily vollzogen. Neuerdings gibt es wieder Rufe nach einer Hinrichtung mit dem Galgen. Interessant ist, daß die Mehrzahl der zum Tode Verurteilten schwarzer Abstammung ist. 60 Prozent der Häftlinge sind in den USA Schwarze, obwohl sie lediglich ein Drittel der Bevölkerung ausmachen. In der weißen Bevölkerung ist bei dunkelhäutigen Tätern die Meinung meist eindeutig und knallhart: „NO-Discussion" – geschieht denen recht.

Es gab auch mehrere mißglückte Hinrichtungen, besonders im Bundesstaat Ohio, dort wurde die Todesstrafe erst 1999 wieder eingeführt. Ganz offenkundig fehlt es an geeignetem Personal und Wissen. In Ohio lag ein 53-jähriger Todeskandidat zwei Stunden angeschnallt in der Hinrichtungskammer, während die beiden Henkersgesellen, der Gefängniswärter und eine unfähige Krankenschwester, versuchten den Mädchenmörder zu exekutieren. Der Wärter und seine Helferin versuchten, entsprechend den später gezählten Einstichstellen, 18 mal die Todesspritze in die Venen zu stechen, zuerst am linken dann am rechten Arm. Als das Blut vom Arm des Todeskandidaten tropfte, setzten sie die Hinrichtung aus und legten ihm wegen seiner Schmerzensschreie warme Tücher auf die Arme. Etwas später versuchten sie es vergeblich an den Händen, schließlich setzten sie den Häftling auf, und stachen ihm in den Unterschenkel und den Fußknöchel, ebenso ohne Erfolg. Nach der erfolglosen Exekution gab der Todeskandidat seinem Anwalt das Prozedere zu Protokoll und berichtete von seinen Schmerzen. Der Anwalt plädierte für die Aussetzung der Strafe, weil die Tortour, der Anwalt nannte es Folter, weder von der Verfassung der Vereinigten Staaten noch vom Bundesstaat Ohio gedeckt war. Sein Einspruch war erfolglos.

Solche „Botched Executions" – verpfuschte Hinrichtungen sind in Ohio kein Einzelfall. In einem anderen Fall benötigten sie in demselben Gefängnis eineinhalb Stunden für eine Hinrichtung. Während der Hinrichtung schwoll der Arm des Todeskandidaten, der sein Ende herbeisehnte, an. Er soll fünf mal seinen Kopf gehoben und gerufen haben: „Es funktioniert nicht".

Einen extrem übergewichtigen Mörder mit fast 300 kg, haben sie in Ohio erst nach einer Prozedur von zwei Stunden hingerichtet.Bei diesen qualvollen Exekutionen mit der Giftspritze ging es um das Betäubungsmittel Midazolam, das trotz langem Todeskampf eingesetzt wird

Spektakulär war die Hinrichtung mit einem neuen Giftmix in Lucasville, Ohio. Die Reporter des Columbus Dispatch waren wegen der neuen Giftmischung anwesend und berichteten danach über den Todeskampf des Exekutierten, wie er minutenlang nach Luft schnappte, die Faust ballte und laut röchelte. Trotz Mahnung seitens des Anwaltes und eines Harvard-Professors, sein Mandant würde qualvoll ersticken wurde der neue Giftmix eingesetzt. Nach einem Zusatz zur amerikanischen Verfassung sind „grausame und ungewöhnliche Strafen" verboten, eine Rechtsvorschrift, die Ohio noch nie sonderlich beeindruckt hat. Der Anwalt reichte, unter Hinweis auf die Verfassung, Klage ein.

Der Grund für die Verwendung dieses Giftcocktails war schlicht; man hatte kein anderes Gift zur Hand, weil sich die EU bereits seit Jahren weigert, den USA Gift für Hinrichtungen zu liefern. Ermöglicht hat dies eine Anti-Folter-Richtlinie der EU. Der einzige amerikanische Hersteller, für das vergleichbare Gift, hat seine Produktion eingestellt und versuchte dieses ausgerechnet in Italien herstellen zu lassen. In Italien verweigerte man aber aus religiösen Gründen und unter Hinweis auf die EU-Richtlinie den Verkauf an die USA.

Auch aus Florida wird von einem Mörder berichtet dessen Todeskampf eine halbe Stunde gedauert habe. Die Gegner der Todesstrafe haben solche Fälle aufgegriffen, doch der Supreme Court hat die Giftspritze weiterhin grundsätzlich gebilligt.

Ein Gefängnispfarrer in Texas sagte, er sei gegen diese Praxis der Hinrichtung, die herkömmliche Praxis würde keinen Mord verhindern. Helfen würde es, die Leute mitten auf dem Marktplatz hinzurichten. Ein anderer war am Ende seiner Berufslaufbahn als Gefängnispfarrer überzeugt, die Todesstrafe würde nicht einen Mord verhindern. Außerdem war er von 50 zu unrecht Verurteilten überzeugt, etliche davon mit Hinrichtungen, die auf erpressten Geständnissen beruhten. Dieser bemängelte auch, das der seit der Antike geltende Grundsatz im Strafrecht häufig nicht beachtet wird, nämlich daß nicht der Angeklagte seine Unschuld, sondern das Gericht seine Schuld zu beweisen hat. Wenn es Zweifel an der Schuld des Angeklagten gibt, muß auch in den USA das Gericht ihn freisprechen, „In dubio pro reo" lautet dieser Grundsatz.

In Ohio erprobt man inzwischen neue Exekutionsmethoden, indem man eine Überdosis des Narkosemittels Propofol injiziert, statt wie bisher einen Mix aus drei verschieden Mitteln. Nach Ansicht von Medizinern sei dieses Verfahren zwar schmerzfrei, würde den Sterbeprozeß jedoch deutlich in die Länge ziehen. Zurückzuführen ist die Änderung auf die Aufsehen erregende Hinrichtung in Luccasville. Nunmehr werden auch Techniker befugt, sollte sich keine geeignete Vene finden lassen, die todbringende Dosis direkt ins Muskelgewebe zu spritzen. Drei Versuche werden den Henkern zugestanden. In Texas verwendet man Natrium Pentobarbital, ein entsprechendes Mittel wird auch bei Dignitas in der Schweiz den Selbstmördern verabreicht. Die Hinrichtung beim ersten menschlichen Versuchskaninchen in Texas hat erwartungsgemäß funktioniert und als ein Gerichtsmediziner den Tod offiziell feststellte, applaudierte die Familie des Opfers, die hatte die Exekution von einem Nebenraum aus beobachtet. Zur perfekten Hinrichtungsshow fehlten bei dieser Hinrichtung den Henkersgesellen nur die schwarzen Kapuzen.

Bemerkenswert an den Hinrichtungen ist die bereits seit 2003 bekannte Erkenntnis einer staatlichen Untersuchungskomission im Bundesstaat Kansas. Die Kommission stellte fest, daß ein Todesurteil im Vergleich zu einer lebenslangen Haftstrafe 70 % mehr kostet. Ähnliche Untersuchungen in anderen Bundesstaaten kamen zu demselben Ergebnis. In Kalifornien erstellte man eine Kosten-Nutzen-Analyse und kam zum Ergebnis, Kalifornien könnte Millionen Dollar im Jahr sparen, wenn das spezielle Hinrichtungsgefängnis mit Einzelzellen geschlossen würde. Die Gegner der Todesstrafe greifen dieses Argument mittlerweile massiv auf. Allein in Kalifornien sitzen rund 700 Häftlinge in abgesonderten Todeszellen und die durchschnittliche Wartezeit vom Urteil bis zur Hinrichtung beträgt 25 Jahre, bis alle Rechtswege ausgeschöpft sind. Das kostet wegen der Absonderung in Einzelhaft, der aufwendigen Bewachung, den Gerichts- und Verteidigerkosten, der Kost und Logis drei Millionen Dollar pro Todeskandidat. Das Privileg, hinter Gittern zu sitzen, wird in den USA immer mehr Menschen zuteil. Allein die Zahl derer, die eine lebenslange Haftstrafe verbüßen, hat sich von 1984 bis heute vervierfacht. In Kalifornien gab es Ende der siebziger Jahre gerade sechs Todeskandidaten. Mitte der neunziger Jahre waren es schon mehr als 400 allein im berüchtigten Gefängnis San Quentin. Alle kämpfen mit vollen Gefängnissen. In Los Angeles heißt es vermutlich bereits in absehbarer Zeit: „Im Kittchen ist kein Zimmer frei". Kleinkriminelle sollen dann auf freien Fuß gesetzt werden, denn für die Erweiterung der Gefängnisse fehlt das Geld. Gespart wird jetzt schon am Essen. In einigen Bundesstaaten werden den Gefangenen aus Kostengründen am Wochenende nicht mehr drei, sondern nur noch zwei Mahlzeiten serviert. In Kalifornien und einigen anderen Bundesstaaten wird mittlerweile mehr Geld für die Gefängnisse ausgegeben als für die Hochschulen.

Der neueste Trend ist, die Todeskandidaten mit demselben Giftstoff umzubringen, mit dem auch Tiere eingeschläfert werden. Genehmigt und ausgeführt wurde dieses Prozedere im Bundesstaat Oklahoma und zuvor in Arizona. Amerika zeigt der Welt ungeniert, wie ihre zum Tode verurteilten Bürger, auch nicht anders als unerwünschte oder kranke Tiere, in's Jenseits befördert werden. Proteste von Anwälten der Todeskandidaten, gegen den Einsatz von Tier-Betäubungsmitteln, blieben unbeachtet. Die Todesstrafe ist für viele, vor allem in den Südstaaten, gewissermaßen eine Heilige Kuh. Der bisher traurigste Höhepunkt war, als im Jahr 1999 in den USA binnen eines Jahres 98 Menschen hingerichtet wurden.

Die klammen Staatskassen und die verordnete Sparsamkeit führt bei einzelnen Strafgefängnissen zu kuriosen Auswüchsen und Methoden. In Arizona ließ ein 77-jähriger

Sheriff in seinem Gefängnis die Gefängnisinsassen, wenn sie Fernsehen wollten, den Strom selber produzieren. Bevorzugt die Frauen, weil sie für seine Idee empfänglicher seien. Die Gefangenen mußten in die Pedale treten. Für eine Stunde strampeln konnten sie eine Stunde lang Fernsehen, mogeln war nicht möglich. Sollten sie nicht mehr genug mit den anderen treten, ertönte ein Warnsignal. Die Sache mit dem Pedaltreten sollte zugleich die Fettleibigkeit der Insassen bekämpfen. Die Häftlinge sparten sich nach Meinung des Sheriffs damit die Gebühr für das Fitness-Studio. Als weitere Sparmaßnahme beschaffte er aus Restbeständen Armeezelte und ließ sie als Unterkunft für die Häftlinge aufbauen. Statt der veranschlagten 70 Millionen für ein neues Gefängnis kosteten die Zelte nur 100 000 Dollar. Seine Begründung: was für die hart kämpfende Truppe im Irak gut genug gewesen war, muß auch den Strafgefangenen genügen. Die 43 Grad Hitze in den Zelten in Arizona störten ihn nicht. Der Sheriff wurde wegen seiner schrägen Ideen von Menschenrechtsorganisationen mehrfach angezeigt, aber stets mit großer Mehrheit von den Bürgern wieder gewählt. Selbst eine erfolgreiche Klage gegen ihn änderte nichts. In der erfolgreichen Klage ging es um die totale Überwachung. Der Sheriff hatte Häftlinge ohne deren Zustimmung, selbst auf der Toilette, filmen lassen und die Videos im Internet veröffentlicht.

Je nach Parteizugehörigkeit oder religiöser Überzeugung ist Denunzieren oder sogar Diffamieren normal, es gibt auch im Alltag traditionell wenig Hemmungen. Eine Bürgerwehr, mit großer Lust am Denunzieren, die in den USA eifrig Pädophile jagt, zeigt ihre Ergebnisse im Internet. Dort werden Foto, Name, Anschrift, Telefonnummer und E-Mail-Adresse veröffentlicht. Unterstützt von der Bundespolizei (FBI) wird auf deren Webseite in ganz Amerika öffentlich Personensuche betrieben. Selbst die Gerichte kennen keine Hemmungen. Wenn sich ein pädophiler Ex-Häftling in einer Kommune niederläßt, werden in der Nachbarschaft über den Vitzliputzli schriftliche Warnhinweise verteilt. Einige mußten per Gerichtsbeschluß ein Schild in ihrem Vorgarten aufstellen: „Achtung! Hier wohnt ein Kinderschänder". Fast vorhersehbar hat es auch Fälle von Lynchjustiz gegeben, die dämonisierten und denunzierten Strafentlassenen wurden erschossen, in anderen Fällen das Haus angezündet.

Eigene Dienstauffassungen haben die Sheriffs auch in der Alltagstätigkeit. Ein 13-jähriger Junge wollte seiner kleinen Schwester beim Urinieren helfen. Er zog ihr den Schlüpfer herunter, wie er es als Hilfe seitens der Mutter gesehen hatte. Eine hämische und laute Nachbarin sah den mit reichlicher Fantasie ausgeschmückten Vorgang und denunzierte den Jungen beim Sheriff. Nach Auffassung der fauchenden Nachbarin wollte der Junge sich an seiner Schwester sexuell vergehen. Der Sheriff brachte den 13-Jährigen in Handschellen ins örtliche Gefängnis.

Wegen eines Kusses auf die Hand seiner Mitschülerin, die Kinder bezeichnen sich als Freund und Freundin, wurde ein sechs Jahre alter Junge im Bundesstaat Colorado für einen Tag vom Schulunterricht suspendiert. Der Junge hatte diese altmodische Geste höchstwahrscheinlich im Fernsehen gesehen. Nach Meinung der Schule war diese Geste eine sexuelle Belästigung, deshalb wurde in der Schulakte eine sexuelle Belästigung vermerkt und die Mutter darüber informiert.

Eine 10-Jährige hatte im Bundesstaat Arkansas keine Lust, auf Aufforderung ihrer Mutter sich vor dem Schlafen zu duschen, diese rief die Polizei. Als das Kind sich mit Händen und Füßen wehrte, sagte die hysterische Mutter zum Sheriff, er solle den Elektroschocker einsetzen, dies tat der hilfsbereite und diensteifrige Polizist. Der Vorfall wurde bekannt und der Bürgermeister verlangte eine Untersuchung durch das FBI. Letztlich wurden aber gegen den Polizeibeamten großzügig keine disziplinarischen Maßnahmen eingeleitet, mit der Begründung, der Elektroschocker sei eine sichere Methode um Menschen unter Kontrolle zu bringen, die für sich oder andere eine Gefahr darstellten.

In einem ganz ähnlichen Fall, in einer verschlafenen Kleinstadt in Georgia, wurde eine Achtjährige nach einem Wutanfall von der Polizei mit Kabelbinder gefesselt abgeführt. Das schwarze Mädchen hatte in der lokalen Schule einen Wutanfall bekommen und war im Büro der Direktorin ausgeflippt, diese rief die Polizei zu Hilfe. Das Kind tobte und schrie, riß im Rektorat den Kalender und Fotos von der Wand. Schließlich habe sie gegen eine Polizistin aktiven Widerstand geleistet und gekämpft, deshalb wurde sie vorschriftsmäßig gefesselt zur Wache transportiert. Dort holte sie dann schließlich ihre Tante ab. Als der Vorfall bekannt wurde sagte einer, sarkastisch gemeint: „Beim nächsten Mal sollten sie das Kind erschießen". Der Polizeichef verstand die Aufregung nicht. Seine Beamten hätten sich völlig korrekt verhalten und erklärte: „Wann immer wir jemanden zur Wache bringen, werden die Arme auf dem Rücken gefesselt. Bei uns gibt es keine Ausnahme aufgrund des Alters". Offensichtlich wird alles jederzeit „professionell" genau nach Vorschrift abgewickelt.

In einem anderen Fall wurde eine 14-Jährige, wie eine Schwerverbrecherin, zu drei Monaten Jugendstrafe in einem Arbeitscamp verurteilt, nur weil sie einen lockeren Spruch von sich gab. Sie sagte über den Hollywood-Star und früheren „Sexiest Man Alive" Johnny Depp, in der Schule und auch auf ihrer Myspace-Seite: „Meine Direktorin träumt von Johnny Depp in Unterwäsche". Die beteiligten Jugendrichter waren mit ähnlich skandalösen Verurteilungen bekannt. Es stellte sich heraus, daß die Jugendrichter bestechlich waren, sie hatten vom privaten Betreiber der Jugendstraflager seit Jahren Bestechungsgelder kassiert. Nach den Ermittlungen des FBI kassierte einer der beiden Jugendrichter für jugendliche Straftäter, die allein er ins Jugendcamp geschickt hatte, über 78 500 Dollar. Insgesamt sollen es 2500 Jugendliche gewesen sein. Durch Vergleich mit der Anzahl und Dauer von Verurteilungen in anderen Bezirken, ist man den Jugendrichtern auf die Schliche gekommen.

Bekannt sind 79 Kinder, die schon im Alter von 13 oder 14 Jahren ohne eine Chance auf Begnadigung zu der für Kinder und Jugendliche überharten Strafe „lebenslänglich" verurteilt wurden. Sie sitzen in den USA, vor allem in einigen der für ihr harsches Justizsystem bekannten Südstaaten ein. 2500 Häftlinge sind bekannt, die bis zu ihrem Tod weggesperrt wurden, bevor sie 18 waren. Erst nach jahrelangem Rechtsstreit hat das oberste Gericht, der Supreme Court, ein grundsätzliches Verbot der Todesstrafe für Minderjährige und geistig Behinderte ausgesprochen, so daß mittlerweile auch Delikte wie Mord durch Minderjährige maximal mit lebenslänglich geahndet werden. Einem engagierten schwarzen Anwalt ist dies zu verdanken. Allerdings ist es eine lebenslängliche Strafe ohne jegliches Recht auf Begnadigung. Besonders der Bundesstaat Georgia will sich das Recht zu töten nicht nehmen lassen, deshalb wird dort

der Begriff „Geistige Behinderung" so eng definiert, daß
der durch das oberste Gericht ausgesprochene Schutz wir-
kungslos wird. Die Beweislast wird umgedreht. Im Zweifel
wird gegen den Angeklagten entschieden.

Jedes Jahr veröffentlicht Amnesty International eine
Liste der Länder, in denen die Todesstrafe verhängt und
ausgeführt wird. Sie macht jedes Mal fassungslos. Unter
den fünf Ländern mit den meisten Hinrichtungen befinden
sich die USA. Sie gehören zu den wenigen Industrieländern, die noch an der Todesstrafe festhalten. In 32 der 50
US-Bundesstaaten sieht das Gesetz diese Strafe für schwere
Verbrechen vor. Seit der oberste Gerichtshof die Todesstrafe
wieder zuließ, wurden nach Angaben des Death Penalty Information Center (DPIC) fast 1400 Todesurteile vollstreckt.
Mehr als 140 Gefangene wurden seitdem aus der Todeszelle
entlassen, weil sich ihre Unschuld erwiesen hatte. Es gibt
keine Rechtfertigung für die Todesstrafe, jedenfalls nicht
auf der Basis heutiger christlicher Ethik. Und dennoch läßt
man in „Gottes eigenem Land" Menschen hinrichten. So
sehr auch die damit verbundenen Gefühle bei den Angehörigen der Opfer schlimmster Gewalt nachvollziehbar
sein können. Die Menschenwürde gilt immer und überall, selbst dann noch, wenn am Verhalten des Täters nichts
mehr davon ersichtlich ist. Oft wird zur Rechtfertigung
behauptet, daß von der Todesstrafe ein Abschreckungsef-
fekt ausgeht, dies wurde aber noch nie belegt.

Über Jahrzehnte wurden in den USA Kinder in das Justizsystem für Erwachsene gesteckt, etwas anderes gab es
nicht. Die Washington Post beschreibt, wie vor allem arme
afroamerikanische Kinder davon betroffen waren und Jugendliche noch sind und bemerkt, wie grausam es ist irgendeinem Kind zu sagen, daß das Einzige wofür es noch

taugt, der Tod im Gefängnis ist. Wer dreimal wegen des gleichen Deliktes erwischt wird, der riskiert sogar wegen Ladendiebstahl eine lebenslange Haftstrafe. Manche nehmen sich in der Haft oder auch danach das Leben. Bekannt wurde ein Jugendlicher, der mehr als drei Jahre in Untersuchungshaft saß. Ihm wurde lediglich der Raub eines Rucksacks zur Last gelegt. Schließlich wurde er entlassen, aber nur weil das angebliche Opfer, dessen Aussage das einzige Beweismittel war, inzwischen das Land verlassen hatte. Nach der mehr als drei Jahren rechtlosen Haft beendete der junge schwarze Amerikaner sein Leben, er fühlte sich als Versager. Was ihm geschah, ist unerträgliches Unrecht.

Es gibt unzählige Beispiele für den unmenschlichen Umgang der US-Justiz mit Strafgefangenen, besonders jene die Jahrzehnte in Einzelhaft sitzen. Einer der nach 43 Jahren seine Haftbedingungen schilderte unter denen er gelitten hatte, sagte: „Einzelhaft ist die qualvollste Erfahrung, die ein Mensch im Gefängnis machen kann". Die Vereinten Nationen haben schon vor Jahren erklärt, diese Art der Unterbringung sei mit Folterpraktiken zu vergleichen, nach deren Kenntnis sitzen gut 100 000 Menschen in den US-Gefängnissen in Einzelhaft.

Häftlinge haben kein Stimmrecht bei Wahlen. In manchen Bundesstaaten darf, wer einmal im Knast saß, und das sind Millionen, grundsätzlich nie mehr wählen. Erst neuerdings gibt es Ausnahmeregeln. Onkel Sam tickt eben anders.

No money for the school

Das eigentliche Problem in den staatlichen Schulen Amerikas sind nicht dumme Sprüche einzelner Schüler, sondern die dramatische finanzielle Lage der öffentlichen Schulen. Weil die Schulen kein Geld haben, gibt es im Bundesstaat Colorado an einem Drittel der Schulen nur vier Tage Unterricht; unterrichtet wird bis 15 Uhr, dann drei Tage verlängertes Wochenende. Diesen gekürzten Unterricht gibt es derzeit an 120 der rund 5000 Schulbezirke in den USA, die Tendenz ist jedoch steigend. In immer mehr Bundesstaaten wird geprüft, ob nicht fünf oder nur vier Schultage ausreichend sind. Nach Meinung des Bildungsministeriums sind die Schüler bei weniger Unterrichtstagen motivierter und schwänzen weniger die Schule.

Hunderte von Kilometern legen die Schulbusse in ländlichen Regionen zurück, denn es ist üblich daß die Schüler mit den gelben Schulbussen, praktisch vor der Haustüre, eingesammelt werden. Der Unterhalt des Schulbetriebes ist eine örtliche Angelegenheit und die Finanzierung hängt vom Steueraufkommen, besonders der Grund- und Immobiliensteuer, ab. Das bedeutet, Kinder in einer bevorzugt von Reichen bewohnten Gegend haben, durch die dortigen Steuermehreinnahmen, eine bessere Bildungschance.

Eine Schulbehörde in Minnesota bezeichnete das verlängerte Wochenende als eine Verzweiflungstat. Die Einwohner wurden gebeten freiwillig mehr Steuern zu bezahlen. In Chicago sammelten Eltern Spenden, um den Schulunterricht sicher zu stellen. Die Viertagewoche ist ein Symptom der ruinösen öffentlichen Finanzen. Bedingt durch die finanziellen Beschränkungen sind die Schulen auch in einem desolaten Zustand, hinzu kommen soziale Probleme. An manchen öffentlichen Schulen haben die Schüler nur begrenzte amerikanische Sprachkenntnisse und können dem Unterricht kaum folgen. Der bekannte Regisseur Steven Spielberg bezeichnet das öffentliche Schulsystem der USA als das schlechteste der Welt, und der amerikanische Lehrerverband spricht von einer amerikanischen Bildungskatastrophe. Die Statistik weist 27 Millionen Analphabeten aus und weitere 40 Millionen, die Schwierigkeiten mit dem Lesen haben. Eine Mutter beklagte sich: „Können sie sich vorstellen, daß ich mein Kind zur Schule bringe, und dort haben sie nicht einmal Bücher, damit es etwas lernt?“

Das Bildungssystem ist ungerecht und unzulänglich. Im Vergleich mit Schülern anderer Industrienationen schneiden die Amerikaner im Schnitt kläglich ab. Bei einer Umfrage standen sie einsam an der Spitze mit ihrer Meinung, eine Fremdsprache zu lernen sei nicht wichtig, obwohl es Millionen von Menschen in den USA gibt, die nur spanisch sprechen.

Als einer der Demokratischen Präsidenten sich an einer Bildungsreform versuchte, erforderte allein die Durchsetzung eines Lehrertests einen zähen Kampf. Die Mehrheit der Lehrer wehrte sich standhaft nur um die Prüfung zu umgehen. Die Durchsetzung von Lehrerprüfungen dauerte Jahre, den ersten Tests fielen 1300 Lehrer zum Opfer. Lehrerexamen waren eine Neuheit in Amerika. Es gab in der Folge noch viel mehr Entlassungen, diesmal jedoch aus

Ersparnisgründen. In der Folge wurde die Entlassung von 275 000 Lehrern erwartet. Besonders prekär ist es in Texas, die Konservativen lassen das öffentliche Schulsystem ausbluten.

Einige staatliche Schulen werden förmlich überrannt von den Kindern mexikanischer Einwanderer, dort gibt es überfüllte Klassenzimmer und überforderte Lehrer. Die High School (Klassen neun bis zwölf) in El Paso hat deshalb an die 3000 Schüler. Wenn die Eltern das nötige Kleingeld haben und auf eine qualifizierte Schulausbildung wert legen, schicken sie ihre Kinder auf eine teure Privatschule, die sich vorbehält die Aufnahme einzelner, meistens der Farbigen, abzulehnen. In angesehenen Schulen müssen die Kinder bereits bei der Bewerbung um einen Platz im sog. Kindergarten einen Aufnahmetest machen, dies ist ein IQ-Test mit dem gnadenlos aussortiert wird. In den bekannten und guten High Schools wird noch mehr aussortiert, so werden an einer der edelsten High Schools von 17 000 Schulbewerbern über einen schriftlichen Test, dem einzigen Zulassungskriterium, gerade mal 600 aufgenommenen. In diesen Schulen hören sie etwas über die Welt außerhalb von Amerika, detailliertes über Deutschland, nicht nur über den Holocaust und die Nazis, wie in der traditionellen Schulausbildung, aber auch wie wichtig es ist andere auszustechen. Ein Erziehungsberater, auf die Konkurrenzförderung angesprochen, meinte, die Schüler würden sich nur unter Konkurrenzdenken entfalten. Den Einwand diese Art der Förderung würde die Beziehung untereinander vergiften und das Selbstwertgefühl beschädigen, ließ er nicht gelten.

Im traditionellen Schulunterricht an öffentlichen Schulen lernen sie, im wesentlichen, angeblich alles über ihren Kontinent und die 50 US-Bundesstaaten sowie deren Hauptstädte auswendig. Internationale Geschichte gehört in einzelnen Bundesstaaten überhaupt nicht zu den Lehrplänen. Bei einer Umfrage an diversen High Schools in Nordkalifornien, ob Mexiko, Indien, Ägypten oder Israel ein arabischer Staat ist, konnten 50 % die Frage nicht beantworten. Die dramatische Geringschätzung von Geschichtsunterricht führt dazu, daß später selbst Präsidenten und honorige Politiker einzelne Staaten namentlich verwechseln, oder überhaupt nicht wissen wo sich der Staat befindet. Peinlich ist es ihnen aber nicht. Als der Ministerpräsident aus Neuseeland vom US-Präsidenten ins Oval Office des Weißen Hauses eingeladen wurde, trübte die anschließende Pressekonferenz die Freude über diese Ehre schnell. Der Präsident sprach ihn kontinuierlich mit einem falsch betonten Nachnamen an. Getoppt wurde dies noch in der „Late Show" im US-Fernsehen, als der Moderator den Ministerpräsidenten vor laufender Kamera fragte, ob sich Neuseeland in der Nähe von Australien befinde, und ob dort auch Post ausgetragen würde. Zu Hause in Neuseeland, wo sich dieser Ministerpräsident hoher Beliebtheit erfreut, wurden diese Fragen als grobe Beleidigung empfunden.

Neben dem Schulunterricht werden, an den meisten guten Schulen, die Eltern mit diversen sozialen Aktivitäten in die Schule eingebunden. Wer Interesse hat, kann am Willkommenspicknick für neue Familien oder am regelmäßigen Bowlingabend teilnehmen. Schulleiter suchen die Nähe interessierter Eltern, indem sie einmal im Monat zum Kaffee einladen.

Den Kindern wird in der Schule ein Zusammengehörigkeitsgefühl vermittelt. Jeden Morgen gibt es den patriotischen Treueschwur auf die amerikanische Fahne, dies ist auch für Kinder von Muslimen Pflicht. So würde weiterer islamischer Terror verhindert und die in den USA lebenden Muslime hätten ein deutliches Zugehörigkeitsgefühl. Darüber hinaus trägt man an den meisten Schulen, selbst an den staatlichen, eine Schuluniform.

Leider gibt es Eltern, die ihre Kinder in die Leistungsfalle tappen lassen. Wo es um den Erfolg um jeden Preis geht, verabreichen sie ihren Kindern die passenden Substanzen. Nach der US-Lebensmittel- und Medikamentenbehörde (FDA) sollen 2,5 Millionen Kinder regelmäßig Medikamente bekommen, um „geistig wach" oder „motorisch ruhiger" zu sein. Bis zu 800 000 Rezepte werden jährlich allein für die „happy pill" Prozac und vergleichbare Pillen für Schulkinder ausgestellt. Stimmungsschwankungen gelten als Störfaktor, der mit Pillen zu bekämpfen ist, die wenigsten sehen darin ein Problem. Das bekannte Time-Magazin meinte, was wäre denn, wenn alle unsere Kinder dank der Pillen ein bißchen glücklicher wären? Hätten wir ein Problem damit? Die FDA warnte vor der unbekümmerten Einnahme, da solche Medikamente zu plötzlichem und unerklärlichem Herztod führen können. Dieses Spiegelbild einer nach Idealen süchtigen Gesellschaft findet seine spätere Fortsetzung, ob es nun Doping beim Sport oder auch nur Appetitzügler sind. Uns Europäern fällt es schwer sich das Ausmaß des geradezu kindlichen Glaubens an Ideale und vor allem auch die mögliche Verwirklichung dieser Ideale vorzustellen. Amerikanische Studenten nehmen während ihres Studiums Medikamente bei Schlafstörungen oder depressiven Phasen, bei Leistungsdruck und Stress. Zehn Prozent der an die Studenten verschriebenen Medikamente seien Psychopharmaka, nur halb so viel würden an Angestellte gleichen Alters verschrieben. Hier ist der Schritt nicht weit, im späteren Berufsleben seine „Performance" gezielt mit Medikamenten zu verbessern.

Wenig bekannt: Im weltweiten Vergleich gibt es in den USA die längsten Sommerschulferien, nämlich drei Monate. Die Schulferien gehen im Sommer vom Memorial Day, das ist der letzte Montag im Mai, bis zum Labor Day, dem ersten Montag im September. Was für eine Verschwendung von Schulzeit! Noch eklatanter ist der nachweisbare Verlust von Erlerntem durch die dreimonatige Schulunterbrechung. Es wurde festgestellt, daß besonders die Kinder aus den ärmeren Bevölkerungsschichten einen großen „Summer learning loss" – Wissensrückfall erleiden. Der Verlust steigert sich nach Forschungen zum Ende der High School bis zu zwei Drittel zwischen der ärmeren und der betuchten Bevölkerung. Der Ursprung dieser überlangen Ferien ist in der Landwirtschaft zu suchen. Die Kinder wurden einst als Erntehelfer benötigt. Diese Zeiten sind auch in Amerika, bis auf wenige Ausnahmen in den Südstaaten, längst vorbei, trotzdem leistet man sich diese Verschwendung von Gelerntem. Im Vergleich mit anderen Staaten außerhalb Amerikas sollen es genügend Schulstunden sein. Weil aber die Lernverluste in den Ferien so schwerwiegend sind, hatten die Demokraten mit dem Erziehungsministerium eine aus Bundesmitteln bezahlte Initiative einen „National Summer Learning Day", ausgerufen. Sie bezogen sich dabei auf eine bereits vor Jahren erstellte Studie „A Nation At Risk". Sie attestierte den USA, mit einer immer weniger gebildeten Bevölkerung, als Staat und Weltmacht in die Zweitklassigkeit zu fallen. Sie hatten erkannt, wie schädlich die Verschwendung des Kapitals Begabung auf lange Sicht ist.

An den High Schools fallen die europäischen Austauschschüler auf, weil sie gebildet, gut erzogen und ihren amerikanischen Mitschülern deutlich voraus sind. In der Regel
sprechen sie zwei Fremdsprachen, manche sogar mehrere.
Die Kenntnis von Fremdsprachen öffnet bekanntlich die
Tür zur Kultur und Verständnis des Anderen. Probleme
haben die Austauschschüler nur, wenn sie am Ende der
High School ein Essay darüber schreiben müssen, was sie
einmalig (!) macht; für die jungen Amerikaner scheint dies
kein Problem zu sein.

Die Lobby, die auf dreimonatigen Ferien besteht, ist groß.
In Virginia ist es zudem gesetzlich verboten, Kinder bereits
im August zu beschulen. Der Grund dürfte neben der Finanzmisere an den Schulen, die Geschäftemacherei in der
Ferienzeit sein. Hotels, Vergnügungsparks und Fluggesellschaften verstehen sich in den besagten Ferienmonaten als
gute Geschäftemacher.

Viele aus den ärmeren Bevölkerungsschichten, rund 30
Millionen Schulkinder, sind so arm daß sie Lebensmittel-
marken für ihr Schulessen oder wenigstens Rabatt erhalten.
Diese Kinder sind froh wenn die Schule wieder beginnt,
weil sie in der Schule regelmäßig eine warme Mahlzeit
erhalten. Die Eltern gehen wenig einfühlsam mit der Gedankenwelt dieser Kinder um. Ohne Anregung, Aufsicht
oder Geld, müssen sie die Ferienzeit Zuhause totschlagen
und verbringen nach Landessitte üblicherweise, wie die
Erwachsenen auch, den ganzen Tag im Haus, allein oder
mit einem Angehörigen, ein in's Spießig gehende, zwangs-
haft an das Haus gebunden sein, während die Eltern zur
Arbeit gehen. Die Eltern haben oft nur zehn Tage Urlaub.
Es gibt für die Kinder in einem fast endlosen und ster-

benslangweiligen Sommer, nur das Fernsehprogramm. In vielen Familien läuft der Fernseher den ganzen Tag. Nach Angaben eines Medienforschers werden Kinder bis zu 80 Stunden pro Woche passiv vom Fernsehen berieselt. Andere werden internetsüchtig und verbringen, anstatt mit direktem menschlichen Kontakt, Stunden online vor ihrem PC. Die Computerspiele und Filme mit Schießereien, Mord und Totschlag bleiben nicht ohne Folgen für die Psyche der Kinder. Werden sie vom PC abgehalten, und damit vom virtuellen Schlagen, Schießen und Töten, zeigen sie Entzugserscheinungen und sind gereizt. Es wundert nicht wenn später einige mit Amokläufen und Schießereien in Schulen auffallen. Die dazu notwendige Waffe gibt es nahezu in jedem Haushalt. Scheinbar können viele Täter nicht mehr zwischen Realität und Fantasie unterscheiden. Nicht jedem fällt es leicht, andere Menschen umzubringen. Die Täter müssen sich daher zuerst in ihre Fantasievorstellung hineinsteigern, um die natürliche Hemmung überwinden zu können.

Woche für Woche gibt es irgendwo Schießereien, die nicht selten das Leben von unschuldigen Menschen fordern. Von Einzelfällen zu sprechen wäre total abwegig. Die Zunahme von Amokläufen in Amerika hängt auch vor allem mit der ständigen Präsenz in den Medien zusammen. Nicht auszuschließen ist, daß es andere inspiriert es ihnen nachzumachen.

In Miami hat ein 15-jähriger, der bei einem Einbruch überrascht wurde, eine alte Frau ermordet. Der Verteidiger des Jungen wollte Milderung der Strafe damit erreichen, indem er ihn als fernsehsüchtig hinstellte, der zu viele Morde angesehen habe. Das Gericht verwarf die Darstellung des Verteidigers, die Richter sahen kein Problem im landesüblich hohen Fernsehkonsum. Die Fernsehsender dürften erleichtert gewesen sein, denn sie hätten zu einem enormen Schadensausgleich verklagt werden können.

Um US-Soldaten die Hemmschwelle vor dem Töten zu nehmen, werden im Training von der US-Armee am Computer vergleichbare Ballerspiele wie in den Kinderzimmern genutzt. Die Soldaten haben dann in der Realität keine Hemmungen mehr, weil für sie später alles wie virtuell abläuft.

In besonders christlichen Familien werden die Kinder bis zu acht Wochen in Bibelcamps geschickt, weit weg von zu Hause, ganz selten haben sie Kontakt zu ihren Eltern. Dort wird auf sie eingeredet wegen ihrer Sünden bis sie wegen der Gehirnwäsche einen Nervenzusammenbruch erleiden. Es wird ihnen gesagt, die Strafe für die Sünde ist der Tod, sie kämen in die Hölle und würden dort für ewig leiden. Wer in die Hölle kommt ist selbst schuld. Es ist die Sünde, die dort abzubüßen ist. Nur wenn ihr jeden Tag betet wird euer Geist stark, sonst wird er schwächer werden. Die Betreuer und Prediger reden eine Stunde und mehr auf die Kinder ein bis sie zusammenbrechen. Herr Jesus müssen sie erflehen, dein Blut komme über unsere Sünden. Es wird ihnen gesagt, die richtigen Kirchen sind nicht die, in denen die Leute stillsitzen, beten und die Predigt hören, sondern die, in der die Leute aufspringen und Gott mit Inbrunst preisen. Die Betreuer und zugleich Prediger sagen den Kindern: „Wir brechen die Macht des Teufels in dieser Nation“. Nach ihrer Auffassung sind Gläubige im Zustand einer besonderen göttlichen Gnade.

Ein Prediger der evangelikalen Kirche predigte z.Bsp.: Amerika sollte Gottes Land sein, nur jetzt folgen viele Menschen nicht mehr Gott. Laßt uns Amerika wieder zu einer Nation unter Gott machen. Gott kann alles tun, er kann die Welt reparieren, laßt ihn die Welt reparieren. Wir haben den Schlüssel und können die Welt ändern im Namen Jesus. Dann: „Wir lieben Dich Jesus" und, mit hektischer Stimme, Blick zum Himmel, mit erhobenen Armen und gespreizten Händen, „spüren Deine Macht".

Ein Prediger der evangelikalen Kirche sagte: „Die Kinder lieben die evangelikale Botschaft und sie sind so offen dafür. Was Kinder lernen wird für ihr Leben bleiben". Und mit rauer Direktheit, er könne auf einen Spielplatz gehen und sie in kürzester Zeit zum richtigen Glauben führen. „Wir haben die Wahrheit als Christen".

Das Christentum ist nach der Auffassung dieses Predigers die bedeutendste Religion der Welt. Die Evangelikalen glauben, daß sie die Wiedergeburt erleben mit Jesus als ihrem Retter. Sie glauben, daß es nur zwei Sorten Menschen gibt, solche die Jesus lieben und solche, die Jesus nicht lieben. Kinder im Camp sagen aus, sie haben das Gefühl, wenn sie einen Nichtchristen treffen ekelt es sie.

75 % der Kinder aller streng Evangelikalen gehen nicht zur Schule und werden zu Hause selbst unterrichtet. Der Expräsident G.W. Bush in Texas bekennt sich, wie bereits beschrieben, nach einem an den Apostel Paulus erinnerndes Erweckungserlebnis zur evangelikalen Kirche. Ständig entstehen in Amerika neue Erweckungskirchen evangelikalen Zuschnitts wie diese und werden auch wieder geschlossen.

Mahlzeit!

Jeder siebte Amerikaner, das sind rund 45 Millionen, lebt in Armut und hat kein Geld um seine Familie ausreichend ernähren zu können. Existenzen werden zerstört. Arbeitslose versinken in Not und Elend. Eltern müssen ihre Kinder vom College nehmen. Manche beginnen zu trinken, andere lassen sich scheiden. Im reichsten Land der Welt wird die Kluft zwischen arm und reich immer größer. Der großen Schicht Armer und Verarmter steht eine kleine Elite Superreicher gegenüber. Die Mittelklasse im europäischen Sinne ist schmal und bröckelt immer mehr. Sie leidet unter der wirtschaftlichen Stagnation, deshalb wechseln etliche wie Herdentiere die Partei und glauben deren Versprechen an eine blühende Zukunft. Doch der sprichwörtliche amerikanische Optimismus...Yes we can, schmilzt dahin, der bislang schier unerschütterliche Glaube daran, daß Amerika alles was es anpackt auch schaffen kann. Fast jeder Zweite meint, die besten Jahre seines Landes sind vorbei und Amerika habe sich in ein Land der begrenzten Möglichkeiten verwandelt. Der satte Optimismus von vor 20 Jahren ist verflogen, das Land verliert seinen Glanz. Junge Menschen, die aus aller Welt von Indien bis China ins vermeintliche Traumland an die Universitäten zum Studieren kommen, verlassen die USA nach Abschluß ihres Studiums wieder, weil sie keinen Arbeitsplatz entsprechend ihrer Qualifikation finden, dagegen zuhause mit offenen Armen aufgenommen werden.

Vielen in den USA fehlt nicht nur das Geld für ausreichende Ernährung, auch ihr merkwürdiges Verhältnis zur Nahrungsaufnahme ist auffallend, verrät doch die Eßkultur fast alles über eine Gesellschaft. Fast Food als Lebenseinstellung, man ernährt sich gerne von Fertignahrung. Eßkultur ist häufig Fehlanzeige, eher futtern und fressen statt essen ist der Alltag. Es wird bestenfalls eine Gabel benötigt, wenn nicht in kannibalistischer Weise mit den Fingern gegessen und in sich hineingestopft wird. Ohnehin muß das Essen möglichst kleingeschnitten sein, damit es aufgegabelt werden kann. Die wenigsten Kinder essen mit Messer und Gabel, dies ist ihnen zu umständlich. Es gibt auch Erwachsene, die freimütig und ohne Scham behaupten, sie könnten nicht mit Messer und Gabel essen. Nach der Benimmregel müßte man zuerst den Bissen mit Messer und Gabel abschneiden, und dann die Gabel von der linken in die rechte Hand nehmen, um schließlich den Bissen zum Mund zu führen. Deshalb gabeln viele lieber das vorab Kleingeschnittene nur auf, die freie Hand unter dem Tisch, damit wie in alten Zeiten, der Revolver schnell gezückt werden kann. Sehen sie einem Europäer beim Essen zu, fragen sie ob er Linkshänder sei. Diese Eigenheit und allgemeine Gewohnheit wurde einigen US-Soldaten während des Zweiten Weltkrieges zum Verhängnis. Wenn in den von der deutschen Wehrmacht besetzten Gebieten, Besatzungsmitglieder von abgeschossenen amerikanischen Flugzeugen auftauchten, gab ihnen die Bevölkerung Zivilkleidung. Spätestens wenn sie Messer und Gabel nach amerikanischer Manier benutzten, war jedoch klar, daß es sich um keine Europäer handelte und die Nazis nahmen sie fest.

In den USA ißt man häufig vor der Glotze, dies wird als TV-Dinner bezeichnet, meist Fast Food, Fernseh-Fertiggerichte in vorgeformten Plastik-Tabletts, welche man sich liefern läßt, bevorzugt wenn eine bestimmte Familiensoap im Fernsehen läuft. Jeder Zweite findet diese Fertiggerichte ganz und gar nicht lecker und trotzdem werden sie geordert. Dreiviertel aller Kinder sitzen aber tagtäglich mit dem Teller vor dem Fernsehgerät, der läuft in einem durchschnittlichen amerikanischen Haushalt mehr oder weniger den ganzen Tag. Die Kinder essen vor dem Fernseher jeden Mist, völlig überzuckertes Süßzeug oder bei den herzhaften Sachen total überwürzt und versalzen. Vielfach wird nicht einmal gemeinsam vor dem Fernseher gegessen. Häufig sitzen die Kinder in ihrem eigenen Zimmer und sehen dort ihr eigenes Fernsehprogramm. Dabei sind kollektive Mahlzeiten eigentlich für jeden und das Zusammenleben wichtig. Gerade in sozial schwachen und bildungsfernen Familien wachsen viele einsame Esser heran. Nicht die Familie ist der Ort für ein gemeinsames Essen, sondern der Fernseher. Vor dem Fernseher zu essen ist geradezu ein Bedürfnis vieler. Es wurden Bilder im Fernsehen gezeigt, wie selbst der amerikanische Präsident und seine Frau im Weißen Haus ihr Essen von einem klappbaren Beistelltisch, vor dem Fernseher einnahmen. Möglicherweise wollten sie der Nation damit sagen: „Seht her wir sind ganz normale Amerikaner, so wie ihr". Sicherlich wandert bei den meisten Präsidenten im Weißen Haus der Teller häufiger vom Tisch auf die Knie.

Fast jede amerikanische Ehefrau kann erzählen, auch sie habe es sich schon leicht gemacht, es hätte Abende gegeben, wo jeder müde und hungrig war und sie im Vorbeifahren Fast Food ins Auto geholt hätte, weil es schnell und billig war.

Im Land der Burger verspeist man Riesensandwiches, so groß, daß man sie nicht in den Mund bekommt und sie deshalb, um sie überhaupt essen zu können, mit beiden Händen zusammendrücken muß oder Hot Dogs mit den unterschiedlichsten Beilagen. Doughnuts in allen Varianten sind sehr beliebt, am liebsten mit einer dicken Zuckerglasur, und natürlich vor allem Hamburger und Pommes, wer es sich leisten kann, riesig und vor Fett triefend.

In den Südstaaten sieht man Herren mit einem weißen Stetson im Restaurant sitzen, der nur zum Beten abgenommen wird. Dort gibt es Steaks mit dem Gewicht von zwei Kilo und dem Angebot, wer dieses Steak vollständig in weniger als einer Stunde verschlingen kann, muß nichts dafür bezahlen. Es wurde mir erklärt: furchtlose Cowboys tragen einen weißen Stetson, Gangster dagegen einen schwarzen Hut.

Zur späten Stunde gibt es zu Hause, wie bereits erwähnt, Junk Food aus der Tüte. Es kann auch vorkommen, daß aus dem „freezer" die Eiscreme geholt, und nebenbei beim Fernsehen mit dem Eßlöffel aus der Kilopackung heraus gelöffelt wird. In vielen Familien gibt es unter der Woche zu Mittag ein Sandwich belegt mit Speiseresten und abends selten etwas vernünftiges Selbstgekochtes, häufig ein Fertigmenü. Wobei der Begriff „Menü" für diese Art von Nahrungsaufnahme sehr irreführend ist. Viel mehr als eine vorgeschnittene Pizza mit Cola oder ein fertiges Pastagericht mit Getränk darf bei den Heißhungerattakken nicht erwartet werden, inklusive üppiger Soßen unbekannter Zusammensetzung und gigantischen Mengen von geschmolzenem Käse, es darf auch gerne billiger Analogkäse – Kunstkäse sein. Was vom gelieferten Fertigmenü nicht schmeckt oder übrig bleibt, landet ohne zu zögern im Mülleimer. Wegwerfen hat nicht nur mit ökologischer Gleichgültigkeit zu tun, es ist gewissermaßen mit höheren Weihen versehen, es zählt zum amerikanischen Lebensstandart, man kann es sich leisten.

Nach einer Studie vom US-Institut für Diabetes in Maryland, veröffentlicht im Online-Magazin „Plus One", wandern 40 % der Lebensmittel in den USA in den Müll. Umgerechnet auf die Bevölkerung ist dies eine tägliche Abfallmenge von 1400 Kilokalorien pro Person. Das sind drei Viertel des Tagesbedarfs einer erwachsenen Frau. Die Forscher untersuchten die Umweltauswirkungen, und sie stellten fest, daß dafür ein Viertel des Trinkwassers verbraucht wird. Die Landwirtschaft ist allein für rund 70 % des gesamten Wasserverbrauchs verantwortlich. Zur Herstellung der weggeworfenen Nahrung ist eine Energiemenge nötig, die etwa vier Prozent des gesamtem US-Ölverbrauches entspricht.

Auf einem Kreuzfahrtschiff, mit vorwiegend amerikanischen Passagieren, kann dies anschaulich und hautnah miterlebt werden. Frühstück ist von acht bis zehn. (Danach gibt es an der Bar kleine kulinarische Nettigkeiten, eigentlich für Langschläfer gedacht, die man aber ebenfalls nicht verpassen sollte). Frühstück mit Rührei und Speck, Pancakes, Würstchen und Bratkartoffeln, Croissants und Brötchen türmen sich auf dem Teller dieser Herrschaften. Über den Rand hängen mehrere Scheiben Schinken und Käse. Es bleibt nicht bei einem Gang zum Buffet. Auf dem Tisch stehen bereits Cornflakes und Obstsalat. Die noch halbvollen Teller läßt man anschließend abräumen, während im letzten aufgehäuften Teller nur noch ein wenig herumgestochert wird, um ihn schließlich stehen zu lassen. Dasselbe maßlose und sinnlose Verhalten sieht man zur

Mittags- und Abendzeit. Pünktlich um 12 Uhr ist Mittagessen, einige sind erst gar nicht vom Tisch aufgestanden, sie blieben dort sitzen und spielten Karten. Obwohl das Buffet, das mit wirklich leckeren Sachen bis 15 Uhr vor sich hin dampft, ständig nachgefüllt und alles in Unmengen angeboten wird, häufen sie sich Teller um Teller bis zum Überlaufen voll und lassen die Hälfte davon stehen.

In den Stunden danach kann man sich noch ein paar Häppchen Pizza oder ein Sandwich abgreifen für den kleinen Hunger zwischendurch. An der Poolbar gibt es den ganzen Tag Hamburger und Salat. Das geht hier alles nahtlos ineinander über, manche gönnen sich keine Pause. Die einzige Zeit in der es nichts, aber auch gar nichts zu essen gibt, ist von 18 bis 18.30 Uhr. In dieser halben Stunde kann man aber nur rein theoretisch etwas unternehmen, denn man muß sich ja aufs Abendessen vorbereiten, das ist von 18.30 bis 21.30 Uhr, dem sich ohne weitere Unterbrechung eine Abendshow im Theater anschließt. Der Absacker findet dann an der Bar oder in der Lounge in gemütlichen Sesseln statt; dort wo man sich den restlichen Abend mit ein paar Cocktails schöntrinken kann.

Wen wundert es wenn die Amerikaner zu dick sind, wenn sie das Essen nur als einen Zeitvertreib sehen, den man hinter sich bringt. In der kurzen Zeit zwischen den Mahlzeiten kann man unmöglich all die Kalorien wieder loswerden, die man sich hier anfuttert. Keiner sagt ihnen was passiert, wenn man den ganzen Tag frißt und abends das Kotzen vergißt. Viele der amerikanischen Typen mit dünnem T-Shirt auf dickem Bauch, kurzen weißen Hosen mit weißen Tennisschuhen und stramm über den Knöchel gezogenen weißen Sportsocken, sehen aus als hätten sie schon Jahre vor irgendwelchen Zapfhähnen zugebracht. Si-

244

cherlich hat nicht nur das Essen, sondern auch jede Menge
Bier diese wunderschönen Körper geformt. Sie laufen wenn
sie ausnahmsweise mal nicht beim Essen sind, den ganzen
Tag mit einer Henkelbox, bestückt mit Kühleis und Sixpacks Bier, auf dem Deck herum.

Zur Abwechslung wird auf jedem amerikanischen Schiff
das Geldspiel am Automaten angeboten. Es gibt kein einziges amerikanisches Schiff ohne diverse Spielautomaten. –
Las Vegas läßt grüßen! Ausflüge buchen die meisten nicht,
wenn sie extra kosten. Landgänge machen sie schon, bis
zur nächsten Hafenmole oder dem nächsten Poller auf den
man sich setzen kann, um im Hafen dem Treiben, der das
Schiff umgibt, zu zusehen.

Nach Angaben des New Yorker Rathauses sterben allein in
NY jedes Jahr rund 5000 an den Folgen von Fettleibigkeit.
Die Fettsucht ist in Amerika so gegenwärtig wie der Elch
in Schweden oder der Ouzo in Griechenland. Internationale Studien haben gezeigt, daß Kinder aus Haushalten, in
denen gemeinsam am Familientisch gegessen wird, bessere
Schulnoten haben, über einen größeren Wortschatz verfügen, seltener depressiv, betrunken oder übergewichtig sind
und es zwischen Fettleibigkeit, Armut und Bildungsmangel
einen großen Zusammenhang gibt.
Ist man etabliert gehört es zum guten Ansehen, essen zu
gehen. Mindestens einmal in der Woche Essen gehen, am
besten mit der ganzen Familie am Sonntag ins Restaurant,
auch wenn man es sich eigentlich nicht leisten kann. Die
Oma und die Mutti ißt dann halt wenig und läßt sich das
Essen ins „Doggy-Bag“ – für den Hund, zum Mitnehmen,
einpacken, damit es auch noch zum Abendessen reicht.
Hauptsache man hat den Nachbarn gezeigt, daß man es

sich leisten kann, ins Restaurant zu fahren und weil so viel zurückgebracht wurde, reichlich für sich und die Kinder bestellen konnte. Neuerdings verlangt man im Restaurant schlicht eine „Box", schließlich wird im Restaurant nicht für den Hund gekocht und kein Hundefutter produziert. Geht man unter der Woche oder über den Mittag zum Essen, gibt es gerne den Triple Hamburger mit extra Käse und Speck, dazu frittierte fette Zwiebelringe mit Cola im XXL-Becher und zum Nachtisch darf wegen des Serotoninspiegels ein großer Schokomuffin nicht fehlen. Zum Abschluß gibt es Kaffee bottomless – so viel man will, vom dünnen Kaffee aber mit sehr viel Zucker. Dieser Kaffee bleibt jedem Europäer in Erinnerung, so mies ist er. Der Kaffee ist so dünn, daß ihn schwer Herzkranke problem- und bedenkenlos literweise trinken können bis ihr Bedürfnis nach Flüssigkeitszufuhr befriedigt ist. Abgesehen vom vielen Zucker wird er bestimmt keinem Menschen schaden. Das Beste ist, er steht immer bereit, es gibt ihn überall. In allen Restaurants, überall wo es Fast-Food gibt, in allen Cafés, überall stehen die gleichen Glaskugeln auf den Warmhalteplatten und warten nur darauf leer getrunken zu werden. Meist sind es zwei Glaskugeln, eine davon mit ebenso dünnem koffeinfreien Kaffee, als könnte der reguläre irgend einen Schaden anrichten.

Lecker, wenn die Amerikaner eines können, dann ist es Fast Food. Kommunikativ geht es in einer solchen Fast-Food-Kette jedoch nicht zu, ein jeder mampft vor sich hin. Schon eher könnte man sich zwischenmenschliche Kommunikation in der neuesten Kreation von McDonald, dem McCafé mit seinen Kaffee- und den übersüßen Kuchenangeboten vorstellen, weil die Kette dort ihr Hüftgold in etwas gehobenerem Ambiente anbietet, weg vom Image

Fast Food, in einer abgesonderten Ecke mit weich gepolsterten Lounge-Sesseln. Manche legen sogar die neueste örtliche Tageszeitung aus.

Wer möchte etwas Augenschmaus als kostenlose Zugabe zum Essen? Dann geht man zur Fast-Food-Kette Hooters. Üble Zungen bezeichnen es als „Tittenrestaurant". Konstantes Strahlen der ausgesuchten und nach einer speziellen Gastronomiephilosophie geschulten, meist langhaarigen blonden Bedienungen, den Hooters-Girls, ist selbstverständlich. Vor jeder Arbeitsschicht wird neu überprüft, ob die Fingernägel sauber sind, die Achselhaare rasiert und das knappe Höschen richtig sitzt. Nur winzige Ohrstecker sind erlaubt. Wichtig ist auch ein tiefes Dekolleté. Die sexy Hotpants sind weit nach oben gezogen, damit ein Stück vom Po unter der glänzenden Strumpfhose ersichtlich ist. Bei Hooters gehört die Kommunikation zur Geschäftsphilosophie. Die Girls sind angehalten mit den Gästen eine Unterhaltung anzufangen, auch Quizspiele oder kleine Wettspiele sollen die Zeit vertreiben bis das Essen kommt. Schließlich wird die Rechnung noch individuell mit einem Smiley oder einem Herzen verziert. Manche schreiben auch einen netten Gruß darunter. Der Kunde soll sich angenommen und beachtet fühlen. Wird ein Paar bedient, gibt es die Anweisung besonders nett zum weiblichen Gast zu sein, denn die Partnerin soll nicht denken, das Hooters-Girl wolle konkurrieren. Der servierte Rotwein ist, wie alle Getränke, eisgekühlt, nur auf die Unsitte der Eiswürfel im Rotwein hat man bei Hooters, Gott sei Dank, verzichtet.

Fairerweise muß gesagt werden, es gibt noch üblere Variationen einen Rotwein zu servieren. Ein nicht unbeliebtes Getränk in Deutschland ist, wenn Rotwein zur Hälfte mit Cola vermischt wird, das nennt man je nach Gegend, „Korea" oder „Kalte Muschi". Oder die klassische Melange aus Rotwein und Fanta, auch „Panzersprit" genannt.

Überall in Amerika können wir neben anderen Leckereien, die allzeit und überall so beliebten Chlorhühnchen oder Rindersteaks und Schweinefleisch von geklonten Tieren essen. In den USA werden jede Stunde eine Million Hühnchen verspeist. Aus überzogener Angst vor „germs" – Bakterien, wird Geflügel in der Schlachterei mit einer Chlorlösung desinfiziert. In Europa reicht eiskaltes Wasser, weil strikte Hygienevorschriften eingehalten und überwacht werden.

Millionen von Steaks werden in den USA täglich gegessen und keiner weiß welches Steak von geklonten Rindern ist. Das Klonen von Rindern und Schweinen ist weit verbreitet und erlaubt. Man spricht nicht darüber, nicht einmal die Tieraufkäufer wissen davon. Nur die Farmer wissen es und haben keinerlei Bedenken. Die Farmer halten das Klonen einfach für eine andere Art der Fortpflanzung. Es besteht keine Kennzeichnungspflicht. Klonen ist einfach kein Thema und interessiert niemanden, nicht einmal bei der großen Viehversteigerung. Die meisten Farmer sind ohnehin nur Rohstofflieferanten für die Fast-Food-Industrie und deren Fleischfabriken, deren größter Abnehmer McDonalds ist.

Ob Samen und Eizellen von geklonten Tieren mit dem globalen Handel auch in Europa landen kann nicht ausgeschlossen werden. Vielfach ist das Vieh zusätzlich vollgepumpt mit Hormonen. Als die EU die Einfuhr von Hormonfleisch verbot, konterte die damalige Republikanische Regierung und erhob auf französischen Käse 300 % Einfuhrzoll.

Der zum französischen Käse in den USA dargebotene Wein hat seine Besonderheiten. Der Wein muß allen schmecken lautet die vorrangige Genußmittelperspektive. Wein wird deshalb entsprechend dem Kundenwunsch komponiert. Nicht immer trifft die Vorstellung zu, daß Wein aus sonnenverwöhnten Trauben produziert wird. Es gibt in den USA Mixturen, die mit Wasser, Zuckerwasser und Aromastoffen angereicherte Kompositionen sind. Die Herstellung der verwendeten naturidentischen Aromastoffe ist seit der Entdeckung des Japaners Mayu Yamamotu, der den Aromastoff Vanille aus Kuhdung gewann, hochinteressant. Andere Extrakte, gewonnen aus auf Holz gezüchteten Pilzkulturen, z.Bsp. Erdbeeraroma, bezeichnet man auch in Europa problemlos als natürliche Aromen.

Die Geschichte mit der Rechnung im Restaurant hat so seine Tücken in Amerika. Im Serviceparadies Amerika ist der Gast eigentlich der König. Schwierig wird es, wenn man auf getrennten Rechnungen besteht, manche Restaurants erlauben es überhaupt nicht. „Please no separate checks!" lautet dann bestimmt und selbstbewußt die Devise, als hätte man ein unanständiges Anliegen gehabt. Es gibt auch öfters Regelungen, nach denen nur eine bestimmte Anzahl von Rechnungen pro Tisch zugelassen wird, meist maximal drei Rechnungen. Wenn man sich zu Bekannten an den Tisch setzt und auf getrennten Rechnungen besteht, gibt es dann recht schnell Aufregung und Diskussion. Dann müssen die Gäste von Hand zusammenrechnen, von wegen die Bedienung. Wenn man Glück hat wird den Gästen ein Taschenrechner gereicht. Das individuelle Addieren oder Kopfrechnen gehört nicht zum Service des Bedienungspersonals. Alle Bedienungen sind zur Provozierung eines höheren Trinkgeldes auffallend freundlich und dienstbereit solange sie das Trinkgeld noch nicht erhalten haben. Bis dahin fragen die Bedienungen x-mal ob alles in Ordnung ist, so daß man auf die Idee kommen kann, man sitze im Wirtshaus-Sketch von Loriot oder es habe sich, wie in einem anderen Sketch von Loriot, eine Nudel an die Nase verirrt. Sobald sie ihr Trinkgeld erhalten haben, ist der Gast nichts weiter als Luft. Bei fremden Gästen wird gerne sorgfältig darauf geachtet, daß das Trinkgeld auf der Kreditkartenrechnung eingetragen ist. Die eine oder andere Bedienung schreibt das landesübliche Minimum von 15 % prophylaktisch gleich selbst dazu, unbeschadet der freien Rubrik, die für ein Trinkgeld vorgesehen ist. Die Rubrik für ein weiteres Trinkgeld bleibt dem Ortsgeist und der Inflation zuliebe natürlich frei. In einigen Bundesstaaten kommt auch noch eine Steuer von 5-7% dazu, die Speisen sind also teurer als auf der Speisekarte angegeben.

Ursprünglich wurde im Restaurant das Trinkgeld nicht mit auf die Rechnung gesetzt; man ließ es nach dem Bezahlen auf dem Tisch liegen. Die Höhe des Trinkgeldes richtet sich häufig auch nach der Personenzahl am Tisch, dann wird seltsamerweise bei mehreren Personen an einem Tisch ein höheres Trinkgeld, das heißt statt der üblichen 15 % nunmehr 18,75 % erwartet. Der Grund ist vielleicht weil man so viele Speisen und Getränke an den einen Tisch tragen mußte oder weil jeder der Einfachheit halber dann 20 % gibt. Richtiges „Tipping" ist eine Wissenschaft für sich.

Überall wird mit Preisreduktion Reklame gemacht: „Buy two, get one free" – kaufe zwei, bekomme eines kostenlos. In den Restaurants gibt es selten Preisnachlaß, eine der positiven Ausnahmen ist Hooters, dort ist jeder Sonntag Familientag. Bestellt ein Paar zwei Essen, ißt das Kind umsonst.

In einem gesunden Körper steckt auch ein gesunder Geist

Wie sieht es denn aus mit der Gesundheit, wegen der Serie im Fernsehen schon wieder zu wenig geschlafen? Fernsehserien sind in schier unendliche Folgen auseinandergezogen. Weil sie ständig von Werbespots unterbrochen werden, kann so eine Staffel gut und gerne bis in die Nacht um drei Uhr laufen. Um die Fortsetzung nicht zu versäumen, hocken alle ständig vor der Kiste. Wer keinen Job hat und kann, liegt dann am nächsten Tag um zwölf Uhr Mittags noch im Bett. Etliche stehen erst Nachmittags um zwei Uhr auf.

Man schätzt, daß ein Viertel der amerikanischen Bevölkerung an einer psychischen Erkrankung leidet. Bei intensivem Kontakt mit den unteren Bevölkerungsschichten und ihren sozialen Problemen ist dies besonders augenfällig. Die schrägen Verhaltensweisen in einer amerikanischen Soap, mit den hirnrissigen Dialogen, dem endlosen halbgebildeten Gequatsche und den psychischen Problemen der Personen, die zum Amüsement der Zuschauer diskutiert werden, sind leider nicht frei erfunden, man findet sie tatsächlich im Alltag einer breiten Bevölkerungsschicht; es wurde schlicht dem Volk auf's Maul geschaut. Ein Europäer, mit einer halbwegs vernünftigen Sozialisation, hört sich ungern diesen Sprachmüll an. Er kann sich so etwas gar nicht ansehen und schaltet auf ein anderes Fernsehprogramm um. Es gibt die Behauptung, daß Fernsehen dumm macht, davon betroffen sind vor allem die Kinder. In einer Langzeitstudie hat man den Fernsehkonsum bei fünfjährigen Kindern gemessen, 25 Jahre gewartet und dann nach den Bildungsabschlüssen gefragt. Mehr als 40 % aus jener Gruppe, die weniger als eine Stunde täglich ferngesehen hat, konnten einen Hochchulabschluß vorweisen. Das Gleiche galt aber nur für weniger als 10% aus jener Gruppe, die täglich mehr als drei Stunden vor dem Fernseher saßen.

Das Problem bei einer Erkrankung in Amerika ist: die Millionen von Amerikanern, die aus Geldmangel ohne jegliche Krankenversicherung sind und sich nur auf Privatrechnung, in den Krankenhäusern gegen Vorkasse, behandeln lassen können. Selbst jene, die das Geld für eine Krankenversicherung hatten, wurden bei psychischen Erkrankungen von den Kassen, denn es sind gewinnorientierte Privatkassen denen es um Profit geht, gar nicht erst aufgenommen. Auch wenn die psychische Erkrankung lange zurücklag, blieb der Antragsteller auf der Strecke. Den Versicherten wurden aus wirtschaftlichen Gründen die notwendige Behandlung bei vielen Erkrankungen, und nicht nur den psychischen, seitens ihrer Versicherung vorenthalten. Es geht immer nur um's Geld.

Seit einer partiellen Reform der Krankenversicherung hat sich die Situation verbessert. Die Demokraten haben nach langem Ringen ein Gesetz durchgesetzt, daß für jeden die Krankenversicherung, egal mit welcher Vorerkrankung, offen ist. Jeder hat sich, so sagte es zumindest das Gesetz, gegen Krankheit zu versichern. Die erste Amtshandlung von Präsident Trump war, wie erwähnt, der Versuch diese

Reform per Dekret wieder rückgängig zu machen, ob es ihm schließlich doch noch gelingt bleibt abzuwarten.

Der Regisseur Michael Moore hatte die Krankenversicherungsmisere und andere Konflikte in Filmen verarbeitet und sich in den USA erheblichen Ärger zugezogen. Das US-Kino hat jedoch begriffen, daß sich Bewußtsein, Interessen und Konflikte einer Weltmacht in populären Filmen ausdrücken läßt. Neben Moore hat dies der Drehbuchautor Aaron Sorkin in vielen seiner legendären Fernsehserien aufgegriffen, in denen er geradezu brutal die Unzulänglichkeiten im amerikanischen Alltag thematisiert. Jeder siebte hatte vor der Reform keinerlei Krankenversicherung, manche nur eine partielle Versicherung. Texas und Kalifornien lagen an der Spitze der Nichtversicherten. Viele davon sind arm oder illegal im Land. Interessanterweise steigerte sich aber der Anteil der Nichtversicherten in der Mittelschicht, in Haushalten mit Jahreseinkommen um 50 000 Dollar. Dies ist der Personenkreis, der sich bei den Ausgaben zwischen täglichem Essen und den monatlichen Hypothekenzahlungen, gegen eine Krankenversicherung entschied, weil schlicht kein Geld dafür übrig ist.

Merkwürdigerweise haben die meisten, auch ohne gesetzliche Verpflichtung, eine kleine Sterbeversicherung für die Beerdigung, weil diese Versicherung billig ist und wegen des Ansehensverlustes in einem Todesfall ohne die nach örtlicher und kirchlicher Zugehörigkeit übliche Beerdigung. Wird doch der Todesfall im örtlichen Käseblatt kostenlos mit dem Bild des Verstorbenen bekanntgegeben.

Um sich vor Krankheiten und unerwünschten Bakterien zu schützen, gibt es außer dem fantasielosen Einfall niemanden die Hände zu schütteln, anstatt sie zu waschen, noch andere recht übertriebene Vorsehungen, mit der die einen ihrer Hysterie begegnen und die anderen ihre Geschäfte machen. Im Fernsehen wird gezeigt, wo all die furchterregenden Keime lauern: in der Küche, auf den Türklinken, in Bahn und Bus und ganz herausragend im WC, dort wird genauso wie in der Küche, kräftig mit Desinfektionsmittel aus dem Großgebinde hantiert. Selbst in der eigenen Familie setzt man sich nicht gerne auf den WC-Sitz bevor dieser nicht mit einem Desinfektionstuch gereinigt wurde. Kinder haben in der Schultasche antibakterielle Feuchttücher und neuerdings sogar Anhänger mit Purellspray (Sagrotan), das für medizinisches Personal gedacht ist. Dieses Spray wird über Türklinken, die Computertastatur, selbst auf den Griff des Einkaufswagens gesprüht. Es gibt sogar Leute, die besprühen ihr Bettlaken mit Desinfektionsmittel bevor sie sich in ihr eigenes Bett legen. Aus Angst vor Bakterien schleppen sie bei Hotelübernachtungen ihr eigenes Kopfkissen mit, die wenigsten tun dies wegen der Gewöhnung an ihr eigenes Kissen.

In der New Yorker U-Bahn sieht man ab und zu Leute, die sich mit einem mitgebrachten Haken festhalten damit sie nichts anfassen müssen.

A propos U-Bahn; mein jüdischer Lieblingswitz, der stammt von dem jüdischen New Yorker Woody Allen: Sitzt ein Schwarzer in der U-Bahn und liest eine jüdische Zeitung in hebräischer Schrift. Sagt zu ihm ein Weißer: „Neger allein reicht dir wohl nicht?"

Nicht Kranke, sondern ganz besonders Vorsichtige haben sich für ihren Aufenthalt im Flugzeug einen Luftfilter um den Hals gehängt, mit dem die angeblich verkeimte und krankmachende Flugzeugluft von ihnen ferngehalten wird. Wie harmlos dagegen wirken jene, die, um sich vor Krankheiten zu schützen, eine „Excuse-Me-Flagge", ein kleines rotes Fähnchen an Ihre Kleidung stecken. Ein höflicher Hinweis auf Distanz zu bleiben. Ein Psychotherapeut hat dies tiefenspsychologisch gedeutet und die Behauptung aufgestellt, es handele sich dabei nicht um die Furcht vor Ansteckung, sondern um die Angst vor allzu menschlicher Nähe, die Lateiner würden „noli me tangere" sagen. Im Neuen Testament im Brief an die Galater steht, daß Paulus zum Abschied „die rechte Hand der Freundschaft" gereicht wurde. Wie sich die Zeiten aus Angst vor Bakterien, selbst bei den bibeltreuen Amerikanern, geändert haben. Nicht wenige sind neuerdings zu Wangenküssen übergegangen. Ein erstaunliches Phänomen.

Viele Arbeitgeber, darunter auch der Staatsdienst, gewähren über eine Art Betriebskrankenkasse ihren Mitarbeitern und deren Familien einen Krankenversicherungsschutz. Besonders ausufernd ist dies bei den Autoherstellern, sie beklagen sich über die ausgiebige Beanspruchung der betrieblichen Krankenkassen. Aber sie kümmern sich um die Pensionäre, sie sollen gut versorgt sein. Die großen Autobauer sind deshalb die größten privaten Einkäufer von Medikamenten in Amerika.

Bisher galt: Verliert jemand seine Arbeit in einer Firma mit Betriebskrankenkasse, steht er automatisch ohne Versicherungsschutz da. In Folge wurden viele Krankheiten verschleppt und nicht behandelt. Die Behandlung erfolgte erst dann, wenn der Notfall eintrat und die Person in die Notaufnahme einer Klinik eingeliefert wurde. Die Krankenhäuser sind verpflichtet jeden Notfall, insbesondere wenn er von der Polizei eingeliefert wird, zu behandeln.

Von einem spektakulären Notfall wurde unlängst berichtet: Eine Patientin aus der schwarzen Bevölkerung wurde in den Warteraum der Notaufnahme gesetzt und ist dort gestorben. Sie saß zusammengesunken auf einem Stuhl und selbst als die Patientin tot vom Stuhl kippte und daneben lag, kümmerte sich das Personal, welches häufig in den Warteraum ging, nicht um sie. Der Vorfall konnte über die Videoaufnahme der Überwachungskamera später rekonstruiert werden und hat viel Aufsehen erregt. Ähnliche Videoaufnahmen hat der Regisseur Michael Moore gezeigt, auf denen ältere und meist auch verwirrte Patienten, mit denen kein Profit zu machen ist, von den Krankenhäusern einfach auf der Straße ausgesetzt werden. Moore ging damit auf Totalkonfrontation mit den konservativen Republikanern in der Regierung und deren Lobby.

Man fragt sich was mit den verstorbenen Krankenhauspatienten geschieht, um die sich schon vorab keiner gekümmert hat. In Tennessee werden Leichname, für die niemand die Verantwortung übernimmt, präpariert und eingelagert und nach Bedarf für Forschungszwecke verwendet. Aber auch Angehörige, die kein Geld für die Beerdigung verstorbener Familienmitglieder haben, lassen diese in Kühlhäusern oder in Kühllastwagen liegen. Die „New York Times" schreibt, auch im Bundesstaat Oregon, und wie erwähnt in anderen Bundesstaaten, sei die Zahl der Leichname, um die sich die Angehörigen aus Geldmangel nicht mehr kümmern, um die Hälfte gestiegen. Einige wenige Bundesstaaten versuchen das Problem durch finanzielle Hilfen für Beerdigungen zu lösen.

Die meisten Krankenhäuser präsentierten Nichtversicherten höhere Rechnungen als Versicherten, weil die Versicherungen feststehende Behandlungssätze mit den Krankenhäusern ausgehandelt haben. Es wird berichtet, daß für ein paar Stunden in der Notaufnahme eines Krankenhauses schon mal locker 11 000 Dollar in Rechnung gestellt wurden. Ein Zweibettzimmer kann über 800 $ täglich kosten, zusätzlich zu den ärztlichen Behandlungskosten. Die Kosten eines Aufenthaltes auf der Intensivstation sind noch krasser, je nach Schwere sind mit bis zu 2600 $ und mehr pro Tag zu rechnen.

Die Höhe dieser Behandlungskosten sind zum Teil dadurch entstanden, daß es geradezu ein nationaler Sport wurde, bei Mißerfolg der Behandlung oder subjektiver Unzufriedenheit, mit der Hilfe eines spezialisierten Anwaltes, astronomische Schadenersatzforderungen zu stellen. Das Honorar dieser Anwälte beträgt im Erfolgsfall ein Drittel bis zur Hälfte des vom Gericht zugesprochenen Schadens- und Schmerzengeldes. Diese Gerichtsprozesse erhöhen die Versicherungsprämien der Mediziner übermäßig. Nicht selten bezahlt ein Chirurg oder ein Narkosearzt über 80 000 $ jährlich für seine malpractice Insurence – Versicherung.

Bei der Verordnung von Medikamenten wird gerne recht großzügig verfahren, so daß es sich lohnt beim Apotheker zu hinterfragen, wofür das Medikament eigentlich gut ist und was es bewirkt. Gerät man allerdings in die falsche Apotheke kann es in den USA auch passieren, daß der chinesische Apotheker mit einem Doktortitel auf seinem Namensschildchen nicht einmal weiß was Ginkgo ist. Es handelt es sich hierbei um den ältesten Baum in China, dessen Blätter seit Jahrtausenden in der chinesischen Medizin verwendet werden. Dies ist ungefähr so, als würde jemand aus dem Schwarzwald nicht wissen was ein Tannenbaum ist. Nicht alles was auf den Rezepten steht macht auch Sinn oder ist notwendig. Nach einer US-Studie verschreibt jeder zweite amerikanische Arzt Medikamente, die aus medizinischer Sicht keine oder nur eine geringe Wirkung haben. So verschreibt ein Teil der Ärzte, Patienten mit zu hohem Cholesterinspiegel, Knoblauchpillen und gibt ihnen Ratschläge für die Ernährung. Begründet wird dies, es wäre eine Hilfe für die Patienten den Ernährungsempfehlungen zu folgen und wegen der Verordnung mit dem Arzt in Kontakt zu bleiben. In Wirklichkeit geht es in den USA nur darum, daß der Patient regelmäßig in die Praxis kommt, denn daran verdienen die Praxen. Knoblauch zählt zu den Pseudo-Placebos, die nur eine geringe Wirkung haben. Das gilt auch für Arzneimittel, die zwar eine Wirkung haben, aber nicht bezüglich der Diagnose richtig oder wegen der potenziellen Nebenwirkungen falsch sind, z.Bsp. Antibiotika bei Durchfall, oder bei einem viralen Infekt sogar gefährlich sind, z.Bsp. bei viralen Infektionen der Atemwege. Antibiotika verabreicht man bei einem bakteriellen Befall. Bei einer Umfrage der befragten Mediziner gaben über 40 % an, Schmerztabletten oder Vitaminpillen verordnet zu haben von denen sie wußten, es würde den Patienten nicht direkt helfen. Sie hofften, die Verordnung und der Placebo-Effekt würde sich positiv auf die Psyche auswirken und sei somit vertretbar. Obwohl der Placebo-Effekt nicht selten hilfreich ist, rät der amerikanische Ärzteverband Medical Association den Ärzten jedoch davon ab. Die Ärzte kontern, oft fühle sich der Patient nicht richtig verstanden wenn ein Medikament verweigert wird. Nach einer Studie in den USA verhalf bei Frauen, mit sexuellen Erregungsstörungen, die Einnahme eines Scheinpräparates jeder dritten Teilnehmerin zu einem befriedigten Sexualleben. Die Frauen fühlten sich bei Einnahme des Placebos erregter, und die Zahl der erfüllten Sexualkontakte stieg. Möglicherweise waren bereits die Gespräche des Frauenflüsterers ausreichend, der Rest basierte auf Fantasievorstellungen.

Eine geschäftstüchtige Mutter und selbsternannte Expertin, vertreibt in den USA an Krethi und Plethi das „Medikament" Obecalb für die Behandlung von Kindern, es soll Kinder beruhigen oder bei Bauchschmerzen der Kinder helfen. Obecalb ist ohne jegliche medizinische Wirksamkeit also ein reines Placebo.

Vitaminpillen spielen eine ganz besondere Rolle in der amerikanischen Bevölkerung. Trotz größter Studien über den Nutzen, die das Gegenteil beweisen, glauben die meisten Amerikaner eigensinnig und unbeirrbar an Vitaminpillen. Sie sollen das Krebsrisiko senken, vor Herzerkrankungen schützen oder die Sterblichkeitsrate verringern. In neusten Studien des US-Institute of Medicine (IOM) stellen die Forscher den Trend der zunehmenden Verbreitung von Vitaminpillen und anderer künstlicher Nahrungsergänzungsmittel erneut entschieden infrage. Eine Veröffentlichung im US-Ärzteblatt JAMA liefert sogar Hinweise, daß jene, die hoch dosierte Vitamine einnahmen, kürzer lebten als solche, die darauf verzichteten. Doch wegen der unendlichen und überzeugenden Fernsehwerbung nimmt jeder zweite US-Bürger Vitamine zu sich. Alles was man sich nur denken kann wird mit Vitaminen angereichert, auch die Milch im Tetrapack. Milch ohne Vitaminzusatz gibt es praktisch nicht zu kaufen, selbst die Bonbons für die Kinder sind generell vitaminisiert. Amerikaner sind entsprechend der selbsternannten Experten in der Fernsehwerbung fest davon überzeugt, daß es ihrer Gesundheit nützt.

Vitamine gibt es billig und in riesiger Auswahl in Großpackungen. Zur Selbstbehandlung ist auch Aspirin im 500

Stück Glas in jedem Drugstore frei verkäuflich. In diesem Allerweltsladen, dem Drugstore wird alles Mögliche und Unmögliche verkauft, sogar Briefmarken. Eine Kundin wurde befragt, was sie mit so riesigen Mengen von Aspirin mache, sie gab zur Antwort, sie würde die Pillen ins Badewasser schütten und darin baden.

Wer an der mexikanischen Grenze lebt, geht, wenn er die Wartezeiten und Kontrollen an der Grenze nicht scheut, einfach mit seiner ärztlichen Verordnung über die Grenze und kauft sich dort seine rezeptpflichtigen Pillen und Medikamente, in Mexiko kosten sie nur einen Bruchteil. Weil die privaten Krankenversicherungen nicht alle Behandlungen übernehmen, führt dies in etlichen Fällen, trotz verbilligt eingekaufter Medikamente, zum privaten Bankrott der Erkrankten.

Dies passierte einer Familie in San Francisco mit sechs Kindern. Der Vater hatte seine Arbeitsstelle verloren und weil das Haus ein Teil des Gehaltspaketes gewesen war, stand die Familie ohne Dach über dem Kopf da. Die Familie zog deshalb in ein billiges Motel und erbettelte ihr Essen bei kirchlichen Organisationen. Fünf der Kinder leiden an Hämophilie - Bluterkrankheit, und sie benötigen vorbeugend mehrmals in der Woche ein überaus teures Medikament. Die ärztliche Behandlung kostete in schlechten Jahren mehr als eine Million Dollar. Kleinunternehmer werden von den Versicherungen gedrängt, solche Arbeitnehmer entweder nicht zu versichern oder zu entlassen, andernfalls müßten sie mit extrem hohen Prämiensteigerungen oder sogar mit der Kündigung der gesamten betrieblichen Krankenversicherung für ihre Mitarbeiter rechnen. Nachdem das Arbeitsumfeld feindlich geworden war, der Familienvater Drohbriefe erhielt und seine Chefs

ihn schnitten, war es ihm nach der Kündigung klar, daß
das erlittene Mobbing wieder einmal mit der Erkrankung
der Kinder zusammenhing. Es war bereits die zweite Entlassung in den letzten vier Jahren.

Die meisten Versicherungen schützten sich bisher mit
einem Ausgabenmaximum vor hohen Leistungen. Über-
stiegen die Krankenkosten eines Patienten oder seiner Familie die Maximumgrenze, meist ist es eine Million Dollar,
mußte der Versicherte sehen wie er alleine weiterkommt.
Der Familienvater versuchte lange gegen das System anzukämpfen, indem er von Stelle zu Stelle zog. Schließlich
wurde ihm klar, daß es ihm nie gelingen würde einen Arbeitsplatz zu halten, weil die betrieblichen Versicherungen
seinen Arbeitgeber immer wieder veranlassen würden, den
Mann mit den fünf chronisch kranken Kindern loszuwer-
den. Eine Chance hätte er, wenn er beim Staat oder in einer
sehr großen Firma Arbeit finden würde. Dort verteilen sich
die Krankenkosten auf Tausende von Arbeitnehmern. Der
US-Hersteller des Bluter-Medikaments, die Fa. Baxter, setzt
jährlich 8,9 Milliarden um und erzielt allein aus dem Verkauf von Medikamenten zur Behandlung von Bluterkrank-
heiten 3,3 Milliarden. Im geschilderten Fall hat der Weg in
den Ruin mehrere Facetten. Die Versicherungen und der
Pharmahersteller, aber auch die bisherige amerikanische
Regierung haben das ihre zur Misere beigetragen, nicht
zuletzt auch die laufenden Arztkosten. Mit der von den
Demokraten eingeleiteten Gesundheitsreform, den ver-
pflichtenden gesetzlichen Bestimmungen, und der Krankenversicherung für alle, wollte man die Probleme lösen.

Die Höhe der Arztkosten sind im Prinzip mit jedem Arzt,
wie auf einem Basar, frei verhandelbar. Wer als Nichtversi-
cherter mit dem Arzt nicht vorab über die Behandlungsko-

sten verhandelt, muß damit rechnen abgezockt zu werden. Ein amerikanischer Arzt kann beinahe jeden Preis verlangen, deshalb sollte man hartnäckig über einen Preisnachlaß verhandeln.

Nach der Statistik des „Institute of Medicine" sterben jährlich mindestens 18 000 Menschen an unbehandelten Krankheiten. Dies sind sechsmal so viel wie beim Terroranschlag vom 11. September 2001. Die durchschnittliche Lebenserwartung ist deutlich niedriger als in den meisten anderen Industrieländern. In einer vergleichenden Untersuchung von Unicef, zur Lebensqualität von Kindern in 21 Industrieländern, landeten die USA in puncto Gesundheit der Kinder auf dem letzten Platz. Weit hinter viel weniger reichen europäischen Ländern wie Griechenland, Ungarn oder Tschechien.

Erzählt man den Amerikanern von funktionierenden Gesundheitssystemen auf der Basis einer Solidargemeinschaft, gibt sich jeder erstaunt darüber oder lehnt es sofort kategorisch als kommunistisch und unamerikanisch ab. Kommunismus ist zu verdammen und amerikanischer Kapitalismus ist zu lobpreisen, mit dem Wort „Solidargemeinschaft" können die wenigsten etwas anfangen. Wenn eine solche Solidarität eingefordert werden soll verflüchtigt sich sofort der ständig betonte und stolz hochgehaltene Gemeinsinn, besonders bei der Republikanischen Partei, die grundsätzlich gegen jegliche staatliche Eingriffe ist. Jeder soll bei Krankheit für sich selber sorgen und sehen wo er Hilfe bekommt, lautet die Devise. Die Regierung sollte sich aus dem Gesundheitswesen und generell aus dem Leben der Bürger heraushalten. Jeder allein soll für seine Krankenversicherung zuständig sein, und wer es sich nicht leisten kann, ist auf mildtätige Organisationen zu verweisen. Dies ist und war der Tenor eines großen Teils der Republikaner. Das Gesundheitswesen ist desolat. In den USA wird pro Kopf mehr dafür ausgegeben als sonst wo in der Welt und trotzdem sind Millionen unversichert. Einzelne medizinische Leistungen sind hervorragend, trotzdem liegen die USA in vielerlei Hinsicht hoffnungslos hinter dem Standard anderer Nationen. Es gibt nur sehr geringen Schwangerschaftsurlaub, eine hohe Säuglingssterblichkeit und die Lebenserwartung ist zurückgefallen. Die Einrichtung einer erschwinglichen Krankenversicherung war berechtigt und dringend erforderlich. Deshalb stand eine Reform beim Vorgänger des Präsidenten Trump, dem Demokraten Obama, hoch oben auf der Liste.

Dieser hatte die Reform in seinem Wahlkampf versprochen und sicher war ihm bewußt gegen welche Widerstände er anzukämpfen hätte. Er war er vom Aufbau einer staatlichen Krankenkasse für alle Bürger zutiefst überzeugt, mußte aber zusehen, wie die Emotionen hochkochten und die Fetzen flogen. Bei Veranstaltungen in denen die demokratische Partei für die Reformpläne warb, kam es sogar zu Handgreiflichkeiten. Verletzte mußten im Krankenhaus behandelt werden und die Polizei einschreiten. Die Unterstützer wurden niedergeschrien, angsterfüllte Teilnehmer weinten, ein Kongressmitglied erhielt sogar eine Todesdrohung. Sie wurden beschuldigt Euthanasiepläne zu hegen und es wäre sozialistisch, für die Mehrheit der Amerikaner meist gleichbedeutend mit kommunistisch. Eine republikanische Ex-Gouverneurin von Alaska nannte diesen Plan der demokratischen Partei „böse". Nach ihrer Darstellung würde in einer staatlichen Krankenkasse entschieden, wer es wert ist eine Gesundheitsversorgung zu erhalten, die anderen würden Opfer eines Todes-Gremiums werden, so auch ihr behinderter Sohn.

Ein Mitglied des Senats hatte die Marschroute herausgegeben, den Demokratische Präsidenten Obama aus dem Weißen Haus zu jagen. Ein Bürger protestierte mit einer drastischen Plakataufschrift: O (ne) B (ad) A (ss hole) M (isleading) A (merika) – ein großes Arschloch führt Amerika in die Irre. Ein anderer mit: Obamacare, bend over and cough – Obamas Krankenversicherung ist zum Kotzen.

Ein großer Teil der Konservativen lebte in der Vorstellung, wenn die Regierung über die staatlichen Gesundheitsprogramme hinaus die Finger im Spiel hat, könne sie bestimmen, wer welche Medikamente bekommt und wer zu welchem Arzt gehen kann. Der Präsident hatte sehr engagiert sein Konzept verteidigt und besonders die gewinnorientierten Modalitäten der Privatkassen angeprangert, die sich um Zahlungen drücken, wenn es darauf ankommt. Schließlich mußte er sein Modell der staatlichen Krankenkasse für alle zurückziehen und als Kompromiss einer genossenschaftlich organisierten Form und weit weniger umfassenden Krankenversicherung zustimmen. Knackpunkt der Reform war ohnehin die Finanzierung. Der Löwenanteil der Reformkosten sollte über Kürzungen bei den bisherigen Gesundheitsausgaben finanziert werden. Ferner sollte es den Versicherungsgesellschaften künftig untersagt sein, von Versicherten mit schweren Erkrankungen höhere Beiträge zu verlangen. Generell sind Steuererhöhungen in den USA, egal für welchen Zweck, äußerst unpopulär und nur als Notmaßnahme denkbar, dies gilt besonders für die Reformkosten wegen einer Krankenversicherung für alle.

Die Konservativen in den USA glauben, daß sie das Recht haben, alles zu behalten was sie verdienen. Wenn sie besteuert werden ist es für sie dasselbe wie Diebstahl. 237 Amerikaner verdienen mehr als 1 Million Dollar pro Jahr. Sie bezahlen jedoch weniger Steuern als einer der nur 50.000 $ im Jahr verdient. Die reichen Konservativen sehen sich als die Beschützer des wahren Amerika, Steuererhöhungen sind für sie unanständig und unamerikanisch.

Ähnliche Zustände sind in Europa nur von den Griechen bekannt, dort ist es ein Volkssport dem Staat möglichst keine Steuern zu zahlen. Vergleichbar mit den Amerikanern: Je höher das Einkommen desto geringer die Neigung Steuern zu zahlen. Den griechischen Reedern ist es sogar gelungen die Steuerfreiheit in der Verfassung festzuschreiben, mittlerweile zahlen sie freiwillig einen kleinen steuerlichen Beitrag.

Das auserwählte Volk in „God's Own Country"

Die bibeltreuen Amerikaner leben im guten Glauben ein von Gott auserwähltes Volk zu sein. Nicht wenige mit einem heilsgeschichtlichen Sendungsbewußtsein, die Welt und das Land nach ihren Vorstellungen von Gott und Freiheit umformen zu müssen. Religiöse Eiferer möchten die Trennung zwischen Staat und Kirche aufheben. Auch wenn dies seit über 200 Jahren gut funktioniert hat, ist es ihnen wichtig dies zu ändern. Keine westliche Demokratie gibt vor, so religiös wie die Amerikaner zu sein. Alle Präsidenten schwören auf die Bibel, undenkbar würde es einer verweigern. Die Präsidenten zitieren und bestärken die Bibel, wann immer es paßt. Einer soll häufig, nach einem Bibelzitat, die USA als das neue Jerusalem, die strahlende Stadt auf dem Hügel und als ein weltweites Leuchtfeuer der Hoffnung bezeichnet haben. Dies geht zurück auf die Meinung der puritanischen Gründerväter, die in Amerika das von Gott auserwählte Land sahen, das der Welt das Heil bringen, überall das Gute fördern und das Böse bekämpfen soll. Wobei die Definition was gut oder böse ist, sich selbstverständlich allein nach Vorstellung und Gustus der Amerikaner zu richten hat. Die historische Grundlage des gesellschaftlichen Lebens ist die christliche Religion jeglichen couleurs. An den Straßenrändern, besonders im

Süden der Staaten, finden sich riesige Stellwände mit Aufschriften wie „Jesus is coming soon! Are you ready?" dazu eine Telefonnummer. Auf einem dieser Stellwände war eine Figur abgebildet mit langen Haaren und ausgebreiteten Armen, bekleidet mit einer Art Tunica, wie sie die Römer trugen. Offenkundig sollte sie Jesus darstellen, der werbewirksam in Konkurenz mit Coca-Cola oder Rasiercreme auf eine bestimmte christliche Kirche hinwies.

Viele der ersten Siedler, die in Amerika ankamen, waren vor religiöser Verfolgung in Europa geflohen. Ungerechtigkeit und Unfreiheit hatten sie kennengelernt, sie waren enttäuscht von der Ausbeutung und Willkür der europäischen Feudalherrscher, hatten vergeblich gegen den Absolutismus der Fürsten, gegen Reaktion und Feudalismus gekämpft. Schließlich suchten sie ihr Heil in der Flucht nach Amerika. Sie suchten Toleranz, lehnen aber auch noch heute diese, nicht nur innerhalb ihrer Gemeinde, ab. Sie waren mit ihrem religiösen Fanatismus beteiligt an der Vertreibung und Abschlachtung von Millionen von Indianern, um sich deren Land anzueignen. Besonders die englischen Siedler nahmen, ohne je vom Gewissen geplagt zu werden, den Boden der Indianer für sich in Besitz, ohne sich um die mit den Häuptlingen ausgehandelten Verträge zu scheren. Wenn die Indianer aus ihrer angestammten Heimat nicht freiwillig gingen, wurden sie mit Waffengewalt und unter hartem Druck vertrieben. Erlagen sie dabei den besseren Waffen der Weißen, so trugen sie selber Schuld.

Am bekanntesten ist das Massaker am Wounded Knee von 1890, dort wurden bedenkenlos fast 300 unbewaffnete Indianer samt Frauen und Kindern abgeschlachtet. Später wurden in geschichtsverfälschenden Hollywood-Filmen die Indianer oft als tumbe, mordende Wilde ohne Gefühle dargestellt. Die Ausrottung der Indianer, ein Völkermord, könnte man problemlos auch als den amerikanischen Holocaust bezeichnen. Die Überlebenden wurden in Reservate abgeschoben, wo ihre Nachfahren noch heute sitzen, nicht wenige Indianerstämme sind nur noch ein Kuriosum für sommerliche Touristen.

Das indianische und das übrige Amerika passen oft nicht zusammen. Viel Armut, geringe Lebenserwartung, Kriminalität, sexuelle Gewalt gibt es in den Siedlungsgebieten der anerkannten 566 indianischen Stämme. Daß eine Justiz über die Reservate wacht, in der Indianer kaum vertreten sind, zementiert die Entfremdung vom übrigen Amerika.

Die riesigen Bisonherden, es sollen 30 Millionen gewesen sein, einst die wichtigste Ernährungsgrundlage der Indianer, wurden bis auf einen kläglichen Rest von 800 Tieren vernichtet. H. Bailey Caroll schreibt in seinem Buch „The Story of Texas": „Diese nomadischen, berittenen Indianer waren vollkommen von den großen Büffelherden abhängig, die auf den Prärien weideten. Die Prärie-Indianer verschwendeten nichts von dem, was der Büffel lieferte. Sie aßen das Fleisch, besonders gerne die saftigen Zungen und die Schultern der Tiere. Sie trockneten den Rest des Fleisches und schufen sich so Vorräte. Mit den Sehnen aus den Büffelgelenken bespannten sie ihre Bogen. Aus den zottigen Häuten bauten sie sich ihre Zelte. Darüber hinaus verwendeten sie das Leder für ihre Kleidung, für Sättel, Lassos und was auch immer sie nötig hatten. Solange es den Büffel gab, brauchten die Prärie-Indianer nicht unterzugehen. Solange aber die Indianer nicht untergingen, konnte der weiße Mann nicht sicher in ihrem Land siedeln, konnte die Eisenbahn nicht gebaut werden, konnte die große, zentrale

Ebene von Texas nicht so entwickelt werden, so wie der
Weiße sich das in seinem christlichen Sendungsbewußtsein
vorstellte".

Bis ca.1880 knallten die Gewehre der Büffeljäger in der
Prärie. Dann waren die gewaltigen Herden abgeschossen.
Die Büffel abzuschießen war ein erträgliches Geschäft, das
Fleisch wurde über die Stadt Dodge City bis nach NY verkauft. Als alle Büffel abgeschossen waren begann man Rin-
der zu züchten. In ihrem christlichen Sendungsbewußtsein
setzten sich die Siedler über alles hinweg. Von der US-Regierung u.a. durch das Nichteinhalten von Verträgen betro-
gen und vom US-Militär überwacht, wurden zwischen 1831
und 1838, zigtausend Indianer gegen ihren Willen aus ihrer
angestammten Heimat, in der sie seit Jahrhunderten gelebt
hatten, vertrieben und anderswo angesiedelt. Wie gesagt,
wenn sie nicht freiwillig gingen, wurden sie mit abgrund-
tiefem Egoismus von der Armee in die Zange genommen
und abgeschlachtet, anders kann man es nicht beschreiben.

In dem „von Gott auserwählten Land", das der Welt das Heil
bringen, überall das Gute fördern und das Böse bekämpfen
soll, sind trotz konkreter Vorstellung, ob gut oder böse,
Abtreibungen und Mißhandlungsfälle der eigenen Kinder
nicht ganz ausgeschlossen. Immer wieder enden Mißhandlungsfälle vor dem Gericht. Ein Ehepaar war nach seinen
Aussagen bemüht, die beiden Kinder, einen Sohn und eine
Tochter, nach ihrem christlichen Glauben zu erziehen. Sie
verwiesen vor Gericht auf die Bibel und die diversen Sprüche Salomos zur Zucht. In 13,1. stehe: „Wer die Rute spart,
haßt den Sohn" oder „Wen der Herr liebt den züchtigt er".
(Anm.: In einer neuzeitlichen Übersetzung heißt es anders:
„Ein weiser Sohn liebt Zucht; aber ein Spötter hört selbst

auf Drohen nicht"). In der problematischen Ehe der beiden herrschte insofern Einigkeit. Der Ehegatte habe einen Stock nach Hause gebracht und zu seiner Frau gesagt, sie möge diesen gebrauchen, wenn die Kinder nicht gehorchen. Die Mutter soll Sohn und Tochter, vier und fünf Jahre alt, mit dem Stock und Kochlöffel verprügelt haben. Offensichtlich war sie in der reichlich chaotischen Ehe überfordert. Nachdem sie ihren Ehegatten vor die Türe setzte, denunzierte dieser seine Frau beim Sheriff. Diese Prügelei hatte in ihrer Gedankenwelt Tradition. Nach ihrer Glaubensvorstellung gingen sie davon aus, daß Kinder böse geboren werden und man sie zurechtprügeln und -biegen muß, um Ihnen das Böse auszutreiben. Selbst bei geringen Verstößen wurde geschlagen, bereits wenn die Kinder vorlaut waren oder etwas fallen ließen. Die Eheleute wußten nichts von Jean-Jacques Rousseau, der ebenfalls fromm war, und bereits 1755 schrieb, daß nicht der Mensch von Natur aus sündhaft sei; sondern Bosheit, Gier und Selbstsucht allein durch das Zusammenleben entstünde.

Jeder Präsident geht regelmäßig am Wochenende in die Kirche, etwas anderes ist undenkbar. Eine einzige Ausnahme gab es bisher; es war Ronald Reagan, zugleich der erste Präsident der geschieden war, der berief sich häufig auf Gott und die Religion, aber man sah ihn nie in der Kirche. Er behauptete vage, daß er für sich allein bete.

Gehörten der Präsident und die First Lady unterschiedlichen Kirchen an, trennten sie sich vor der Haustüre und jeder ging in seine Kirche.

Der christliche Glaube, egal welcher Richtung, ist in den USA auf dem Vormarsch. Die zahlreichen großen und kleinen Kirchen sind nicht nur in den Südstaaten jeden Sonntag voll. In den Südstaaten erscheinen die meist älteren und ehrwürdigen Herren in der Kirche im schwarzen Anzug, die Ladies mit einem Hut, aufgeputzt wie bei einer Modenschau. Das Kraushaar ist geglättet, Krause läßt man nur bei den kleinen Mädchen zu, dann aber mit schleifenverzierten Zöpfchen. Selbst die kleinsten Buben sind mit langen Hosen und Krawatte herausgeputzt. In den großen Baptistenkirchen, insgesamt sind es 30 Millionen Mitglieder, gibt es einen riesigen, in weiß und schwarz gekleideten Kirchenchor, der stimmgewaltige Gospels anstimmt. Es wird mit einer Inbrunst gesungen, wie es nur Afroamerikaner können. Der Prediger geht vor der Gemeinde lautstark auf und ab, dabei sind seine Hände ständig mit ausholenden Gesten in Bewegung. Eine Eigenheit mit der schwarze Pastoren ihre Gemeinde von den Bänken reißen. Langsam und mit jedem Nebensatz wird die Tonhöhe gesteigert. Es kommt nicht auf den Inhalt an, sondern auf den Eindruck mit einer Kaskade an Verheißungen. Der Prediger wird von der Gemeinde zustimmend angefeuert mit klatschen oder den zustimmenden Worten „right, alright" oder „yeah, yeah". Eine sehr beeindruckende Szenerie, fast als könnte man Tote zum Leben erwecken. Die gesteigerte Massenhysterie der Gläubigen mag einem verwirrten Ungläubigen wie die Nachfolge urzeitlicher Schamanen-Bräuche erscheinen. Legendär ist das Kirchenlied am Ende von kirchlichen Messen: I'm proud to be an american, cause at least I know I'm free. There ain't no doubt, I love this land – God bless Amerika. – Ich bin stolz, ein Amerikaner zu sein, weil ich weiß nun bin ich frei. Es gibt keine Zweifel, Ich liebe dieses Land – Gott segne Amerika. Ihre Vorstellung von Freiheit ist eben sehr speziell. Es gibt mehr als 200 verschiedene größere christliche Glaubensgemeinschaften, daneben zahlreiche Klein- und Mischformen, das afrikanische Voodoo und wie überall, Juden, Moslems, Hindus, Zeugen Jehovas etc., aber auch Animisten, sowie -horrible dictu- Agnostiker und Atheisten. Es wimmelt nur so von paranoiden und hysterischen Freiheitskämpfern. Es gibt Geheimbünde, Satanisten und Kapuzenmönche auf schwarzen Messen.

Diese und andere machen über 311 Millionen Menschen aus. Alle diese Glaubensformen werden nur von Spendengeldern unterhalten. Jeder Gläubige gibt einen Obulus, auch wenn es nur ein kleines Scherflein ist. Die strikte Trennung von Staat und Kirche wurde vom obersten Gericht mehrfach bestätigt, deshalb gibt es vom Staat kein Geld für die Kirchen und deren Aktivitäten. Ein Millionenheer von mehr als 40 % der Christen zählt sich zu den Evangelikalen, den Wiedererweckten. Sie sagen: Jesus kommt! Ich erwarte ihn morgen, heute, jetzt. Einer der bekanntesten ist Expräsident George W. Bush, der eine Läuterung erfuhr, nachdem er als Vierzigjähriger mit Hilfe des Baptistenpredigers Billy Graham dem Alkohol abschwor und zum Glauben zurück fand. Für Amerikaner ist wie gesagt, nur ein christlicher Präsident denkbar, andere Glaubensrichtungen hätten keine Chance.

Die National Association of Evangelicals mit über 30 Millionen Mitgliedern ist mittlerweile auch eine politische Kraft. Nach ihrer Behauptung gibt es 45 000 evangelikale Gemeinden. Aus diesem Grund können sie sicher sein in der Politik nicht überhört zu werden und man sieht es am Erfolg der Republikaner bei Wahlen. Diese erteilen vor Wahlen mit Millionen von „Kandidatenführern", eine persönliche schriftliche Anleitung für die Stimmenabgabe. Die Amerikaner müssen sich vor der Wahl zuerst in Wählerlisten eintragen, die sie zur Stimmabgabe berechtigt.

Diese Listen beinhalten Namen und Telefonnummern und führen auf, ob der Wähler an demokratischen oder republikanischen Vorwahlen teilgenommen hatte – keine Spur von Datenschutz.

Doch bei der anschließenden Wahl stimmen nicht alle ab, die sich registrieren ließen. Die Wahlbeteiligung liegt somit unter 60 %; weniger Wähler als Fernsehzuschauer beim Endspiel im American Football, dem sog. Superbowl. Die Stimmen der Briefwähler werden in der Regel erst dann gezählt, wenn das Ergebnis nicht eindeutig ist. Da es keine Meldepflicht gibt, und die Bundesstaaten eigene Regeln aufstellen können, werden Fehler gemacht, deshalb haben Unregelmäßigkeiten bei Wahlen eine lange Tradition.

Die religiösen Hardliner kämpfen für Kruzifixe in den Schulen, Schulgebete und obligatorische Gebete bei allen möglichen öffentlichen Veranstaltungen, beispielsweise bei Sportveranstaltungen. Nicht unüblich ist es deshalb vor Kundgebungen und Wahlversammlungen öffentlich zu beten. Wer das Texanische Landleben kennenlernt und zu einem Barbecue unter freiem Himmel eingeladen wird, der wird bevor man sich dem Essen zuwendet in ein unüberhörbares Tischgebet einbezogen. Selbstverständlich stehen Farmer und Cowboys dabei mit geneigtem Kopf gesammelt und bescheiden in der Runde, einschließlich jener Patrioten, die aus Höflichkeit den Gastgeber nicht betrüben wollen. Ausgenommen sind nur jene seltenen Gäste, die der öffentlichen Beterei wenig Geschmack abgewinnen können und es offen für Heuchelei halten oder einem anderen Glauben angehören.

Die religiösen Hardliner sind es auch, die mit ihrem weitverzweigten Netzwerk von Fall zu Fall zum Schreiben von

Protestbriefen auffordern. Wenn sie den Verdacht hegen, die Bibel als Grundlage der amerikanischen Kultur soll verdrängt werden, ist ihre Antwort größtenteils militant. Ein Reporter der „New York Times" schrieb: Die Werte der frommen Südstaaten sind zu den Werten Amerikas geworden. In Umfragen bezeichnen sich fast 80 % der Amerikaner als gottgläubige Christen und jeder Zweite behauptet täglich zu beten. Im sog. „Bibel Belt" – Bibelgürtel, der sich quer durch die USA zieht, ist die Gottgläubigkeit besonders ausgeprägt. Für sie ist die Bibel unmittelbare Handlungsanweisung, ex cathedra, im täglichen Leben. Der Kampf mit dem Teufel tägliche Realität bis zur finalen Schlacht der Antichristen und Gott am jüngsten Tag. Vom ersten Wort in der Genesis bis zur letzten Offenbarung von Johannes wird alles wörtlich genommen, denn jedes Wort stammt von Gott, deshalb ist es als absolute Wahrheit zu nehmen, so wird es gepredigt. Nach einer Umfrage glauben rd. 40 Prozent, das sind über hundert Millionen Amerikaner, daß die Bibel Satz für Satz das Wort Gottes ist. Gut und Böse wird in ihren Köpfen fein säuberlich getrennt. Ehepartner sind zu lebenslanger Treue verpflichtet. Keinerlei Abweichung von der Bibel, meist in einer uralten Übersetzung, wird toleriert. Von moderner Bibelforschung und deren in Teilen ernüchternden Forschungsergebnissen haben sie noch nie etwas gehört und wenn, würden sie es zurückweisen. Viele dieser christlichen Fundamentalisten leben in der armen Bevölkerungsschicht der rückständigen Südstaaten von Nordamerika. Ländlichen Südstaaten, in denen das Rustikale und das Knorrige stets eine Abseite des Verrohten und Verrückten offenbart, mit verbiesterten Typen und schrulligen Denkweisen, wo übrigens sogar Sexspielzeug oder schräg über die Straße laufen verboten ist, eine Ordnungswidrigkeit die bis zu 700 $ Strafe kosten kann. Wer sich dort dem Dreisatz des Spießbürgertums widersetzt – Heiraten, die Gene weitergeben und ein Haus kaufen – ist verdächtig. Es muß ja nicht immer etwas passieren im Leben. Trott, Routine, Rituale sind das Haus, in dem sie sich im amerikanischen Kleinkleckersdorf geborgen fühlen.

Es gibt Orte im Süden, die bestehen nur aus einer Handvoll Häuser, einer Tankstelle und einem kleinen Laden, in dem es alles gibt vom frisch gebrühten Kaffee und Spiegelei bis zum Unkrautvertilgungsmittel oder den fehlenden Schrauben. Kein Gebäude ist höher als zwei Stockwerke. Die Häuser sind dünn gebaut, hölzern, ebenerdig, meist ohne Zaun davor, der Vorgarten mit kurzgemähtem Gras. Die der Straße zugewandten Fenster sind riesig und ohne Vorhang. Wie die Häuser ist auch die Psyche der Bewohner. Jeder soll sehen, was in ihnen vorgeht, soll es bewundern und billigen und soll vor allem das beruhigende Gefühl haben, daß dem Betrachter nichts vorenthalten wird. Auf der „front porch" – eine kleine Veranda, dort sitzen die Alten gerne im Schaukelstuhl mit der Flagge im Rücken, daneben das Auto in der Einfahrt vor der Garage. Von dort haben sie den Blick auf die ruhige Straße, und können beobachten, was sich draußen abspielt. Die Orte in den vergessensten Winkeln Amerikas sind eigentlich alles andere als beschaulich, eine Zukunft traut ihnen keiner mehr zu. Ihre Gegenwart besteht vor allem aus den Narben der Vergangenheit. Die Jungen sind fortgezogen, die Verbliebenen fühlen sich als Verlierer.

In den Kleinstädten ist es nicht viel besser, in einigen gibt es zusätzlich ein Heimatmuseum mit Pfeilspitzen der Indianer und alten Patchworkdecken. In anderen gibt es ein paar Geschäfte mehr, mit Fassaden die sich hinter greller Neonreklame verlieren. Die einzige kulturelle Errungenschaft dieser Kleinstädte besteht darin, daß man bei Rotlicht links abbiegen kann. Tankstellen gibt es überall, selbst im kleinsten Ort, mag er noch so winzig oder unbedeutend sein. Dieser besondere Saft ist noch wichtiger als eine Einkaufsmöglichkeit. Benzin ist überlebenswichtig, deshalb muß Benzin überall zur Verfügung stehen. Dieser Saft garantiert die Mobilität und Freizügigkeit ohne die man nicht überlebensfähig ist. Entsprechend wichtig ist der Führerschein, er kommt knapp hinter den Kreditkarten. Die Autos sind Gebrauchsgegenstände, Fortbewegungsmittel und auf dem Land in entsprechend schmucklosen armseligen Zustand, sie dienen lediglich der Unabhängigkeit. Sind sie in ländlichen Gegenden ungewaschen, rostig, verbeult und mit Draht zusammengeflickt, stört das niemand. Selbst Hochbetagte fahren, oder besser gesagt, schleichen im niedrigsten Gang mit der uralten, ererbten oder billigst erworbenen Schrottkiste am Straßenrand entlang. Es kommt vor, daß sie wegen ihrer langsamen Fahrweise den Verkehr behindern und deswegen einen Strafzettel erhalten. Wie auch sonst sollte man, alt und hinfällig, den Supermarkt erreichen? Keiner macht sich Gedanken, daß mit schlechten Bremsen und abgefahrenen Reifen mit dem eigenen und dem Leben anderer gespielt wird.

Überraschend viele vertraute oder auch fremdländische Städtenamen gibt es. Man kann nach Weimar und Bamberg reisen oder in Siedlungen, die Humboldt, Luther und Bismarck heißen. Um in Palermo, Malaga, Cadiz oder Alexandria anzukommen bedarf es keiner Schiffsreise. Lebanon gibt es siebzehnmal, Berlin gleich neun- und

Stuttgart achtmal. Den Vogel aber schießt Paris ab, mit 20 Orten wird an die Stadt an der Seine erinnert.

Eine dieser zahlreichen, an die berühmten Zedern erinnernden Lebanons, ist beispielsweise Lebanon in Kansas. Ein verschlafenes Städtchen, ein Hintertupfingen von auffälliger Langsamkeit, das unter jeder Wirtschaftsmisere leidet. In der Kleinstadt Lebanon in Kansas ist, wie in vielen anderen, alles vorhanden was einmal typisch Nordamerika war. Dort gibt es zusätzlich ein kleines Restaurant, eine Minipost und ein Waffengeschäft. Das modernste Gebäude ist die Bank. Das schönste ist die überdimensionierte Baptistenkirche, ein Auswuchs der unglaublich aktiven Religiosität in den Staaten. In diesem Milieu wird Spreu vom Weizen geschieden, je nachdem, ob man Sonntags in die Kirche geht oder nicht. An jedem Sonntag sind die Parkplätze der Kirche deshalb voll und die Kirche ist überfüllt. Der Pastor predigt zur Gemeinde wie ein Vater zu seinen Kindern, spricht von der Liebe, dem göttlichen Licht, das in das menschliche Dunkel bricht. Während der Sammelkorb herumgereicht wird spricht der Prediger über die Wichtigkeit des Gebens. Für diejenigen die es vorziehen ihr Scherflein per Kreditkarte beizutragen wird unter Hinweis auf das Matthäusevangelium, genauer gesagt auf die Bergpredigt, eine gebührenfreie Telefonnummer genannt. Für eine große Zahl von Amerikanern ist die Kirche bewußt oder unbewußt eine Versicherung zur Erlangung der ewigen Seligkeit. Je regelmäßiger man in die Kirche geht, je eifriger man sich an den Gemeindebasaren beteiligt, je großzügiger man sein Scherflein in den Kirchensäckel steckt, Beiträge oder Sonderspenden stiftet, desto zuverlässiger versichert man sich gegen das Höllenfeuer. Anders gesagt: Je höher die Prämien sind, die man in die Versicherung des Allmächtigen im Himmel einzahlt, desto höher ist die Versicherungsleistung. Je mehr für die Kirche gespendet wird, so glauben sie, desto großartiger wird Petrus den Spender an der Himmelspforte empfangen.

Für den einen oder anderen Kirchenbesucher mag auch hier, wie überall auf der Welt, der Glaube die letzte Hoffnung sein. Wenn es den Leuten schlecht geht, fangen sie an von Gott zu reden und an die Vergänglichkeit des Daseins zu denken. Am Ende des Gottesdienstes wird an der Kirchentüre jeder vom Prediger mit Handschlag verabschiedet, und wer will kann mit ihm auch ein paar Worte reden.

Richtig einkaufen kann man nur im Supermarkt am Stadtrand und ohne Auto fast nicht erreichbar. Dort läßt sich, ohne daß man noch einmal ins Auto steigen muß, alles zusammenkaufen, was man zum Leben benötigt. Bushaltestellen gibt es, nur weiß keiner so recht, ob und wann der Bus fährt. Einen Fahrplan braucht hier keiner, man fährt nicht Bus. Die Lokalbusse auf dem Land verkehren in anarchistischen Zeittakten, zum Ausgleich trägt der Fahrer zu Weihnachten eine Nikolausmütze und ist wie immer sehr nett. Nur Wechselgeld gibt es nicht, so lautet nun mal die Vorschrift. Das wackelige Haltestellenschild steckt schief und einsam auf dem Grasstreifen. Ride on – Fahr mit, heißt die private Busfirma. Rechts und links braust der Verkehr vorbei. Es gibt keinen Überweg, keinen Unterstand, keine Bank, keine Beleuchtung. Wenn es regnet oder schneit steht man knöcheltief im Dreck und wartet. Bürgersteige für Fußgänger gibt es nicht. Busfahren gilt als Armutszeugnis. Mit dem Bus fahren nur diejenigen, die überhaupt nichts haben, kein Geld und kein Ansehen, vor allem verarmte Schwarze. Buslinien werden von den Einheimischen nicht gerne gesehen. Man betrachtet sie als

Einfallstor für die Unterschicht, die Kriminalität in den Ort bringt.

An diesen Ortschaften ist jeglicher wirtschaftliche Aufschwung seit Jahrzehnten vorbeigegangen. Die Bevölkerung lebt praktisch von der Hand in den Mund, mit kleinen Einnahmen, z.Bsp. aus stundenweiser Arbeit, Briefe austragen, dazu noch geringe Einnahmen aus Vermietung und Verpachtung. Wenn in der Familie alle ihr Geld zusammenlegen reicht es für ein bescheidenes Leben.

Vereinsamte, no job, no money, no sex, no phone, saufen in ihrer hölzernen Bruchbude vor sich hin und werden verachtet. Naive Alleinstehende nerven ihre Nachbarn durch unwillkommene Hausbesuche, keiner sagt es ihnen ins Gesicht. Sie verstehen so wenig von Gott und der Welt, wie die ineffiziente Polizei und der im alttestamentarischen, unerbittlichen Strafdenken vor sich hin fantasierende Sonntagsprediger der Gemeinde.

Gehört jemand der Gemeinde der Pfingstbewegung an, einer der zahlreichen christlichen Gruppierungen, legen die Gemeindemitglieder nicht einmal Wert auf Kleidung. Latzhosen mit Baseballmütze und Jeanskleider sind allgegenwärtig. Pietistische Strebsamkeit fiel schon immer durch unscheinbare Kleidung auf und überließ die Farbe dem Luxus. Wer auf Farbe verzichtet, schafft sich ein moralisches, wenn nicht gar religiöses Überlegenheitsgefühl über den Tand der bunten Welt. Bunt gekleidete Frauen werden von den Pfingstkirchlern gern als Luxusobjekte verachtet. Den Pfingstkirchlern, insgesamt sind es 11 Millionen, gelten deshalb schöne Kleidung und Schmuck als verachtenswerter Tand. Selbst der Pastor predigt in Jeans und Holzfällerhemd. Der patriarchalische Ehemann ist

„Gods gift to women" – das Geschenk Gottes an die Frau. Es sind welche darunter, die behaupten sie hätten nur zur Zeugung ihrer Kinder mit der Ehefrau geschlafen und dann nicht mehr. Weil die Wollust die erste der sieben Todsünden ist, halten sie sich von weiterem Sex fern und führen eine Josefsehe. Ihre Frauen sind durch Frömmigkeit und Frigidität vor jeglichem Seitensprung geschützt. Ihre Frömmigkeit ist für sie völlig normal und jede Abweichung für sie abnormal und unfein. Selbstverständlich werden ihre Kinder in der gleichen Gedankenwelt erzogen. Alles Geld das sie am Ende des Monats übrig haben, wird der Gemeinde zur Verfügung gestellt. Wenigstens dürfen ihre Frauen die Haare auf dem Kopf behalten und müssen nicht, wie die Frauen der frommen orthodoxen Juden, ihren Kopf scheren. Deren Frauen müssen, um überhaupt aus dem Haus gehen zu können, ein Kopftuch oder eine Perücke tragen. Ihr ganzes Leben orientiert sich an der Bibel. Die Kirche ist der Mittelpunkt ihres geistigen Lebens. Nach jedem Abendessen wird aus der Bibel vorgelesen. Zusätzlich liest man bestenfalls noch die Tageszeitung der nächsten Stadt oder das örtliche Käseblatt, wenn denn ein solches existent ist, sonst nichts, es sei denn man schenkt sich ein neues Andachtsbuch, das der Pastor empfahl. So karg wie die Einrichtung des Hauses ist das Seelenleben der Pfingstler. Sie kümmern sich hauptsächlich um die ewige Seligkeit, um Gut und Böse und die Zehn Gebote. Alles andere ist nicht unbedingt von Übel, aber im Alltag unbedeutend. Im Gleichmaß der vergehenden Tage und Jahre bemüht man sich dauernd und ehrlich um die Frage: „Wie bekomme ich einen gnädigen Gott?".

Bekannt für viele Kirchen ist der Ort Rainsville. Nach der Auflistung in der örtlichen Zeitung gibt es in Rainsville und Umgebung für die diversen christlichen Bekenntnisse und ihre Gruppierungen 96 Gotteshäuser. Für die „Versammlung Gottes der Baptisten", für die der „Christlichen Wissenschaft", der „Kirche Christi", der „Kirche Gottes", der „Kirche Gottes in Christo", der Kongregationalisten", der Episcopalians, der Zeugen Jehovas, der Lutheraner, der Methodisten, der Nazarener, der Presbyterianer, der römischen Katholiken, der Adventisten vom Siebenten Tage, der Spiritualisten, der Unitarier, und für die 80 anderen Konfessionen in Rainsville.

Und in Perryton, Texas, gibt es 28 Kirchen. Sie betonen alle, aufrechte Christen zu sein und es gibt welche, die sogar die Zehn Gebote im Vorgarten ihres Hauses aufstellen. Etliche der christlichen Kleinkirchen werden von Predigern geführt, die weder Theologie studiert noch eine fundierte Bibelschulung besucht haben. Gott hat sie erwählt und damit gibt sich die Gemeinde zufrieden. Jeder geltungssüchtige Schönschwätzer hat die Chance Gemeindevorsteher und Prediger zu werden. Alle zwei Tage entstehen in Amerika Kirchen wie diese und andere verschwinden wieder. Der selbsternannte Pastor predigt streng nach der Bibel, meist eine Uraltübersetzung und läßt davon auch kein Wort aus. Die Interpretation des Bibeltextes bleibt seiner blühenden Fantasie überlassen, die, wie er mit voller Überzeugung meint, von Gott kommt. Sie haben keinerlei Vorstellung darüber, daß bestimmte Bibelstellen, etwa die Römerbriefe des Apostel Paulus über das Zorngericht Gottes, sich nur aus dem Zeitgeist heraus richtig verstehen lassen und nicht mit individueller Fantasie. Niemand wundert sich, wenn der halbdemente Knotterkauz in seiner Funktion als Selfmade-Pastor predigt, Jesus Christus wäre der allmächtige Gott, weil er nach 3 Tagen von den Toten auferstanden ist. Das Johannesevangelium hatte der noch nicht gelesen oder falsch verstanden.

Ein Pastor in einer solchen kleinen Kirche mit rund 60 Gemeindemitgliedern in Gainsville, Florida, hatte Koranbücher gesammelt und angekündigt diese am 11. September 2010, dem neunten Jahrestag des Anschlages von islamistischen Terroristen auf das World Trade Center, öffentlich zu verbrennen. Grund war der geplante Bau einer Moschee in der Nähe des Ground Zero in New York. Die Absicht des Pastors hatte die US-Regierung zunehmend beunruhigt. Nach Protesten seitens der US-Regierung, insbesondere vom Außenministerium und Präsidenten auf den zerstörerischen Akt zu verzichten, weil dieser schwerwiegende Gewalt in Pakistan und Afghanistan auslösen könnte, hatte der Pastor die Verbrennung des Korans schließlich abgeblasen. Maßgeblich am Rückzug in dieser Sache dürfte jedoch seine in Deutschland lebende Tochter gewesen sein, die ihrem Vater ins Gewissen redete und auf deren Bedenken er hörte. Sie war in Sorge um ihn und die beiden Brüder, deren Leben sie in der Folge durch Heckenschützen bedroht sah. Der Pastor ließ einen seiner Söhne vor der Presse den Rückzug von seinem Vorhaben verkünden. Auf die Frage eines Journalisten: „Auch für die Zukunft?" gab der Sohn zur Antwort, er könne nicht für die Zukunft sprechen. Zwischenzeitlich war es in Pakistan bereits zu Demonstrationen gegen das Vorhaben des Pastors gekommen, bei denen ein Mensch zu Tode kam. Die Demonstranten in Pakistan schrien: „Tod dem Westen!". Der Pastor hatte später zugegeben keine wirkliche Ahnung vom Koran und dessen Handhabung zu haben, obwohl er ein Buch mit dem Titel „Islam is of the Devil" geschrieben hatte. Man muß sich nicht wundern, wenn einheimische radikalisierte islamische Einzeltäter, getrieben vom Haß, zur terroristischen Bedrohung der USA werden. Diese sind schwer zu fassen, wenn sie sich nicht durch vorab geäußerte Drohungen, durch Kauf von Chemikalien und Sprengstoff verraten oder sonstige Spuren im Internet legen, deshalb wird in den USA das Internet mit hohem technischen Aufwand und einem gewaltigen Überwachungsprogramm weltweit überwacht. Diese globale Überwachung wird von den amerikanischen Präsidenten höchstpersönlich abgesegnet. Nach deren Meinung kann es keinen maximalen Schutz vor Terror und gleichzeitig Datenschutz der Privatsphäre geben, außerdem wäre der Präsident für die Sicherheit der Amerikaner verantwortlich.

Schließlich hat Terry Jones doch einen Koran verbrannt und die Aktion im Internet veröffentlicht. Dies führte zu Massenprotesten in Pakistan und Afghanistan. Im Zuge der Proteste wurde in Kabul die UN-Mission angezündet, dabei verloren 8 Menschen verschiedener Nationalität ihr Leben, und viele wurden schwer verletzt. Insgesamt verloren bei den Massenprotesten 20 Menschen ihr Leben. Um sich der Gedankenwelt im benachbarten Pakistan anzunähern, muß man wissen, daß nach den Gesetzen in Pakistan jedem die Todesstrafe oder lebenslange Haft droht, der schlecht über den Islam oder den Propheten Mohammed spricht oder den Koran entweiht. Bereits eine Anschuldigung kann in Pakistan den Tod bedeuten, selbst wenn sie nur auf Gerüchten basiert. Blasphemie ist in Pakistan eine der heikelsten gesellschaftlichen Angelegenheiten. Wegen den Blasphemiegesetzen Pakistans wurden in den vergangenen Jahren Dutzende festgenommen. Ihnen droht die Todesstrafe. Das gilt auch für Ausländer. Ein Gericht in Pakistan hat einen Briten wegen Blasphemie zum Tode verurteilt, weil dieser behauptete er sei der Prophet Mohammed.

Dann in Folge hat Terry Jones trotzdem noch mehrere Ausgaben des Koran verbrannt, um nach Medienberichten gegen die Inhaftierung des evangelischen Pastors Nadarchani im Iran zu protestieren. Diesem droht die Todesstrafe, nur weil er vom Islam zum Christentum konvertierte, für Moslems eine Todsünde. Es gibt bereits für Bekehrungsversuche Todesdrohungen von orthodoxen Muslimen, denn für die Orthodoxen ist schon der Versuch einer Bekehrung eine Todsünde. Sie sind auf Exklusivität der eigenen Überzeugung bedacht, es gibt nur den einen Gott. Sie haben kein Bedürfnis nach Meinungsfreiheit und Toleranz, keinem ist erlaubt nach seiner Façon selig zu werden. Die Demokraten haben die Verbrennung des Korans scharf kritisiert, aus ihrer Sicht ein Akt extremer Intoleranz.

Den Koran darf man, im Gegensatz zur Bibel, nicht aufgeschlagen liegenlassen und er muß in einem Bücherstapel immer zuoberst liegen. Egal wie zerfleddert er ist, niemals darf der Koran verbrannt werden. Gegen die Verbrennung des Korans konnte juristisch nicht vorgegangen werden, weil in den USA die Gotteslästerung allgemein, wegen der vorrangigen Meinungsfreiheit, nicht verboten ist. Festgelegt ist dies im ersten Zusatz zur amerikanischen Verfassung, dem First Amendment. Die Gründerväter untersagten 1787 dem US-Kongreß, die bürgerlichen Freiheiten einzuschränken. Dies wurde vom obersten Gericht mehrfach, zuletzt 1989, bestätigt, deshalb darf auch die amerikanische Flagge und sogar das Kreuz im Namen der Meinungsfreiheit ungestraft verbrannt werden. Eine Freiheit, die anderswo ohnehin erlaubt ist. Bis heute zündet der Ku-Klux-Klan, ein rechtsextremistischer amerikanischer Geheimbund, gegründet am 24.12.1865 zur Unterdrückung der Schwarzen, bei seinen nächtlichen Zusammenkünften Kreuze an, die sie während ihres Rituals niederbrennen.

Einige Monate später wurde in den USA ein die Muslime vorsätzlich provozierender Videofilm von Pastor Terry Jones beworben. In dem provokativen Schmähvideo gegen den Propheten Mohammed „Innocence of Muslims" – Unschuld der Muslime, mutmaßlich produziert von einem Einwanderer mit amerikanischer Staatsbürgerschaft, der in jungen Jahren aus Ägypten kam. In seinem Video wird der Religionsstifter vorsätzlich beleidigt und verächtlich gemacht. Der Prophet und seine Gefolgsleute werden als Gewalttäter gezeigt, die morden, foltern, vergewaltigen und Kinder schänden. Zusätzlich wird der Prophet im Film als Trottel und sexbesessener Frauenheld dargestellt. Wegen der in der amerikanischen Verfassung zugesicherten und weit ausgelegten Meinungsfreiheit war die Produktion des Filmes vollkommen legal. Selbst haßerfüllte öffentliche Rede ist deshalb erlaubt.

Aus Empörung über diesen Film stürmten, aufgerufen durch muslimische Terroristen, die Muslime in mehreren Ländern US-Einrichtungen und demolierten diese. Menschen kamen zu Tode und Hunderte wurden verletzt. In Libyen wurde die US-Botschaft in Brand gesteckt, der amerikanische Botschafter und drei weitere Mitarbeiter kamen dabei ums Leben. Die Überreaktion vieler Muslime war vorhersehbar. Bereits ein Gerücht über den Film hätte ausgereicht gewalttätige Proteste zu entfachen. Amerikaner sollten bedenken: Westliche Meinungsfreiheit ist rechtens, gleichzeitig aber sollten Toleranz und besonders der Respekt gegenüber religiöser Überzeugung ebenfalls Beachtung finden und Provokationen unterbleiben. Die in Anspruch genommene Meinungsfreiheit erlaubt sehr viel, sollte aber ihre Grenzen kennen, wenn sie beleidigt oder entwürdigt. Für westliche Staaten, besonders die USA, die hochtrabend für ihre Lebensart und Werte werben, wäre etwas mehr Zurückhaltung klüger. Der mutmaßliche Urheber des Islamvideos stand wegen eines Scheckbetruges für fünf Jahre unter Bewährung und wurde schließlich wegen Verstoßes gegen die Bewährungsauflagen, und nicht wegen der Provokation, erneut inhaftiert. Im Gefängnis wird er sicher Muslimen begegnen und muß dort oder spätestens nach seiner Entlassung um sein Leben fürchten.

Die Folgen dieser Vorfälle werden auch in Zukunft noch spürbar sein. Wenn Prediger davon in Koranschulen erzählen, können sich die Werber von Terrorgruppen kaum noch vor Nachwuchs retten und jeder dieser Vorgänge radikalisiert auch in den amerikanischen Kinder- und Jugendzimmern muslimische Teenager. Der Islam wird nicht nur in Pakistan, Afghanistan oder in der arabischen Welt verteidigt.

Neben der erwähnten staatlichen Überwachung, um weiteren Terror zu verhindern, spioniert der US-Geheimdienst NSA mit der systematischen Überwachung des Internets und des Telefonverkehrs weltweit alles Erdenkliche aus, Wirtschaftsspionage inbegriffen.Wenn es Informationen gibt, die dem nationalen Interesse der USA nützlich sind, aber nichts mit der nationalen Sicherheit zu tun haben, werden diese Informationen nach der Aussage des ehemaligen Geheimdienstmitarbeiters Snowden trotzdem weitergereicht. Wirtschaftsspionage gehört inzwischen zur Kernaufgabe der NSA. Sie halten Wirtschaftsspionage für ein legitimes Instrument, um mit dem Rohstoff Wissen ihren eigenen wirtschaftlichen Aufstieg zu beschleunigen. Nach einem englischen Zeitungsbericht sammelt die NSA weltweit mit ihrem Programm „Dishfire" täglich (!) fünf Milliarden Positionsdaten allein von Mobiltelefonen, dazu Telefongespräche, Reisepläne, Finanztransaktionen aus Datenzapfstellen wie Unterseekabel und Internetknoten u.s.w., insgesamt sollen es 29 Petabytes, eine Zahl mit 15 Nullen, an täglichen Daten sein. Die NSA schafft es mittels der verfügbaren Technologie das herauszufiltern was für sie interessant ist. Dies ist seit den Enthüllungen des ehemaligen Geheimdienstmitarbeiters Snowden detailliert bekannt. Daß selbst die Telefongespräche befreundeter Politiker überwacht werden, erregte weltweit Aufsehen, Kritik und auch Empörung. Das Handy von Kanzlerin Merkel und ihres Vorgängers war davon nicht ausgenommen. Wegen der Überwachung durch die NSA bezeichnete China, in einem beißenden Kommentar, die USA als den größten Schurken unserer Zeit. Die USA schulde China und anderen Ländern eine Erklärung.

Für die meisten Amerikaner ist die weltweite Datenspionage durch ihren Geheimdienst kein großes Ding, deshalb gibt es auch im US-Kongreß nur wenig Kritik an der NSA. Bei einer Umfrage in den USA waren 68 % der Ansicht, die Überwachungen seien trotz der Orwellschen Dimensionen richtig, weil sie der Sicherheit der USA dienten. Nach ihrer Meinung hat der Whistleblower Snowden den Interessen der USA geschadet. Man ist sich keiner großen Schuld bewußt, will man doch nur wissen was die belauschten Politiker in Europa und in der übrigen Welt in Wahrheit denken. Die Kenntnis der Absichten ausländischer Staatsmänner gehört seit jeher zur Grundlage ihrer geheimdienstlichen Analysen. Das Abhören von Telefon oder Handy Deutscher Bundeskanzler hat deshalb Methode. Die Überwachung der Telekommunikation ist eine seit Jahrzehnten übliche Praxis der USA. Die deutschen Bemühungen, um ein Abkommen welches das gegenseitige Ausspionieren unterbinden soll, sind sinnlos. Kanzlerin Merkel und ihr Außenminister erhielten nicht einmal die erwartete Entschuldigung vom amerikanischen Präsidenten. Dieser erklärte der Kanzlerin, wenig glaubhaft, daß sie – während seiner Amtszeit – nicht mehr abgehört würde. Nach der einhelligen Meinung der Präsidenten dient die weltweite „Überwachung" der Sicherheit der USA und seiner Partner.

Die amerikanischen Präsidenten stecken nicht selten zum Ende ihrer Amtszeit in einem Beliebtheitstief fest. Sie versuchen dann nicht nur mit der Sicherheit durch Überwachung, sondern auch mit sozialen Themen zu punkten. Wie immer wird dann darüber geredet mit dem Abbau sozialer Mißstände das Leben der Amerikaner zu verbessern oder es wird vorgeschlagen den staatlich vorgeschriebenen Mindestlohn anzuheben, verwirklicht wird aber wenig bis gar nichts.

Immer wieder erregen extreme Sekten Aufmerksamkeit. Der spektakulärste Fall ereignete sich bereits 1978 in Jonestown im Urwald von Guyana. Ein amerikanischer Sektierer hatte sich mit seinen Getreuen nach dorthin zurückgezogen. Alle 920 Mitglieder der Gruppe, darunter 275 Kinder, einschließlich dem Sektenführer wurden damals tot aufgefunden. Solche Extreme sind aber auch heute noch nicht ausgeschlossen. Unlängst löste das mysteriöse Verschwinden von fünf Erwachsenen und acht Kindern in Los Angeles einen großangelegten Sucheinsatz der Polizei aus. Die Vermißten sollen einer extrem religiösen Gruppe angehören, die sich unter ihrer Anführerin und deren Schwester von der örtlichen Kirchengemeinde losgesagt haben. Die Ehemänner der beiden Schwestern hatten Alarm geschlagen und von einer „Gehirnwäsche", durchgeführt von den beiden Frauen, gesprochen. Die Verschwundenen sollen Briefe hinterlegt haben, darin stehe: „Daß sie bald in den Himmel kommen und dort Jesus und ihre toten Verwandten sehen werden."

Ein Phänomen sind die Untergangspropheten, sie tauchen in Abständen immer wieder auf. Am Morgen des 22. Oktober 1844 warteten etwa hunderttausend Menschen in den USA und in Kanada auf das Ende der Welt. Sie kamen aus allen Schichten – Ärzte, Anwälte, Bauern, Landstreicher. Sie glaubten an die Berechnung von William Miller, einem Do-it-yourself-Prediger aus New York. Er hatte die Bibel analysiert und ausgerechnet, daß Christus an diesem Tag wiederkehren würde, um die wenigen guten Menschen in den Himmel zu nehmen und den Rest in die Hölle zu den Verzweifelten zu stoßen, wo sie wegen ihrer Sünden auf alle Ewigkeit leiden müßten. Sie hatten ihr Hab und Gut verkauft, sich von ihren Freunden verabschiedet und warteten auf die große Erscheinung. Die Milleriten und ihre Anhänger versammelten sich in Kirchen und Häusern, auf Hügeln und in Waldlichtungen. Doch am Morgen des 22. Oktober ging die Sonne ganz normal auf und es geschah nichts. Kein Messias weit und breit. Der Tag ging als Great Disappointment – große Entäuschung in die amerikanische Kirchengeschichte ein. Die Milleriten wurden zum Gespött, aber die harten Anhänger unter ihnen glaubten nicht, daß sie falsch gelegen hatten. Sie behaupteten nun, Christus wäre am 22. Oktober zur Erde niedergestiegen, direkt in die Herzen der Anhänger.

Ein 90-jähriger Weltuntergangsprediger aus San Francisco prophezeite für den 21. Mai 2010, wie des öfteren andere vor ihm, den Weltuntergang. Als die Apokalypse ausblieb erklärte er in einem Brief an seine unabhängige Gemeinde schlicht, es gäbe auch keinen Hinweis auf ein Ende der Welt in nächster Zeit. Er werde keine weiteren Daten prüfen. Seine christliche Organisation hatte in Kalifornien Millionen Dollar ausgegeben, um auf Plakaten und mit Flyern vor dem Tag des Untergangs zu warnen. Alle die sich kurz vor dem vermeintlichen Weltuntergang mit ihrer Kreditkarte noch allerlei geleistet hatten müssen nun dafür büßen, weil sie ihre Schulden belasten.

Religiöse Überzeugungen, die in den USA traditionell problemlos ausgelebt werden können (keiner amüsiert sich über Spinner und Sektierer) haben einer deutschen christlichen Familie, die mit einem Touristenvisa nach Amerika flüchtete, zu politischem Asyl verholfen. Die Familie war Hals über Kopf in die USA eingereist, weil sie ihre Kinder aus religiöser Überzeugung nicht in eine öffentliche Schule schicken wollte. Sie bestanden darauf ihre Kinder zu Hause selbst zu unterrichten. Nach Meinung der religiösen Eiferer herrsche an deutschen Schulen ein unzumutbares unchristliches Treiben. In Deutschland ist die Schulpflicht und privater Hausunterricht sehr restriktiv geregelt, in den USA dagegen ist es ein klassisches Elternrecht. Aus diesem Grund konnten sie wegen „religiöser Verfolgung" in Amerika Asyl erhalten. Der Asylantrag wurde mit Hilfe des US-Vereins Homeschooling eingereicht.

Der Einwanderungsrichter im konservativen Memphis, Tennessee, begründete die Genehmigung des Asylantrages mit der Verletzung elementarer Menschenrechte in Deutschland. Nach der Meinung des US-Richters war der Vorfall abstoßend. Daß in deutschen Gerichtsurteilen von abstrakten Prinzipien, wie der Angst vor einer Parallelgesellschaft, gesprochen wird, erscheint in den USA als absurde Denkweise. Der Richter bezeichnete die deutsche Gerichtsentscheidung darüber hinaus als seltsam und dumm. Nach den Ausführungen des Anwaltes der Familie sei „seit Hitlers Zeiten", die Bildung an den Besuch einer Schule gekoppelt, die eine ideologische Uniformität fördere. Die Anspielung auf die Nazivergangenheit führt in den USA noch immer zu heftigen Abwehrreflexen. Die generelle Verpflichtung eine vom Staat genehmigte öffentliche oder private Schule zu besuchen, löst in Amerika Befremden aus. In Deutschland ist die Furcht vor Parallelgesellschaften wohl begründet, sonst müßte auch radikalen Muslimen, neben anderen radikalen Strömungen, ein Recht auf eigene Unterrichtung zugestanden werden. Ein Argument, das die Amerikaner nach dem Attentat vom 11. September 2001 und dem weltweiten Terror nicht leichtfertig vom Tisch wischen sollten. Eine muslimische Parallelgesellschaft beinhaltet auch sogenannte Friedensrichter, die nach islamischem Recht urteilen. Ob dies für den US-Richter auch kein Problem wäre?

In den meisten streng religiösen Familien, die den öffentlichen Schulen mißtrauen, aber nicht nur dort, werden die Kinder zu Hause unterrichtet. „Homeschooling" ist besonders in den bigotten Südstaaten weit verbreitet. Schätzungsweise sind 1,5 Millionen Kinder „Homeschooler", die von den Eltern unterrichtet werden. 58 % davon verstehen sich als Fundamentalisten, die Tendenz ist steigend. Die Qualität dieses privaten Schulunterrichtes wird in vielen Fällen ohne Zweifel erbärmlich und mangelhaft sein, besonders wenn er naiverweise von dürftig qualifizierten bildungsfernen Eltern erteilt wird. Die USA stehen deshalb weltweit erst an 7. Stelle bei der Alphabetisierung. Beim Schreibenlernen werden es die einen oder anderen den öffentlichen Schulen in vielen Bundesstaaten gleichtun. In einigen wurde der Unterricht für das Erlernen der Schreibschrift aus dem Pflichtprogramm der Schulen gestrichen. Die Schüler sollen stattdessen schon in der Grundschule den Umgang mit der Schreibtastatur lernen. Damit wird ein radikaler Schlußstrich unter eine Kulturtechnik gezogen, die viele Amerikaner im Computerzeitalter für überholt halten. Die Tageszeitung „Tribune Star" zitiert Leser, die sinngemäß sagen: „Ich schreibe so gut wie nie und verwende ein Keyboard oder mein Telefon, wie es meine Generation eben tut". Auf Orthografie und Grammatik wird kein besonderer Wert mehr gelegt. Die Zahl der sog. funktionalen Analphabeten nimmt drastisch zu. Das sind Menschen, die einzelne Wörter und Sätze dem Sinn nach lesen können, aber längere Texte nicht mehr. Der nächste Schritt ist, daß sie längere zusammenhängende Gedanken und Sätze nicht formulieren können. Man kann sich gut vorstellen, daß es eines Tages möglich sein wird den Alltag ohne Lese- und Schreibfähigkeit zu bewältigen. Google entwickelt bereits technische Geräte, die man problemlos mündlich bedienen kann.

Aber was passiert, wenn man nicht einmal mehr unterschreiben kann? Das Wirtschaftsblatt „Wall Street Journal" fragt spöttisch, ob man künftig Immigranten anheuert, um die Unterschrift unter sein Testament oder seine Heiratsurkunde zu schreiben, weil die Amerikaner das bald nicht mehr können.

Es ist ihnen nicht bewußt, daß die Schrift, auch die Handschrift, ein Ausdruck von Kultur ist. Sie ist ein einfaches Mittel zur Kommunikation im sozialen Umfeld, wie es

Sprache und Umgangsformen auch sind. Nicht ohne Grund sagen die Chinesen, wenn jemand deine Schrift sieht, weiß er wer du bist.

Wenn Schreib-und Lesefähigkeit durch technischen Wandel im Alltag immer unwichtiger wird, entwickelt sich dies zum sozialen Unterscheidungsmerkmal. Die Eliten lesen und schreiben, die Unterprivilegierten schauen und posten Fotos. In der Folge wird der Zugang zur Bildung für Kinder unterer sozialer Schichten noch schwerer. Erst die Literalität ermöglicht geistige Entwicklung und beruflichen Erfolg.

Angesichts weiterer schulischer Herausforderungen in der Zukunft ist es der falsche Weg, überall dort die Anforderungen herunterzuschrauben, wo ihre Erfüllung Arbeit und Disziplin erfordert. Ganz nebenbei wird den Kindern auch das beglückende Gefühl genommen, Ziele und Erfolge aus eigener Kraft und durch eigene Leistung erreicht zu haben. Oder soll nur Zeit eingespart werden? Aber was tun mit der gewonnenen Zeit? Rechnen lernen? Wozu gibt es Taschenrechner etc. – Wozu noch überhaupt in die Schule gehen? Vereinfachen wir das Leben, schaffen wir alles ab was den Kindern Mühe macht. Steht nicht alles im Internet? Eltern auf nach Amerika!

Im jährlichen Bericht des US-Außenministeriums zur globalen Religionsfreiheit, wird Deutschland stets kritisiert, wenn die Scientologen attackiert werden. Die Sorge jener, die ihre alte Kirche bewahren wollen und gegen eine Unterwanderung durch entsprechend in den USA ausgebildeten und geschulten Kräften sind, wird in den USA nicht verstanden. Dort steht man ganz und gar hinter der Wohlfühl- und Erfolgsideologie der amerikanischen Mega-Kirchen samt deren schwarz-weiß-Weltbild und geschmacklosen Eventzirkus. Von den Überzeugungspraktiken wollen sie nichts hören. Heiraten Scientologen eine Andersgläubige, muß diese konvertieren und die Kinder werden ab dem fünften Lebensjahr ein Teil der Kirche. Wenn sich einer der Partner dagegen ausspricht und nicht möchte, daß die Kinder als Teil der Kirche aufwachsen, wird diese Person disconnected – abgeschnitten. Ein Trennungsbefehl der Kirche leitet die Ehescheidung ein. Die Kinder werden mit dem sog. „Sec Checking" laufend überprüft. Ihnen werden Fragen nach ihrem Verhältnis zu Familienmitgliedern gestellt. Sektenaussteiger bezeichnen diese Fragerei als eine Art von Psychoterror. Nach den Regeln der Scientologen hat man sich von allen Personen, auch Kindern oder Eltern, zu trennen, wenn sie sich dagegen stellen.

Trägt jemand durch einen Unfall eine Schädigung davon, ist er grundsätzlich selber Schuld und zählt fortan zur zweiten Klasse. Dies gilt auch für Brillenträger, denn es ist eine Behinderung. Sie sagen: Alle Personen, die keine Scientologen sind, sind geisteskrank. Wie ihr 1986 verstorbener Sektengründer Hubbard sind sie überzeugt, daß nur die Scientologen die Welt retten können. Und es gibt nur zwei Arten von Menschen, Scientologen und Nicht-Scientologen. Scientologen dürfen über Nicht-Scientologen richten, deshalb überziehen sie Ausstiegewillige mit Psychoterror.

Sie verfolgen auch ganz normale Bürger, wenn sie gegen ihre Sekte protestieren, diese ausschnüffeln oder belästigen. Wer ihre Weltanschauung nicht teilt und dies öffentlich bekannt gibt muß mit Belästigung und Verfolgung rechnen. Sie begründen dies damit, daß sie nur ihre Leute vor Einschüchterung und Belästigung schützen wollen. Sie haben schon viele mundtot gemacht, die über sie berichten wollten. Vor allem Sektenmitglieder, die mit den Scientologen gebrochen haben und nun andere Menschen vor den Methoden der Sekte warnen, wurden mit Prozessen überzogen und eingeschüchtert. Die Organisation der Scientologen ist sehr wohlhabend und verfügt über ein effektives Team an Juristen, das für ihre abwegigen Rechtsstreitigkeiten berüchtigt und bekannt ist.

Hochkarätige Aussteiger werden gnadenlos verfolgt.

Als Scientologe arbeitet man sich gewissermaßen eine Karriereleiter empor. Von Level zu Level, mit dem Ziel, „clear" zu werden. Je nach Leistung erreicht man dabei einen bestimmten „Thetanen-Level".

Sämtliche Führungskräfte gehören einer internen Eliteorganisation, der „Sea Org" an. Wer es in diesen erlesenen Zirkel schafft, verzichtet auf all seinen Besitz, erhält ein wöchentliches Gehalt von 40 $, muß sich von äußeren Einflüssen frei machen, d.h. von Personen, die aus deren Sicht Feinde sind. Ist man in dieser Position angelangt, muß man sich außerdem für eine Milliarde Jahre an Scientology binden. Die Mitarbeiter bei den Scientologen sind, trotz haarsträubender Arbeits- und Lebensbedingungen, in der Regel hochmotiviert. Vielen wurde aller Besitz abgenommen, bei manchen sogar Häuser und Versicherungen. Wer seinen Beitrag auf andere Weise als mit Geld leisten will, kann einen Job bei den Scientologen übernehmen, bekommt das wöchentliche Taschengeld und nur ganz wenige Urlaubstage.

Bei den Thetanen nach denen die Level der Karriere benannt sind, handelt es sich um merkwürdige Geschöpfe. Nach der Vorstellung der Scientologen litt das aus 76 Planeten bestehende Universum vor Millionen von Jahren an einer Überbevölkerung. Einer der intergalaktischen

Kriegsherren mit dem Namen Xenu reiste deshalb mit einem Rettungsauftrag durch die Galaxien. Dieser Xenu sammelte den Abschaum der Bevölkerung des Universums zusammen, vor allem die Verbrecher und andere mißliebige Gestalten. Hier auf dem Planet Erde ließ er sie dann umbringen indem er sie in hawaiianische Vulkane einsperrte und darüber Wasserstoffbomben zündete.

Seitdem gibt es auf der Erde Thetanen, das sind die Geister der Ermordeten. Auf der Suche nach einem Körper hängen sie sich an primitive Menschen und nehmen in ihnen Gestalt an. Und wenn heutige Menschen ein Problem haben, liegt das nach der Lehre von Scientology an dem Thetanen, der tief in seinem inneren schläft. Die Scientologen bieten dem Menschen Hilfe an, den inneren Thetanen abzuschütteln.

Der Sektengründer Ron Hubbard, ein ehemaliger Science-Fiktion-Autor, hat in den 50er Jahren als Redner an Universitäten behauptet, er sei einige hundert Millionen Jahre alt und reise als Beobachter durch das Weltall von Planet zu Planet. Es gibt es Tonaufnahmen von diesen und anderen aberwitzigen Behauptungen, die er in vollem Ernst von sich gab.

Einen solchen Unsinn kann man selbst dem dümmsten Neumitglied der Sekte nicht sofort zumuten. Deshalb gibt es die Informationen über die Thetanen und andere Informationen jeweils erst ab dem Erreichen einer bestimmten Karrierestufe. Davor dürfen die Sektenmitglieder auf keinen Fall einen Blick auf den Teil der Schriften von Ron Hubbard werfen, auf den sie noch nicht vorbereitet wurden. Zum Beispiel erfahren Scientologen erst ab dem 3. Level, daß ihre Welt von Außerirdischen bevölkert wird.

Die Schriften sind nicht nur geheim, sie sind vor allem teuer. Um zum Beispiel über die Existenz der Außerirdischen informiert zu werden, ist ein finanzieller Beitrag an die Scientologen im Wert eines amerikanischen Einfamilienhauses erforderlich.

Das Mekka der Scientologen befindet sich in der Stadt Clearwater in Kalifornien. Einst war die Stadt wegen ihrer Strände ein beliebtes Touristenziel. Das Image der Stadt wurde zum Ärger der Stadtverwaltung von den Scientologen gewissermaßen übernommen. Erwähnt man in den USA die Stadt Clearwater, nennen alle zuerst die Scientologen, und dann erst die einst so beliebten Strände.

Die Frage, ob sich der Staat in die Familie einmischen darf, wird in den USA besonders heftig diskutiert, wenn bei einer spektakulären Razzia einer Polygamisten-Sekte die Kinder weggenommen werden, wie in Texas geschehen Der Vorwurf an die Sekte war, sie hätte Minderjährige verheiratet. Obwohl der Vorwurf nicht geklärt werden konnte, ordnete erwartungsgemäß ein Richter die Rückgabe der Kinder an die Eltern an. Einer der selbst erklärten Propheten und Polygamist wurde später im texanischen San Angelo wegen sexuellen Mißbrauchs Minderjähriger zu lebenslanger Haft verurteilt. Die Anklage hielt dem 55-jährigen Anführer der polygamen Sekte „Fundamentalist Church of Jesus Christ of Latter-Day" vor, zwei Mädchen im Alter von 12 und 15 Jahren zu einer spirituellen Heirat, d.h. zum Geschlechtsverkehr, gezwungen zu haben. Nach Angaben in den US-Medien dauerte die Beratung der Jury aus zehn Frauen und zwei Männern nur eine halbe Stunde, nachdem Tonaufnahmen vorgespielt wurden, auf denen er beim Geschlechtsverkehr mit Minderjährigen zu hören war. Seine Anhänger soll er zudem hörbar zu Gruppensex aufgefordert haben.

Eine der großen Kirchen sind die Mormonen, die Kirche Jesu Christi der Heiligen der letzten Tage, wie sie sich nennt, sie wurde bereits 1830 von dem jungen Landarbeiter Joseph Smith gegründet. Ihm soll ein Engel erschienen sein, um ihm den Ort goldener Schrifttafeln kundzutun, das Buch Mormon. Die Anhänger von Smith, hielten sich für die „Heiligen der neueren Zeit" – die Latter Day Saints, sie gründeten nahe NY Siedlungen, dort wurden sie wegen ihrer Polygamie gemieden und schließlich vertrieben. Der Kirchengründer J. Smith soll über 30 Frauen geheiratet haben, dies war nicht unüblich. Auch der Urgroßvater von Mitt Romney, ein Bewerber um das Präsidentenamt, soll mit 30 Frauen verheiratet gewesen sein mit denen er 30 Kinder zeugte.

Joseph Smith und sein Bruder Hyrum wurden am 27.7.1844 von einer aufgebrachten Volksmenge in Carthage, Illinois, erschlagen. Wo immer die Mormonen auftauchten und sich niederließen oder niederlassen wollten, erregten sie die Nachbarn durch ihr feierliches und hochmütiges Gebaren, durch ihren Anspruch, für „heiliger" genommen zu werden als andere, und durch ihre Überzeugung, daß sie als „Heilige" der Moral der Heiden nicht mehr unterworfen seien. Die Vertriebenen zogen schließlich in den heutigen Bundesstaat Utah. Dort stellen sie heute gut zwei Drittel der Einwohner. Ihr spezielles Verhältnis zu Geld ist legendär. Nach ihrer religiösen Überzeugung kann man fromm und zugleich reich sein und muß immer reicher dabei werden, weil man von Gott die spezielle Erlaubnis erhalten hat alle Annehmlichkeiten des Daseins von einst und jetzt und morgen in vollen Zügen zu genießen. Aus dieser Sicht der Dinge ist es deshalb nicht abwegig, wenn ein Bischof der Mormonen zugleich Multimillionär ist.

2012 fanden in den USA Präsidentschaftswahlen statt. Der republikanische Mitbewerber war der Mormone Romney. Zwischen diesem Multimillionär und dem amtierenden demokratischen Präsidenten Obama hatten sich die Wähler zu entscheiden. Der Republikaner Romney verlor die Wahl. Dem erfolgreichen Geschäftsmann und mormonischen Bischof, fiel es sichtlich schwer die Niederlage einzugestehen, war er doch felsenfest überzeugt, daß alle echten Amerikaner einen Wechsel im Weißen Haus wollten.

Nicht wenige der republikanischen Parteigenossen schelten den mormonischen Glauben als nicht christlich. Trotz vielfältigem Bezug auf Jesus sei ihre Lehre mit der biblisch-christlichen Theologie nicht vereinbar. Ihren Tempel in Palmyra im Bundesstaat Utah durften bis in die siebziger Jahre nur weißhäutige Mormonen betreten, Andersgläubige bis heute überhaupt nicht. Die Bekundung himmlischen Wohlwollens sahen sie in der Pigmentierung der Haut. Die weiße Hautfarbe war für sie ein Zeichen göttlicher Auserwähltheit, während die Schwarzen von Anfang der Zeiten an, seit der Sintflut, dem göttlichen Zorn anheimgefallen waren.

Der Tempel gleicht einer Trutzburg in strahlendem Weiß, gekrönt mit der vergoldeten Statue eines Trompeters, des Engels Moroni. Nach ihrer Vorstellung vom Jenseits wird sie der Patriarch Smith auf einem eigenen Planeten versammeln und über sie herrschen wie Gott.

In den USA werden mit der Religiosität auch ungeniert Geschäfte gemacht, über deren Geschmack man geteilter Meinung sein kann. Der Erfolg in den USA spricht jedoch für sich. In Orlando, Florida, gibt es den Freizeitpark „The

Holy Land Experience". In diesem Freizeitpark wird vier Mal täglich eine lebensechte Kreuzigung durchgeführt. Im angeschlossenen Souvenirladen können bei Mary Jane, einer aus der Form gegangenen Amerikanerin in den allgegenwärtigen Freizeitschuhen, Kruzifixe, Bibeln und unglaublich geschmackvolle Devotionalien gekauft werden.

In Kentucky gibt es ein biblisches Museum das „Creation Museum", dort leben Personen lebensecht als Adam und Eva im Garten Eden, mit der Einschränkung, daß Libby, in ihrer Rolle als Eva, keine ansehnlichen Äpfel zur Schau stellt und Andy, als Adam, mehr als ein Feigenblatt trägt. Im Buch der Genesis ist vom Garten Eden die Rede, mit allerlei Bäumen, die begehrenswert anzusehen und gut zur Nahrung sind. In Kentucky haben sie sich auf einen Baum beschränkt, der reicht zur Erkenntnis. Die üppige Nahrung gibt es im angegliederten paradiesischen Fast-Food-Restaurant.

Böse Zungen behaupten die Amerikaner gehen ins Kino und besuchen ihre Freizeitparks, in regelmäßigen Abständen als Simulation ihrer Gedankenwelt, um sich zu vergewissern, daß ihr Amerika noch da ist. Sie besuchen die Parks mit ihren künstlichen Welten, oft mit einer guten Show, die den tristen Alltag der meisten Amerikaner kompensieren und die elende Wirklichkeit vergessen lassen. Manches Mal ist es offenbar am einfachsten, die reale Welt zu lassen wie sie ist, und sich in eine Scheinwelt zu verziehen. Alles ist möglich in der Weltanschauung der Amerikaner, Kino und Freizeitparks haben darin ihren festen Platz.

Inzwischen planen die Amerikaner ihre geschäftliche Ausweitung und haben auch in Deutschland nachgefragt. Sie würden gerne in Heidelberg, einem ihrer Haupttouristenziele in Deutschland, ein „Genesis Land“ mit einer Arche Noah einrichten. Selbstverständlich soll auch Genesis Land nach kaufmännischen Grundsätzen geführt werden und für die US-Investoren ordentliche Rendite abwerfen. Vielleicht haben die Amerikaner den Europäern etwas voraus, nämlich die Einsicht, daß das Pathos der Echtheit angewiesen ist auf sein Gegenstück, den Exzeß des Künstlichen. Verweist doch das Künstliche auf das Echte und umgekehrt.

Hanky Panky neulich in Amerika

Für einreisende Touristen gilt an der Grenzkontrolle: Immer freundlich lächeln und keine Witze oder zweideutigen Antworten. Wie in anderen Städten hört man bei der Einreise in New York, die Standardfrage, für wie lange man dort zu verweilen gedenke. Auf die wahrhafte und ehrliche Antwort: „Für acht Tage!", erhielt ich nicht selten die mich irritierende Rückfrage: „Was wollen Sie volle acht Tage in NY tun?". Jegliche pampige Rückantwort oder flotter Spruch wäre gefährlich, deshalb gebe ich ehrlich zur Antwort: „Freunde besuchen und Shopping". Es ist nur die halbe Wahrheit, denn es gibt neben zahlreichen Kunstgalerien eine Fülle von Kunstmuseen, mit Meisterwerken aus fünfzig Jahrhunderten, zu besichtigen. An den etwas seltsamen Gesichtsausdruck der Einreisekontrolle, vermutlich wegen der Antwort: „Shopping" gewöhnt man sich. Die Einfuhr von Pflanzen, Früchten oder Fleischwaren ist Touristen absolut verboten. Auch sollte man sich tunlichst witzige Kommentare und Fragen, wessen Hund die konfiszierte Wurst zum Fressen erhält, verkneifen. Die allermeisten Zöllner zeigen während ihrer Tätigkeit keinen Sinn für Humor. Humor ist in ihrer Dienstvorschrift nicht vorgesehen. Sie exerzieren den Reisenden eine merkwürdige Mischung von abweisender Gleichgültigkeit und Unfreundlichkeit vor. Ist die Abfertigung durchgestanden hat man das Gefühl, daß die uniformierten Damen und Herren, nur aus Versehen, Überdruß oder Streß nicht bemerkten, daß man sofort verhaftet oder zurückgeschickt zu werden verdient hätte.

Sehr wahrscheinlich haben die Damen und Herren an der Einreisekontrolle noch nie in ihrem Leben einen Reiseführer von NY in der Hand gehabt, und waren noch nie in einer Kunstausstellung. Sie wundern sich täglich auf's Neue über die Touristenströme. In NY sollen es jährlich mehr als fünf Millionen Besucher sein, die freiwillig in eine für die Einreisekontrolleure so unattraktive Großstadt kommen. Selbstverständlich sind sicher auch ein paar darunter, die stolz darauf sind in NY zu leben.

Touris, die ihren Strafzettel für falsches Parken im letzten USA-Urlaub nicht bezahlt haben, dürfen sich bei der nächsten Einreise nicht wundern, wenn sie im Verhörraum landen und zur Kasse gebeten werden. Wer besonderes Pech hat, dem wird die Einreise anschließend nicht gestattet.

Besonderes Pech hatte eine Deutsche pakistanischer Herkunft, die mit einem Touristenvisa ihren amerikanischen Verlobten für ein halbes Jahr in den Vereinigten Staaten besuchen wollte. Ein Touristenvisa berechtigt zwar grundsätzlich zur Einreise, die letzte Entscheidung, ob die Grenze überschritten werden darf, wird vor Ort bei der Passkontrolle getroffen.

Im Fall der Deutschen war die ehrliche Antwort, sie möchte ihren amerikanischen Verlobten für ein halbes Jahr besuchen, leider die unpassendste, dadurch geriet sie in den Verdacht, sie wolle sich die Immigration mit einem Touristenvisum erschleichen und in den USA heiraten. Alle Beteuerungen über die später in Deutschland geplante Hochzeit halfen nichts. Die Beamtin an der Einreisekontrolle glaubte ihr nicht. Sie konnte sich nicht vorstellen, daß die junge Frau nur einreist, um ein halbes Jahr in den USA abzusitzen und lehnte die Einreise ab. Die Touristin wurde in Abschiebehaft genommen und mit dem nächsten Flugzeug ging es dann wieder zurück nach Deutschland.

Die verschärften Einreise- und Aufenthaltsbestimmungen führen auch in anderen Fällen zu kuriosen Kontrollen; einem deutschen Physiker, der bereits zehn Jahre an einer staatlichen US-Forschungseinrichtung gearbeitet hatte wurde völlig überraschend nach seiner Rückkehr aus Deutschland zu einem langen, unangenehmen und nervenaufreibenden Sicherheitsinterview von Seiten der Einwanderungsbehörde gebeten. Trotz Genehmigung des Visums entschied der Verlauf des Interviews über die Ein- oder Nichteinreise. Dieser Vorgang verärgerte den Physiker derart, daß er sich entschied, künftig wieder in Deutschland zu arbeiten. Seinen deutschen Studenten rät er nunmehr davon ab in die USA zu gehen.

Einreise Begehrende mit Tätowierungen sollten diese besser durch Kleidung verstecken. Einige Tätowierungen erregen die besondere Aufmerksamkeit der Einreisebeamten. Wenn ein Schauspieler oder Theaterfreund mit den beiden Theatermasken weinen und lachen tätowiert ist, kommt er in den Verdacht einer bestimmten mexikanischen Drogengang anzugehören und riskiert damit die Zurückweisung bei der Einreise. Welche Symbole von welchen Kriminellen mißbraucht werden ist nur den Einreisebeamten bekannt. Ein Blick auf die Körperkunst gehört mittlerweile zu den Routineaufgaben der Einwanderungsbeamten. US-Bürgerrechtler sehen die Fälle, in denen allein wegen der Tätowierung die Einreise verweigert wird, als Beleg für eine Politik, die jegliches Maß und Ziel verloren hat. Etwas besser haben es die gebürtigen Amerikaner bei der Einreise, die können nicht zurückgeschickt werden.

Aus Protest gegen die lästigen Sicherheitsscanner auf Flughäfen hat sich ein Vielflieger auf einem amerikanischen internationalen Airport komplett ausgezogen und ist nackt durch die Sicherheitskontrolle gelaufen, wie die Zeitung „The Oregonian" berichtete. Einige Fluggäste hätten ihren Kindern die Augen zugehalten, andere hätten gelacht und schnell Fotos gemacht, bevor der Mann schließlich festgenommen werden konnte. Dieser erklärte später, er habe sich aus Protest gegen die Körperscanner ausgezogen, die er als Belästigung empfinde. Vielleicht fand er einen milden Richter. Einige der Menschen, die das Gefühl der Peinlichkeit überhaupt nicht kennen sind wahrscheinlich psychisch krank.

Scham und Peinlichkeit gibt es bekanntlich in allen Kulturen aber sie haben überall andere Auslöser. Während ein US-Amerikaner sich in einer eng anliegenden sportlichen Badehose als schwul vorkommt, empfindet sie ein Europäer als völlig normal, dagegen sehen sich konservative Amerikaner in ihrem Schamgefühl verletzt. Ein knappes Badehöschen in Kalifornien am Strand getragen, kann dazu führen, daß der Sheriff auftaucht, und je nach Bundesstaat später auch ein Strafzettel. Wer auf der sicheren Seite sein will trägt eine knielange schlapprige Badehose.

Konservativen Arbeitgebern kann selbst eine zu enge Alltagshose am Arbeitsplatz ein Dorn im Auge sein. Im schlechtesten Fall ist ohne nähere Begründung eine fristlose Kündigung nicht ausgeschlossen. Und generell gilt: „Oben ohne" am Strand ist für Frauen überall ein absolutes Tabu. Das gilt auch für ganz kleine Mädchen; obwohl überhaupt nichts zu sehen ist, wird ihnen ein kleines Bikinioberteil umgebunden. Kleine Buben, wie Gott sie schuf, sind am Strand undenkbar. Kein Zweifel: Sex ist allgegenwärtig in Amerika.

Andererseits ist es in Europa, zumindest in Deutschland, undenkbar, daß der Bundespräsident im Schloß Bellevue, wie einst Präsident Clinton 1996 im Weißen Haus, einer Hauspraktikantin, die junge Dame hieß Monica Lewinsky, eine Zigarre in die Vagina steckt, sie dann in den Mund nimmt und sich oral von ihr befriedigen läßt, so die vom Sonderstaatsanwalt offiziell bekanntgegebene und in fast jeder Zeitung des Landes abgedruckte Aussage. Und später, wenn es in der ganzen Welt publik wird, der Präsident nach wie vor gesellschaftsfähig und auch noch ein gern gesehener Botschafter seines Landes ist. Rücktritt und Abstieg wäre durch den Ansehensverlust eigentlich unausweichlich. Tatsächlich erreichten die Konservativen in Amerika ein offizielles Amtsenthebungsverfahren, dieses scheiterte jedoch an der nötigen Zweidrittelmehrheit im Senat.

Männer mit Schnäuzer oder orientalischer Barttracht geraten bei der Einreise schnell ins Visier der verschärften Passkontrolle, besonders dann, wenn sie dunkelhaarig und etwas gebräunt sind, und darüber hinaus ein paar interessante Einreisestempel in ihrem Pass haben. Wie gesagt, nicht zu sehr falsch ist die Annahme, daß die allermeisten Beamten der Passkontrolle noch nie in ihren Leben eine Reise außerhalb der USA unternommen haben, eine Studienreise schon gar nicht, so sind sie gerne mißtrauisch. Warum reist ein gewöhnlicher Mensch nach China, Indien, Pakistan oder Osteuropa, ist er vielleicht ein Terrorist oder Drogenkurier? Oder ist er in sonstige dubiose Geschäfte verwickelt? Junge langhaarige rastabezopfte Sandalenträger in abgerissener Kleidung mit Freundschaftsbändchen sind dank ihrer „Kostümierung" und der einfältigen Phantasie der Zollbeamten als potentielle Drogenkonsumenten suspekt. Die Herrschaften an der Einreisekontrolle sind weit entfernt vom europäischen Bildungsbürgertum, können sich im Grunde überhaupt nicht vorstellen nur aus Interesse an fremder Kultur und Sprache oder Kunstgenuß ein anderes Land zu besuchen. Sie denken bevorzugt in der Kategorie Geschäftemachen. In der Regel sind sie froh einen Job zu haben, mit dem sie über die Runden kommen. Für Auslandsreisen haben sie kein Geld übrig. Es fehlt ihnen in der Regel auch das Wissen um die in Europa regelmäßig üblichen länderübergreifenden Urlaubsreisen. Sofern sie keinen Migrationshintergrund haben, ist in puncto Fremdsprachenkenntnisse völlige Fehlanzeige. Eine fremde Sprache zu lernen ist für sie obsolet, schließlich hat jeder der in ihr Land kommt ihre Sprache zu sprechen.

Wenn sie sich als Pensionäre zu einer in ihrer Vorstellung romantischen Reise nach Deutschland entschließen, ist es bevorzugt Heidelberg oder Neuschwanstein. Der Schloßführer in Neuschwanstein erzählte, die Amerikaner würden gerne die Ludwigs in Europa verwechseln und fragen, ob nun Ludwig XIV oder XVI mit seiner Mätresse im Schloß gelebt habe, von einem Bayrischen Ludwig wissen sie ohnehin nichts. Ein Besuch im Schwarzwald gehört zu den Top-Empfehlungen. Amerikaner lieben Romantik, den Schwarzwald stellen sie sich als romantischen Nationalpark vor, darin Frauen mit Bollenhut und Männer in Tracht, die ähnlich wie Eisverkäufer mit Bauchladen, ihre Kukkucksuhren herumtragen und den Besuchern zum Kauf anbieten. Sind sie im Schwarzwald angekommen, fragen sie: „Und wo ist der Park?". Bestellen sie im Restaurant eine Schwarzwälder Forelle, wird der Kellner von einigen gebeten, die Forelle ohne Kopf und Schwanz zu servieren, weil sie der Anblick eines Fischkopfes angeblich ekelt. Wird dies ignoriert, legen sie demonstrativ die Serviette auf den Kopf des servierten Fisches. Besuchen sie die berühmten alten Städtchen am Rhein und die Loreley, haben findige Reiseveranstalter herausgefunden, daß manche nach dem Durchgang durch das verschlungene Spinnennetz der Sträßchen und Gassen, ganz gespannt sind auf das Häuschen mit Herz hinter dem Haus. Diese Vorstellung stammt aus Erzählungen der US-Soldaten aus Kriegszeiten. Sie meinen in Deutschland geht man hinters Haus. Die Veranstalter organisieren deshalb Einladungen zu Kaffee und Kuchen in Privathäusern und alles wartet gespannt bis der Kaffee zu Ende ist, um nach dem „Bathroom" zu fragen (Anm.: In den USA sagt man nicht gern WC, das wäre zu ordinär.) leider werden sie dann enttäuscht. Etwas entschädigt werden sie dann durch die geschäftstüchtigen Wirte am Rhein, die haben sich längst auf die Klischeeklientel eingestellt, bieten zu deren Entzücken, ausgedrückt mit „Amazing! Incredible!" oder „Wonderful!", die erwartete romantische „German Gemütlichkeit" mit knarzenden Holzstühlen und alten Ackergeräten an der Wand, dazu die erwartete Speisekarte mit Schnitzel, Sauerkraut und Bratwurst.

Überhaupt ist das mit der Romantik der US-Amerikaner eine besondere Sache. Kennen sie doch alle aus dem Hollywood-Film „Sound of Musik" die Geschichte der Trapp-Familie, die 1938 aus Österreich vor den Nazis in die USA geflohen ist. Der Film wird in amerikanischen Schulen vorgeführt und hat das Deutschlandbild der Amerikaner bis heute maßgeblich bestimmt. Daß es um Österreich geht, ist für sie ein nachrangiges Detail. Sie reisen an, auf der

Suche nach einem Stück heiler Welt aus einer längst vergangenen Zeit. Die alpenländische Idylle und der Terror der Nazis, Frauen mit blonden Zöpfen und Dirndl, Männer in Lederhosen sind das perfekte Deutschlandklischee. Die Trapps sind zu Helden, Heiligen, Übermenschen und Pop-Ikonen geworden. Vom heutigen Österreich als eigenständiges Land wissen sie nichts, für viele ist es, wegen dieses Films, ein Teil von Deutschland.

Sie sind höchst erstaunt, wenn sie auf ihrer Reise „Fünf Länder in fünf Tagen", nicht ständig die Pässe vorweisen müssen. In Anlehnung an die strengen Grenzkontrollen zu Hause, und die aus Hollywood-Filmen über die Nazis genährte Vorstellung von Deutschland, haben sie eine ganz andere Auffassung von Ländergrenzen. Wenn man in den USA die Grenze zum Bundesstaat Kalifornien passieren will, die wie eine Staatsgrenze aussieht, darf man nicht überrascht sein wenn man von der uniformierten „Agriculture Inspection" angehalten wird. Man wird nicht nach den Pässen gefragt, sondern nach mitreisendem Obst und Gemüse. Eine befremdliche Gemüse- und Obstgrenzkontrolle, die es zwischen den Staaten der Europäischen Gemeinschaft nicht gibt, erst recht nicht in einem der europäischen Staaten.

Die Amerikaner haben im internationalen Vergleich die wenigsten Urlaubstage. Im Schnitt sind es nur 14 bezahlte Urlaubstage im Jahr und davon geben sie drei zurück. Urlaub erhält man ohnehin erst nach einer längeren Betriebszugehörigkeit. Deshalb hat, um Urlaub zu erhalten, in Pennsylvania ein 45-Jähriger eine Todesanzeige von seiner lebenden Mutter in die Zeitung gesetzt. Der Schwindel flog auf, weil sich korrekte Verwandte beim Arbeitgeber meldeten. An die Möglichkeit der Denunzierung hatte er nicht gedacht.

Die wöchentliche Arbeitszeit beträgt meist 60 Stunden und mehr. Eine 35-Stunden-Woche halten sie für absolut undenkbar. Ladengeschäfte am christlichen Sonntag, dem „Tag des Herrn", zu schließen wird nur teilweise in wenigen Bundesstaaten, überwiegend im sog. „Bibelbelt", eingehalten. Sehr häufig ist es ganz simpel die finanzielle Lage, die Betreiber der Geschäfte dazu zwingt am Sonntag offen zu halten. Amerikanern kann man nicht oft genug versichern, daß Urlaub nichts Unanständiges ist. Wenn die US-Bürger „relaxen" tun sie das mit Fitneß und Sport oder im Vergnügungspark, bloß nicht nichts tun. Einzelne arbeiten bis ins höchste Lebensalter.

Manche Erfahrungen menschlichen Leids, kann man nicht ohne Hilfe verarbeiten, dazu bedarf es professioneller Therapeuten, die dem Menschen zuhören, die Symptomatik gut einschätzen und ihm Techniken beibringen, mit den Alpträumen, Ängsten, Anspannungen, Panikattacken, und mit Zukunfts-und Perspektivlosigkeit umzugehen. Hierzu ist eine regelmäßige therapeutische Betreuung notwendig. In NY arbeitete die älteste Arbeitnehmerin der USA an ihrem 102. Geburtstag noch, die Psychotherapeutin Hedda Bolgar, die von sich behauptete sie wäre viel zu beschäftigt um zu sterben. Bis dahin ersuchten sie Menschen um ihren therapeutischen Rat und nicht nur das, in dem von ihr gegründeten Institut für Psychologie, bereitete sie sich am PC auf eine neue Vorlesungsreihe vor. Ihr Rat für das Alter ist, immer etwas zu tun was herausfordert. Eine neue Sprache zu lernen oder ein Hobby zu suchen. Noch besser sei es, sich für die Gemeinschaft nützlich zu machen, auch mit unbezahlter Arbeit. Für ihre Arbeit erhielt sie Anerkennung und Auszeichnung als eine der verdientesten älteren Arbeitnehmerinnen der USA, verbunden mit einem Preis.

Auch arbeitete der 101-jährige Mazerine Wingate noch sechs Tage in der Woche im Postamt der Kleinstadt Maryland. Niemand würde im Postamt auf die Idee kommen die Nase zu rümpfen wegen seines Alters. Auch er wurde ausgezeichnet.

Und in einem Postzentrum in Kalifornien ist ein 95-Jähriger aus dem aktiven Berufsleben ausgeschieden. Über radikale Streiks für eine Altersrente ab 62, wie in Frankreich, können sie nur den Kopf schütteln, genauso wie über die deutsche Diskussion einer Rente ab 67 Jahren. Der Grund ist, ihre staatliche Altersrente ist gering und wer nicht aus seinem früheren Beschäftigungsverhältnis eine betriebliche Zusatzrente erhält, dem bleibt nichts anderes übrig als zu arbeiten bis es nicht mehr geht. Alte Mitarbeiter werden, solange sie klar im Kopf sind, überall akzeptiert. So gibt es selbst an der Museumskasse, in Büchereien oder anderen öffentlichen Einrichtungen nicht selten Beschäftigte, die über achtzig sind. Manche dieser alten Mitarbeiter gehen, wie von Hedda B. empfohlen, ehrenamtlich zur Arbeit und ohne jegliche Bezahlung ihrer Tätigkeit nach. Ihr Lohn ist Anerkennung, Achtung und Ehrung, eine bewundernswerte Einstellung, erwachsen aus der Mentalität der Amerikaner.

Manch einer, der über die mexikanische Grenze die USA verläßt, denkt sich beim ersten Mal nicht viel dabei, so schnell und unkompliziert geht es über die Grenze nach Mexiko hinüber. Wer Amerika verlassen will, den hindert niemand daran. Das dicke Ende kommt erst bei der Rückkehr an der US-Grenzstation, wenn man wegen der scharfen Grenzkontrolle zwei Stunden und mehr auf die Einreise warten muß. Immer wieder kommt es wegen der verschärften Einreisekontrollen vor, daß selbst bei den geringsten Regelverstößen Ausländer im Gefängnis landen, wenn beispielsweise das Visum seit ein paar Stunden abgelaufen ist. In einem Fall ging eine deutsche Familie über die Grenze nach Mexiko und der Grenzbeamte hatte schlicht vergessen auf dem Ausreisekärtchen des Sohnes einen Stempel anzubringen. Auf der Rückreise wurde deren minderjähriger Sohn sofort abgesondert und in einen Verhörraum geführt und minutenlang verhört. Die perplexe Mutter durfte nicht dabei sein. Erstaunlich war die Arroganz und die geringe Sensibilität der Grenzer, war es doch ganz offenkundig, daß der Grenzbeamte bei der Ausreise geschlafen hatte. Der minderjährige Sohn war hinterher ganz aufgebracht und berichtete, sie hätten irre und wirre Fragen gestellt und ihn angegangen wie einen Kriminellen.

Man trifft durch Unwissen und einer eigenartigen Naivität überall auf Mißtrauen. In einem amerikanischen Verkehrsflugzeug wurde, wegen jüdischer Gebetsutensilien, ein Bombenalarm ausgelöst. Es war Unruhe unter den Passagieren ausgebrochen, weil ein frommer Jude sich seine Gebetsriemen um Stirn und Arme umgebunden hatte und laut auf hebräisch ein jüdisches Gebet sprach. Die Amerikaner hielten die Gebetsriemen für einen Sprengsatz. Erstaunlich ist wie unbedarft auch die Vorstellungen des Kabinenpersonals waren. Das Flugzeug wurde sofort in den nächst gelegenen Bundesstaat umgeleitet.

Man muß nur schlaksig gebaut sein, Bart und Turban tragen, schon sieht man für sie wie ein Terrorist aus. Deshalb erleben Sikhs, die bekanntlich keine Moslems sind, häufig Muslim-Bashing in reinster Form.

Bei anderen Vorfällen, in denen ein gesundes Mißtrauen oder zumindest etwas Vorsicht statt Naivität und Unwissen angebracht ist, kann dies zu menschlichen Dramen führen. Große Empörung löste in Rußland die fehlgelaufene Adoption eines achtjährigen Jungen durch ein frommes amerikanisches Ehepaar aus, mit der sich sogar der russische Präsident befasste.

Die amerikanischen Adoptiveltern setzten den Jungen, wie einen Paria, mit seinem russischen Pass und einem Zettel in ein Flugzeug nach Moskau. Auf dem Zettel stand, daß sie die Adoption rückgängig machen, weil er mit seiner Adoptivmutter ruppig umgehen und sich und die Familie zerstören würde. Weil die Freigabe russischer Kinder ins Ausland ohnehin eine umstrittene Angelegenheit ist, es sollen Tausende sein, war der Aufschrei in der Moskauer Presse, durch das skandalöse Abschieben des Kindes, besonders groß. Offenkundig hatten sich die amerikanischen Adoptiveltern naiv und unbedarft auf die Adoption eingelassen. Ihre Unwissenheit über die Vita des Kindes führte schließlich zu diesem Fiasko. Vielleicht konnten oder wollten sie die Details über das Kind nicht verstehen. Das Kind kam aus einem russischen Kinderheim, in das Kinder aus verwahrlosten Familien von Amtswegen eingewiesen oder von den verarmten oder auch überforderten Eltern selbst abgegeben werden. Die allermeisten dieser Eltern sind alkoholkrank oder drogenabhängig, deshalb sind die Kinder schwierig, manche geistig zurückgeblieben, einige sogar geistig behindert. Das unterbezahlte und unqualifizierte Personal in diesen Heimen kann die Kinder nicht fördern. Auslandsadoptionen sind in Rußland immer die zweite

Wahl, da gesunde Kinder zuerst im eigenen Land vermittelt werden. Bewerber sollten sich deshalb dessen bewußt sein, ein Kind mit einem Handicap vermittelt zu bekommen. Verständlicherweise war die Adoptivfamilie mit dem vorgeschädigten Kind überfordert. Unwissend, unbedarft und naiv meinten die frommen Eheleute, allein mit ihrem Gottvertrauen und guten Willen, die Erziehung des aufgenommenen Kindes handhaben zu können, was vorhersehbar gründlich scheiterte. Das Russische Parlament hat mittlerweile mit großer Mehrheit beschlossen, daß die Adoption von russischen Waisenkindern durch amerikanische Staatsbürger verboten ist. Ein entsprechendes Gesetz ist in Kraft getreten. Der Auslöser war jedoch nicht diese skandalöse Abschiebung.

Kommen Naivität und Gutgläubigkeit zusammen, läßt sich in Amerika, wie überall in der Welt, auch Geld erschleichen. Unklar ist nur, ob Frauen besonders leichtgläubig sind oder sie bevorzugt die rosarote Brille der Verliebtheit blind macht. In den USA finden sich Anweisungen im Internet wie man eine Amerikanerin aufreißt. In „From the Bar to your bed" heißt es: lie, lie, and lie some more – Lüge soviel du kannst. Nach einem Artikel in der „Chicago Tribune" hat ein Arbeitsloser acht US-Millionärinnen an die 100 000 Dollar abgeknöpft. Er gab sich als berühmter Musikmanager aus, der bereits mit Michael Jackson gearbeitet hätte und für einen Grammy nominiert sei. Kennengelernt hatte er die Millionärinnen über das Internet auf der Single-Börse für Millionäre. Einen Promi zu haben, das gefiel den Damen und sie lagen ihm zu Füßen. Seine angeblichen momentanen finanziellen Schwierigkeiten nach der Scheidung schreckte sie nicht ab, denn Geld spielte für die Damen der Hautevolee keine entscheidende Rolle. Als er Investoren für eine vermeintliche Produktion suchte, gaben sie ihm ohne es zu ahnen, à fonds perdu, bis zu 20 000 Dollar. Der arbeitslose „prince charmant" soll äußerst geschickt vorgegangen sein, er meldete sich telefonisch angeblich aus Schottland und sonstigen Destinationen, wo er gerade Aufnahmen mache. Einer der Damen ist schließlich aufgefallen, daß er ungewöhnlich viele VIP-Konten in Kasinos hatte, dort hatte der falsche Musikmanager auch das erschlichene Geld verzockt. Schließlich warteten die Damen vergeblich auf ihr Geld und der charmante Arbeitslose mußte sich wegen Diebstahl und Betrug verantworten.

Die Naivität trägt auch in anderer Weise zu peinlichen Situationen bei. Die pakistanische Polizei hatte seinerzeit im Grenzgebiet zu Afghanistan einen amerikanischen Bauarbeiter verhaftet, der eigenmächtig und ohne Auftrag, mit einem Schwert und einer Pistole bewaffnet, auf der Suche nach Osama bin Laden war. Der aus den USA Eingereiste hatte gehört, der Terroristenführer würde sich in der Pakistan benachbarten Provinz Nuristan aufhalten, und der naive Spinner war auf dem Weg nach dort, um ihn zu suchen und eigenhändig zu enthaupten. Damit lag er eigentlich gar nicht so falsch, denn mittlerweile wurde bekanntlich ganz in der Nähe bin Laden, auf ausdrücklichen Befehl des US-Präsidenten, von einer amerikanischen Spezialeinheit in einer riskanten und umstrittenen Mission in seinem eigenen Haus in Pakistan umgebracht und seine Leiche im Meer versenkt. Ein eklatanter Verstoß gegen internationales Recht, denn schließlich operierte das Mordkommando nach Wild-West-Manier in einem fremden Land, mit dem sich die Vereinigten Staaten nicht im

Krieg befanden und was die Sache noch brisanter macht, ohne deren Wissen also unter Mißachtung der Souveränität Pakistans. Der Aufschrei war absehbar auch deshalb groß, weil in Pakistan unmittelbar zuvor Frauen, Männer und Kinder durch amerikanische Drohnen ums Leben kamen. Dieser und andere Drohnenangriffe blieben nicht ohne Reaktion. Pakistanische Taliban nahmen dafür Rache und töteten zehn unschuldige ausländische Alpinisten in ihrem Basislager am Nanga Parbat.

Der kalifornische Taucher und Schatzsucher Bill Warren wollte die Leiche bin Ladens finden, um der Öffentlichkeit den Beweis für dessen Tod zu liefern. Die Kosten schätzte er auf 400 000 $. Die Leiche wollte er fotografieren und eine DNA-Probe entnehmen. Offensichtlich gibt es selbst für ein solches Vorhaben genügend Geldgeber in den USA.

Die Tötung auch von mutmaßlichen (!) Terroristen im Ausland ist, nach US-Regierungsmeinung, völlig legal. Von hohen Regierungsbeamten kommen die Vorschläge und der Präsident entscheidet ohne Richterspruch und Verfahren, wer mit einer Drohne getötet werden soll und wer am Leben bleiben darf. Dieser Drohnenkrieg hat mit Ex-Präsident G.W. Bush begonnen und wurde seitdem ausgeweitet, er ist einer Demokratie unwürdig. Vom Einsatz unbemannter Drohnen gegen Terrorverdächtige im Ausland will man nicht lassen, solange Amerika bedroht ist. David Sangar beschreibt in seinem Buch „Conceal and Confront" wie die Entscheidung abläuft: Jeden Dienstag wird dem Präsidenten eine Liste von Personen vorgelegt, die als Terroristen eingestuft sind und dieser entscheidet dann, wer mit einer Drohne getötet werden soll. Es soll schon Jahre gegeben haben in denen es 122 Angriffe mittels Drohnen gegeben hat. Drohnen werden seit Jahren an der Grenze von Afghanistan, im Jemen und in Afrika eingesetzt. Die Menschenrechtsorganisation Human Rights Watch berichtete, in einem Vorfall von der Tötung von 14 Terroristen, diese habe gleichzeitig 700 unschuldige Zivilisten das Leben gekostet, also 50 Personen pro Terroristen. Auf diese Weise wurden in acht Jahren 2560 überwiegend unschuldige Personen getötet. Bedingt durch weltweite Kritik verkündete die amerikanische Regierung, daß der Einsatz von Drohnen künftig nach strengeren Maßstäben mit größerer Zurückhaltung, und nur bei unmittelbarer und dauerhafter Bedrohung, genehmigt wird. Daß Unbeteiligte dabei geschädigt werden müsse man, wie bisher, in Kauf nehmen.

Ohne juristisches Verfahren agieren, dies entspricht nicht dem europäischen Rechtsempfinden und ist weit von den Menschenrechten entfernt. Unschuldige, zufällig am Abschußort Anwesende mit in den Tod reißen, das ist noch viel weiter von den Menschenrechten entfernt und kein Deut besser als die islamische Scharia. Von wem auch immer, überall in der Welt müßten solche Angriffe mit Drohnen klar und entschieden abgelehnt werden.

Doch leider, wenn ein amerikanische Präsident meint, man müßte jemanden töten, dann töten sie ihn – und alle anderen, die zufälligerweise um das Opfer herumstehen. Dies geht einher mit der Vorstellung der Präsidenten, die überzeugt sind man müsse Demokratie und Freiheit notfalls mit dem Einsatz der US-Armee erzwingen. Ein solches Verhalten nährt Vorbehalte. Nach der Meinung vieler Muslime sind die USA die Schutzmacht Israels und Aggressor im Anti-Terror-Krieg, ebenso die Unterdrücker von Millionen Muslimen weltweit.

Auch andere sind dieser Meinung. In einem offenen Brief an die US-Bürger, veröffentlicht in der New York Times, kritisierte Wladimir Wladimirowitsch Putin die USA. Der Russische Präsident Putin schrieb: Millionen Menschen rund um die Welt würden Amerika mehr und mehr als einen Staat sehen „der sich auf rohe Gewalt verläßt". Putin schrieb sinngemäß in scharfer Tonlage, für die USA sei es inzwischen zur Gewohnheit geworden, in Konflikte anderer Staaten militärisch einzugreifen.

Die Worte von John F. Kennedy aus dem Jahre 1961 sind bei den nachfolgenden US-Präsidenten scheinbar in Vergessenheit geraten. Kennedy sagte damals: „Wir müssen erkennen, daß die Vereinigten Staaten nicht allmächtig und nicht allwissend sind; daß wir nur sechs Prozent der Weltbevölkerung ausmachen und unseren Willen nicht den anderen 94 Prozent aufzwingen können; daß wir nicht aus falsch richtig machen, nicht jede Feindschaft beenden können. Deshalb kann es keine amerikanische Lösung für jedes Weltproblem geben".

Die Beseitigung von unliebsamen Personen, insbesondere von unliebsamen Staatschefs, durch die CIA, der Central Intelligence Agency, ist kein Einzelfall in der US-Außenpolitik. Legendär ist der Versuch auf Befehl von Präsident Eisenhower, in den 1950er Jahren, den kubanischen Revolutionsführer Fidel Castro durch die beauftragte CIA ermorden zu lassen. Bis heute ist das Verhältnis der USA zu Kuba gestört. Ebenso war es immer wieder zum Iran, weil der US-Geheimdienst CIA 1953 mit seiner „Operation Ajax" den iranischen Premierminister Mohammed Mossadegh stürzte. Der populäre Politiker hatte sich die USA zum Feind gemacht, weil er die Verstaatlichung der Ölindustrie vorantrieb. Man hielt ihn für gefährliches und radikal. Mit anderen Worten war er nach ihrer Meinung dabei, das sich in Privatbesitz befindliche Öl zu stehlen. Nach dem Fall des Premiers sorgte Washington für die Herrschaft von Schah Reza Pahlavi, der wegen der amerikanischen Protektion in Persien wenig angesehen war. Seine Regierungszeit endete im Februar 1979 nach einem Aufstand unter Revolutionsführer Ajatollah Chomeini, der zum Zusammenbruch der Monarchie führte und den Schah ins Exil trieb.

Später, am 4.Nov. 1979, erlitten die USA ein Trauma, als iranische Studenten die US-Botschaft in Teheran stürmten, und 52 in der US-Botschaft festgenommene Geiseln mehr als ein Jahr festhielten. Diese Aktion gegen den „Großen Satan" USA und das Trauma vergrößerte sich als ein vom seinerzeitigen US-Präsidenten Carter befohlener Befreiungsversuch kläglich scheiterte. Beim Befreiungsversuch „Operation Adlerklaue" kollidierte der eingesetzte US-Hubschrauber und ein Flugzeug der USA in der ostiranischen Wüste, dabei kamen acht Amerikaner ums Leben. Erst 1981 konnte durch Verhandlungen das Geiseltrauma beendet werden. Nunmehr war der Iran ein Feind für die USA, den sie seit Jahrzehnten, aus unterschiedlichen Gründen, mit zahlreichen Sanktionen belegen.

Out of this world in the greatest nation on earth

Sehr viele glauben immer noch daran, der großartigsten und besten Nation der Welt anzugehören. Dieser Irrtum macht sie blind für Kritik und zeigt sich im nicht mehr zu überbietenden Patriotismus. Als deutsche Einwanderer in ihr Haus zogen, war es die erste und scheinbar wichtigste Frage der Nachbarn, wann die deutschen Neuankömmlinge die amerikanische Flagge im Vorgarten hissen würden.

Die US-Fahne ist allgegenwärtig. Wo immer man eine aufhängen kann, hängt auch eine. Selbst der Dorffriedhof hat Grabsteine, die links und rechts mit der amerikanischen Flagge dekoriert sind, vermutlich will man damit den amerikanischen Patriotismus der Verstorbenen zum Ausdruck bringen.

An vielen Garagen hängen zwei Flaggen, auf der einen Seite die der USA und auf der anderen Seite, die des besuchten College oder des Armeeteiles dem der Hausherr zu Diensten war, z.Bsp. der Navy.

Diente einer für die Marines, ist er besonders stolz auf die Flagge und erwartet geltungssüchtig von den Nachbarn Respekt und Hochachtung, jeder soll wissen, daß es sich hier im Haus um einen besonders harten Burschen handelt, vor dem man sich besser in acht nimmt. Nicht selten kommt, bedingt durch den absolvierten militärischen Drill, hochnäsiges und arrogantes Verhalten dazu. Diese Herren grüßen nur ihren eigenen Vorgesetzten sonst niemand. Schockierend kann auch die Geringschätzung sein, mit der sie ihr mexikanisches Kindermädchen oder den schwarzen Gärtner behandeln.

Was sonst soll man von einem vielfach ausgezeichneten Kriegshelden erwarten, einer der zugleich ein sadistischer Killer sein kann. Wer dutzende bewaffnete Feinde tötet, und sei es aus purem Vergnügen am Anblick von Feinden, die vor seinen Augen verenden, der hat nach seiner Meinung damit dutzende Angriffe auf die eigenen Kameraden vereitelt. Dies gilt auch für die Heldenvariante, den tödlichsten Scharfschützen, der aus sicherer Entfernung via Zielfernrohr abknallt. Kriegsheld bleibt Kriegsheld, selbst wenn er später publikumswirksam, und nicht nur mit einem Fähnchen an der Garage, auf seine handwerkliche Freude am dienstlichen Morden hinweist. Hauptsache, das Abschlachten geschah letztlich aus Vaterlandsliebe, die Patriotismus gewissermaßen sakrosankt macht. Sie deckt im befehligten Verteidigungsfall alle Grausamkeiten.

Bei Anwerbeveranstaltungen für die Armee wird den Interessenten gesagt: „Von den ersten acht Wochen des Grundwehrdienstes bis zum Tag, an dem sie mit unendlich (!) mehr Fähigkeiten und Selbstvertrauen als zu Anfang, aus dem Dienst ausscheiden, entwickeln sie in der Armee einen Charakter (!), der ihnen ein Leben lang treu bleibt. Die US-Armee bietet ihnen einen großartigen Start ins Leben, und einen Plan – ihren Plan – dafür, alles zu sein, was sie sein können. Treffen sie eine kluge Entscheidung". Die Frage ist, ob dies auch die Exzesse in islamischen Ländern beinhaltet.

Die Kinder in der Schule sprechen pflichtgemäß jeden Morgen den Treueschwur auf die US-Fahne. Das hindert sie aber nicht Leggings oder Badehosen, bedruckt wie ein Verschnitt der Flagge, anzuziehen und in sie hinein zu pupsen. Selbst Henry Ford II erschien einmal auf einer Jetset-Party auf Sardinien, mit einer amerikanischen Flagge, die auf seinen Hosenboden genäht war. Die Europäer waren schockiert, aber Henry hielt es bloß für einen gelungenen Scherz. Es gibt übrigens auch Fußmatten für die Türe, eingefärbt in den Farben der Flagge, um an dieser gedankenlos die Schuhe zu reinigen, Hundeleine und Taschenmesser mit der Flagge, Polstersessel bezogen mit der Flagge oder Bettwäsche, der Gedanke, daß der eine oder andere auf die Flagge pupsen könnte, scheint auch hier niemand zu stören. In jedem besseren Amtsraum, Klassenzimmer sowie in der Kirche findet man in einer Ecke die US-Flagge. Zu feierlichen Anlässen wird diese Fahne ausgeführt. Die Fahne steht dort als Symbol für die Verklärung der glorreichenVergangenheit.

Nachdem die neu angekommenen Immigranten über das erforderliche Aufstellen der Flagge nachbarschaftlich aufgeklärt waren, wurden die Neuankömmlinge ein paar Tage später in einem weiteren Gespräch von den Nachbarn gefragt, ob sie „guti" kennen würden, als sie es verneinten war das Erstaunen groß und fast wären die Einwanderer als Primitivlinge abgestempelt worden, hätte sich nicht geklärt, daß mit „guti" der deutsche Dichter Goethe gemeint war. Auf die Frage, ob man gerne „Brassering" essen würde, kam wiederum nach etlichem Rätselraten und Rückfragen heraus, daß es sich um Bratheringe handelte. Bei weiteren nachbarlichen Kontakten stellte sich heraus, daß die Nachbarn offensichtlich die Vorstellung hatten, in Deutschland würde man tagtäglich Bratwurst mit Sauerkraut oder Wiener Schnitzel essen und benannten freundlicherweise einen deutschstämmigen Metzger in der näheren Umgebung. Daß Wien keine deutsche Stadt ist, nahmen sie ohne Regung zur Kenntnis. Der Bratwurstgedanke kam möglicherweise aus der Vorstellung analog zu dem dort häufigem Verzehr von Hamburgern zustande. Viele denken in Deutschland ißt man neben Kraut auch ständig Pudding und bezeichnen deshalb Deutsche abfällig als Puddingfresser oder Krauts. Manche denken auch alle Deutschen tanzen Polka, und alle essen gerne Schweinshaxen und trinken dazu große Mengen Lagerbier aus Humpen. Einen bunten kitschigen Keramikbierhumpen mit Zinndeckel, dort Stein genannt, ist deshalb ein begehrtes und beliebtes Souvenir aus Deutschland, man findet ihn fast in jedem Haushalt.

Als man sich zu Mittag etwas zum Essen kochte, kam sofort eine kritische Bemerkung über diese seltsame deutsche Gewohnheit, in Amerika esse man üblicherweise mittags ein Sandwich als Lunch. Das Sandwich in der Familie lernte ich noch kennen. Es bestand aus zwei labbrigen Toastscheiben, mehrere Tage alten Salatblättern, belegt mit Resten aus dem Kühlschrank, viel Senf und wen wundert es, mit viel fetter und alter nahezu ranziger Mayonnaise aus einem riesigen Schraubglas, und dazu glasige geschmacklose Tomaten aus dem Kühlschrank. Da die Kühlschränke riesig sind, stopft man praktisch alles Eßbare, einschließlich der Tomaten, ob frisch oder Dose, in den Kühlschrank.

Die Neueinwanderer wurden von den Nachbarn auch sogleich auf den samstäglichen Kirchenbasar hingewiesen. In diesem Basar finden sich Mütter mit Kindern aller Altersgruppen ein, um Kinderbekleidung zu tauschen. Jede gibt, was in den vergangenen Monaten zu klein geworden ist, und nimmt sich, was in den nächsten Wochen vollgekleckert werden kann. Auf ein paar Flecken und Löcher mehr oder weniger kommt es dabei nicht an, Hauptsache kostenlos. Löchrige Kleidung stört auch viele Erwachsene überhaupt nicht, es ist ihnen völlig gleichgültig in löchrigen T-Shirts und Hosen herum zu laufen. Mittlerweile stört sich auch in Europa keiner mehr an löchrigen Hosen, nur steckt im Gegensatz zu den USA eine Modephilosophie dahinter.

Berichtet wurde von einem behinderten amerikanischen Mädchen, welches mit Hormonen behandelt wurde, um nicht mehr zu wachsen und nicht in die Pubertät zu kommen, damit es einfacher von den Eltern gepflegt werden kann. Dem neunjährigen stark hirngeschädigten Mädchen, wurde Brustgewebe und Gebärmutter entfernt, dann erhielt es Östrogen. Das Kind soll sich nun körperlich nicht mehr weiter entwickeln und in ewiger Kindheit stehenbleiben. Die Eltern streiten ab, daß es ihnen allein darum gegangen ist, sich das Leben zu erleichtern.

Die Frauen erzählten von der neuesten Schönheitskur, die Ausstrahlung und Frische für das Gesicht bringen soll. Angeblich soll die Kur fast so gängig sein wie neue künstliche Fingernägel. Aus echter menschlicher Plazenta wird eine Gesichtsmaske gemischt und aufgetragen. Im amerikanischen Bundesstaat Hawaii soll es sogar Gesichtsbehandlungen mit Nachtigallenkot geben. Nach der Meinung von Experten soll die Wirkung nur im Kopf der Kundinnen bestehen, ein reiner Placeboeffekt. Geht es noch bizarrer und ekliger? Ja, aber in anderer Sache: in einem Motel in Memphis, Tennessee, wurde, anderthalb Monate nach ihrem Verschwinden, eine junge Frau tot unter dem Bett entdeckt. Das Zimmer war in den sechs Wochen mehrmals neu vermietet. Die Leiche sei gefunden worden, nachdem es Beschwerden über den schlechten Geruch im Zimmer gegeben hätte. Das Zimmer wurde mehrmals vom Personal gereinigt und die Leiche nicht entdeckt, weil das Bett mit dem Boden abschloß.

Weltweit können die Amerikaner eigensinnig und unbeirrbar eines am besten, und das ist Geschäftemachen. Übertrumpft werden sie allenfalls noch von den Chinesen. Ein neuer Trend sind die genitalen Schönheitsoperationen in den USA. Frauen lassen sich die inneren Schamlippen verkleinern oder die äußeren aufspritzen, überschüssige Haut an der Klitoris abtragen oder Fett am Venushügel absaugen. Durch diese Lifestyle-Intimeingriffe soll sich der Lustgewinn und die sexuelle Erlebnisfähigkeit, weg von der Missionarsstellung, steigern lassen. Hervorgebracht hat es die Mode der Intimrasur, die weibliche Genitalien sichtbarer macht, manchen gibt es ein wenig Jungfrauengefühl. Bei den dazu passenden Herren gilt ganz harmlos: je niedriger die Hecke desto größer das Haus. Mit einem möglichst haarlosen Körper geht man auf Distanz zum Affen. Die Zähmung der Natur wird mit Kultur gleichgesetzt, haarige Beine bei Frauen und Männern sind deshalb verpönt und sehr selten. Die Befürworter sagen: „Wer seinen Körper nicht im Griff hat, wird auch sein Leben nicht unter Kontrolle bringen".

Eine der verrücktesten Operationen ist die „Cinderella-Operation". Dabei lassen sich modebewußte Frauen, die Probleme beim tragen von Stöckelschuhen – High Heels haben, sich die Zehen (!) kürzen und Pölsterchen unter den Fußballen operieren, um den Tag auf hohen Hacken besser zu überstehen. Für sie sind High Heels ein Symbol für Weiblichkeit und für starke Auftritte, die ihnen Beachtung schenken. Die OP ist der Preis für ihren heißen Look.

Brustimplantate sind ein Riesengeschäft. Ohne Angst vor Risiken werden, wie am laufenden Band, Brüste operativ vergrößert, um sie den eigenen Vorstellungen anzupassen. Brustimplantate sind schon so selbstverständlich in den USA, daß die jungen und meist blondierten Mädchen, auf ihren Wunsch, zum Schulabschluß von den Eltern eine Brustvergrößerung bekommen. Manche in ihren engen Oberteilen mit den prallen Titten und super kurzen Rökken sehen dann wie ein bißchen zu viel operiert aus, so viel Silikon tragen sie am Körper. Alle möchten die gleiche üppige Busenentfaltung haben. Vollblutnarren könnten meinen, der Sitz der Fortpflanzung müsse zweifellos in der Brustpartie liegen.

Die Eitlen unter den Herren der Schöpfung stehen dem in nichts nach. Sie begnügen sich aber meist damit ihre Brustumfänge, Bizeps und Oberschenkel mit Bodybuilding sorgfältig zu trainieren. Die Brustumfänge kommen dann denen der Damen ohne Silikoneinlage recht nahe und ihre T-Shirts platzen fast aus den Nähten. Meist steckt eine Art kollektiver Zwang dahinter, ein Mann muß so aussehen, um mit den anderen mithalten zu können und begehrt zu sein. Es wird erzählt, manche Boys würden beim Trainieren mit Testosteronprodukten aus China und anderen hormonellen Substanzen nachhelfen. Wenn bestimmte anabole Steroide nur schlecht, teuer oder gar nicht zu beschaffen sind, spritzen sie sich frei verkäufliche Substanzen aus der Tiermedizin, einige sind eigentlich für Pferde gedacht. Das Ergebnis eines solchen Trainings macht körperlichen Eindruck, wer zur Jeunesse dazugehören will, muß wie gesagt so aussehen. Alle körperlichen Vorzüge sollten betont sein. Ein gewisser Exhibitionismus ist nicht verpönt, im Gegenteil er bringt Bewunderung hervor. Der Körperkult, die Anbetung und Zurschaustellung des eigenen Körpers triumphiert erfolgreich bei einem nicht geringen Teil der Jugend. Geht ein Europäer mit durchschnittlicher Figur an den Strand, kann er mit den Muskelhaufen der schönen Herren, mancher davon mit geistigem Muskelkater, nicht mithalten. Es bliebe, wie für amerikanische Sofahocker, nur die Notlösung, sich vom Chirurgen das Fett absaugen zu lassen, mit Silikon die eindrucksvollen Sixpacks – Bauchmuskeln und die Glutäen – Pobacken und seinen Körper als Gesamtkunstwerk formen zu lassen, denn das gibt es mittlerweile in Amerika auch schon. Nicht alles was das Auge der Damenwelt erfreut, ist bei diesen jungen Herren echt.

In amerikanischen Frauenzeitschriften wird geworben, es ist möglich mit vierzig die Haut, den Busen oder die Schenkel einer Dreißigjährigen, zu haben. „Wir Ärzte arbeiten daran, der Natur Grenzen aufzuzeigen, weil wir mit ihr im Wettbewerb stehen."

Die Lieblingsfläche Körper wird behandelt, als wäre es ein Auto, das in die Werkstatt gebracht werden muß, um es zu reparieren, fit zu machen für den Sommer oder Winter. Eine Normabweichung ist in erster Linie ein Makel und nicht mehr etwas Charakteristisches. Im schrankenlosen Wettbewerb kann nur bestehen, wer sich kontinuierlich dem Gedanken der Optimierung unterwirft und stets neu sein Leben und seinen Körper überprüft.

Die Ärzte sagen nicht, daß sie damit hervorragend verdienen. Ganz nebenbei machen sie auch noch Reklame für den

Kaiserschnitt, deshalb stieg die Anzahl der Kaiserschnitte dramatisch an. In den USA ist es jede zweite Geburt, somit weit höher als in europäischen Ländern, dabei ist der Großteil gar nicht medizinisch begründet. Die Attraktivität des Kaiserschnittes liegt in der unterschiedlichen Lebensanschauung begründet. Die Angst, daß das Kind den Körper beschädigen könnte wächst. Der Werbeslogan der Menschheitsbeglücker lautet: „Save your love channel!" – Rette deinen Liebeskanal!

Bei einer Made-in-Amerika-Werbung wurde zu Reklamezwecken das Gesicht eines bekannten Industriemanagers abgebildet. Der Manager wurde später von Chirurgen angeschrieben, er würde seine Zähne beim Lachen nicht zeigen, dem wäre leicht abzuhelfen. Sie schlugen ihm einen sog. „ästhetischen Eingriff" vor, bei dem seine Lippen zurückgeschnitten und damit seine Zähne optisch nach vorne gerückt würden. Es ging natürlich nur darum, einen so hochdotierten Manager mit einer sinnlosen OP und einer überhöhten Rechnung abzuzocken. Der Angeschriebene war selbstbewußt genug um sich auf ein so absurdes Angebot nicht einzulassen.

Sportlicher Eiertanz

Immer Anfang Februar findet der amerikanische Tanz mit dem Lederei, genannt Super Bowl, statt. Es ist wie ein Volksfest, wenn Tausende in das Stadion der jeweils auserwählten großen Stadt strömen. 70 000 Zuschauer passen in das Sun-Life-Stadion in Miami. Wie überall in der Welt wird der Einlaß in das Stadion streng kontrolliert. Revolver und andere Waffen sind abzugeben, aber auch Regenschirme, für was auch immer deren Benutzung gedacht war, denn in Südflorida regnet es zu dieser Jahreszeit selten. Die meisten Fans des Footballspiels, man schätzt es sind 115 Millionen in Amerika und weitere in aller Welt, sehen es sich vor dem Fernseher an. Es ist die meistgesehene Fernsehsendung des Jahres in den USA. Ein großes Geschäft mit dem das große Geld verdient wird. Für den Fernsehriesen ESPN sind dies Milliarden US-Dollar, 30 Sekunden Werbung beim Super Bowl kosten 4,5 Millionen Dollar, knapp 4 Millionen Euro. Der Super Bowl ist das größte Sportereignis in den USA. Es gibt neben dem Stadion in Miami noch viel größere in den USA, sechs davon fassen pro Stadion mehr als 100 000 Zuschauer. Nicht ungefährlich, einmal ist bereits beim Aufbau der Tribünen in Miami, ein Teil der Tribünen zusammengebrochen. In den umliegenden Krankenhäusern wird anläßlich dieses Footballspiels extra Bettenkapazität freigehalten. Notfalls werden die bereits vorhandenen Kranken vorsorglich in andere Kliniken umquartiert. Sämtliche Hotels sind ausgebucht, kein Bett bleibt leer, denn über 100 000 Besucher treiben sich in der Stadt Miami herum. Selbst Promis haben es schwer sich Resttickets oder gar einen Mietwagen zu beschaffen. Für die Nichtpromis ist es mehr als schwierig und eher hoffnungslos als sinnlos. Der Schwarzmarkt für Eintrittskarten hat Hochkonjunktur. Kartenpreise im Straßenhandel für Karten, mit denen man das Spielfeld gut im Blick hat, liegen nicht selten bei 3000 US-Dollar. Amerikanische Footballfans behaupten, dieses Sportereignis gehört zum Größten, was eine spektakelsüchtige Gesellschaft der Welt zu bieten hat, und entsprechend groß ist seine Anziehungskraft auf die Amerikaner. Der Anreiz für die Besucher von Miami, die keine Eintrittskarte haben, liegt hauptsächlich in der Chance, einmal leibhaftig einem bestimmten Sportler, manche sind Sportstudenten, die wie Popstars gefeiert werden, nahe zu sein oder einem berühmten Hollywoodstar in Miami zu begegnen. Überall finden Partys mit den Schönen und den Reichen statt, Vorkoster, Häppchenhalter und Teppichroller finden reichlich Betätigung. In den Kneipen ist der Teufel los. An unzähligen Strandabschnitten werden in euphorischer und lebensfroher Stimmung Partys mit viel Alkohol und schönen Frauen gefeiert. Natürlich machen auch die auffallend herausgeputzten Damen einer bestimmten Berufsgruppe mit uralten Instinkten, langbeinig wie Gogo-Tänzerinnen, die nicht immer auf den ersten Blick ob ihrer Absicht und Tätigkeit „I do what I can, inch by inch“ zu erkennen sind, mit ihrer angesäuselten Kundschaft, feucht fröhlich glänzende Geschäfte. Einigen der Kunden im Jugendwahn und auf der Suche nach Energiequellen der Erotik und einer Lakengefährtin, ist es wichtig, in Begleitung eines attraktiven Girls, Zutritt zu den an allen Ecken und Enden laufenden Partys zu erhalten, auf denen bekannte Stars vermutet oder erwartet werden. Natürlich verlangen die Damen stets, jovial und lebensfroh, ihr Honorar und lassen sich freihalten. Sie gehen auf jeden zu, der sich lohnen könnte und lassen sich fleißig auf sogenannte Ladydrinks einladen, an denen sie 20 bis 30 Prozent verdienen. Keiner würde sich den Spaß am tollsten Sonntag im Jahr verderben lassen. Die Kreditkarten liegen locker in der Hand. In den Kneipen mit Stripperinnen und Tabledance herrscht Überfüllung, was die Stimmung und den Reiz noch steigert. Die Damen im goldenen Gogo-Look, Pünktchen Bikini oder auch nur im weißen Rüschendings sammeln fleißig Dollars ein, sie tun dies mit ihren Brüsten und allem was sich zum hineinstekken eignet. Werden die Herren außerhalb dieser Szenerie nach ihrer Meinung gefragt, halten die Doppelmoralisten diese Mädchen, die halbnackt auf der Bühne tanzen, mit voller Überzeugung für verdorben. Der Gedanke, an der Verderbtheit teilgenommen zu haben, wer ihnen zusah, Beifall klatschte und sie bezahlte, kommt ihnen nicht. Und dann sind da noch die Cheerleader-Girls, manche geben sich zufrieden mit einem dieser Cheerleader-Girls, mit denen man flirtet, meist blond, zuckersüß, ein vulgärer amerikanischer Stereotyp.

Später im Stadion: So viel White Trash wie hier hat man noch nicht gesehen. Fette Menschen, riesige Mengen an Fast Food, XXL-Getränke, Buffets mit geradezu obszönen Bergen von Essen. Das Blinken und Blitzen der Football-Monturen wenn gepanzerte Körper aufeinander krachen, Cheerleader in Bikinis aus Sternenbanner, all das springt förmlich ins Auge. Nur eines gibt es nicht: Schlägereien im

Stadion, Crazy shit man!, so etwas wie Hooligans gibt es bei uns nicht sagte mir einer.

Die größte Zahl der Stadttouristen sind beim Superbowl jedoch nichts als Statisten in einem großen Happening der Stadt. Miami ist an diesem Sonntag im Februar im Ausnahmezustand.

Auf der Terrasse eines Lokals ein Tisch voller Europäer. Die Sonne scheint. „Wasser?" fragt wieder einmal der Kellner, damit ist ein Becher voller Leitungswasser gemeint. Eine nette Sitte bei denen; die Kunden löschen erst mal ihren Durst bevor sie darüber nachdenken, was sie bestellen wollen. „Yes, ohne Eis bitte!", sagen die Europäer. Man sollte wissen, wenn Europäer nicht gerade einen Caipi trinken, verachten sie Eis im Getränk. Der amerikanische Kellner weiß dies natürlich nicht. Die europäischen Touristen meinen von eiskaltem Wasser bekommen sie eine Erkältung, außerdem finden sie die Chlorwasserwürfel übelschmeckend und halten es für eine amerikanische Unsitte. „Ja, Eis", sagt der Kellner ."No", sagen zugleich mehrere Europäer – „without". Der Kellner nickt. Sein Blick spricht Bände; seid ihr womöglich crazy – nicht richtig im Kopf. No ice-without! Bald darauf bringt eine Helferin etliche zerkratzte Plastikbecher, bis oben voll mit Eis, der Rest im Becher scheint Wasser zu sein. Die Europäer saugen resigniert an ihren dicken Plastikhalmen. Immerhin schmilzt Eis ja recht schnell in der Sonne.

Die Ausbildung zum Spitzensportler im American-Football erfolgt in den USA an den Universitäten. Einige der Universitäten haben aus ihren Hochschul-Mannschaften beachtliche Sportler hervorgebracht, die bei Olympischen Spielen erfolgreich dabei waren. Die Sportausbildung wird mit großem finanziellen Engagement an den Unis betrieben. Es gibt „Student-Athletes", die als Gegenleistung verpflichtet sind für ihr Stipendium gute Noten zu schreiben. Selbstverständlich wird zusätzlich ein guter Abschluß von den geförderten Studenten erwartet. Hochleistungssport und Hochschulausbildung gehen Hand in Hand. Beispielsweise sind an der staatlichen Universität Virginia 400 Studenten Teil der Sportmannschaft, davon haben 150 ein Sportstipendium, das kostet die Uni im Jahr acht Millionen Dollar. Das Geld kommt aus den Ticket-Einnahmen in den Stadien, sowie aus der Vergabe von Fernsehrechten, denn Hochschulsport ist wegen seiner hochklassigen Leistungen extrem populär. Insgesamt werden mit den sportlichen Leistungen im College-Sport Milliarden verdient.

Petri Heil und anderes Glück

Anstelle der Hostessen in Miami und zu einer anderen Jahreszeit haben die Berufsangler in den USA ganz andere Fische am Haken. Ein ganzes Wochenende beschäftigt sich das sportliche Amerika mit den Berufsanglern und deren exorbitant hohen Preisgeldern für das professionelle Barschangeln. In der Regel treten 50 professionelle Barsch-Angler gegeneinander an. Es ist das Ereignis, welches zur besten Sendezeit auf den Sportkanälen der TV-Sender unübersehbar ist, mit großen und engagierten Kommentaren der Sportreporter. Die Angler in Sportbekleidung, ähnlich der eines Rennwagenfahrers, ziehen Fisch um Fisch aus dem Fluß, posieren und zeigen diesen kurz her. Dies geht so für Stunden weiter, unterbrochen nur, wie im amerikanischen TV üblich, durch zahlreiche Werbespots, anschließender Fachsimpelei der Kommentatoren mit den Experten, welcher der Angler die besten Köder hat. Schließlich werden die massenhaft in Säcken verstauten Fische zu einer vorher festgelegten Uhrzeit an der Waage abgeliefert. Wer im vorgegebenen Zeitrahmen die meisten Barsche geangelt hat, erhält fernsehwirksam unter silbrigem Konfettiregen und dem frenetischen Beifall der Zuschauer einen gigantischen Pokal und die Siegesprämie von 500 000 Dollar. Die Fische darf der Angler behalten, es handelt sich immerhin um bis zu 50 Kilo. In der Anglerdisziplin besteht sogar die

Möglichkeit Millionär zu werden. Beim Forrest Wood Cup im August gibt es bis zu einer Million Preisgeld für den Sieger. Vielleicht kommt daher die Begeisterung, denn wer möchte nicht gerne an einem einzigen Wochenende mit so viel Geld nach Hause gehen, in Amerika oder anderswo.

Die Tage des extremen Fischreichtums sind gezählt. Der Grund ist, unwissend über die Folgen kamen die asiatischen Einwanderer in den USA auf die Idee, den von ihnen so begehrten asiatischen Schlangenfisch illegal auszusetzen. Sie waren es leid, den Fisch als Importware, verbunden mit entsprechenden Kosten, in die USA befördern zu lassen. Die Asiaten kamen auf die Idee Jungfische zunächst in Tümpeln auf Golfplätzen und anderen geeigneten Orten, bevorzugt in Florida einzusetzen. Dieser Fisch, von dem es verschiedene Varianten gibt, ist extrem aggressiv, viel aggressiver noch als der bekannte Piranha aus dem Amazonas. Der Schlangenfisch ist ein Allesfresser, fällt über alles her was sich im Wasser bewegt. Selbst Menschen werden angegriffen, wenn sie in seine Nähe kommen. Er reißt dem Menschen Fleischstücke aus dem Leib, wie jeglicher Fischart. Die Aggressivität geht weit über seine Freßlust hinaus, denn aus seinem Jagdtrieb heraus verbeißt er sich in alles was sich im Wasser bewegt. Er frißt als Kannibale selbst seine eigene Brut. Trotzdem vermehrt sich der Fisch in Gewässern mit vielen Wasserpflanzen besonders rasant. Die Asiaten meinen er schmecke sehr gut und es wäre wichtig ihn nach Erkrankungen zu verspeisen, denn er würde den Heilungsprozess fördern.

Es wird nun nur eine Frage der Zeit sein, bis er in sämtlichen fischreichen Gewässern auftaucht und somit den Fischreichtum an Barsch beendet und damit der Wettfischerei und der Jagd nach dem großen Geld ein Ende setzt.

Weitaus weniger Gewinn kann man bei den zahlreichen kleinen Wettbewerben erzielen. Es sind Wettessen, bei denen es darum geht, wer die meisten Hamburger, Hot Dogs oder Hühnerflügel vertilgen kann. Bei einem dieser Wettessen hat eine emigrierte Koreanerin in zwölf Minuten 183 Hühnerflügel verschlungen und damit ihren eigenen Rekord gebrochen. Das Preisgeld dafür betrug 1500 Dollar.

Albtraum oder Traumland USA? Der Einwanderer Arnold Schwarzenegger sagte das Geheimnis seines Erfolges sei: „Nummer eins, komm nach Amerika. Nummer zwei, reiß dir den Hintern auf. Nummer drei (er sieht sich als dominierende Schönheit), heirate eine Kennedy.“

Wenn man die amerikanische Lebensart zur Probe kennengelernt hat, ist dies ein anderes Lebensgefühl als vergleichsweise ein längerer Aufenthalt in einem europäischen Land mit fremder Sprache. Die USA zeigen eine ganz andere Lebensart als wir sie in Europa kennen, man findet abschreckende sowie auch faszinierende Gegensätze. Es gibt im Alltag viel Menschenfreundlichkeit, echte und allgegenwärtig die vorgespielte, aber auch spezielle Formen von Überheblichkeit. In manchen Bundesstaaten begegnete mir gehäuft moralische Besserwisserei, in manchen Großstädten außergewöhnliche Toleranz. Begegnet sind mir auch Menschen mit überraschender großzügiger Offenheit und Geschwätzigkeit ohne Ende. Hinter überschäumender zu Herzen gehender Freundlichkeit, steckt oft nichts anderes als anerzogene und eingeübte Höflichkeit, sie findet sich in der Konversation wieder und kann bei Europäern zu Mißverständnissen führen: „Come and see us some time!“ ist in der Regel nicht als ernsthafte Einladung gedacht, sondern nur eine höfliche Floskel zum Abschied.

Ich würde nicht für die Immigration plädieren, aber für Reisen ist dieses riesige Land, mit seinen grandiosen Nationalparks, beeindruckenden Landschaften und Großstädten, für alle die neugierig und geistig wach sind, eine Reise wert.

Nachwort zu dieser Neuauflage

Die wüstesten Beschimpfungen hatte ich erwartet, Mails wie mit Schaum vor dem Mund. Aber ich bin kein US-Amerikaner und somit nicht zum amerikanischen Patriotismus verpflichtet und möchte auch den Lesern ihren amerikanischen Traum nicht nehmen. Sie sollen aber diese oft wenig bekannten Facetten ihres „Traumes" kennen, bevor sie wie ich es in Fernsehsendungen gesehen habe, in völliger Unkenntnis der Realitäten, Deutschland Hals über Kopf verlassen, um wie sie meinen, Enge, Traditionsmief und Regulierungswut vermeintlich hinter sich zu lassen. Am Ende sind sie enttäuscht, wenn sie in klassischer Verklärung meinten in den USA gäbe es dies alles nicht und es wäre alles besser. Alle europäischen Nationen haben ihre guten und ihre schlechten Eigenschaften nach Amerika mitgebracht und in das amerikanische Wesen eingepflanzt. Besonders „Karrieren" sind auch dort tausenderlei Zufällen, Verzweigungsmöglichkeiten und fragilen Abknickrisiken ausgesetzt. Einst wurde nicht nach Papieren, Bescheinigungen, Zeugnissen und Beglaubigungen gefragt. Die Leute wurden nach ihrer Leistung und nach ihrer Fähigkeit beurteilt. Dies ist mit wenigen Ausnahmen, meist in der Politik, schon längst vorbei. Von Schulweisheiten wollte früher keiner etwas wissen. Man fragte nur danach, ob ein junger Mensch sich praktisch bewährte. Jeder wedelt jetzt mit seinen Schulzeugnissen, Collegegraden und Universitätsbescheinigungen. Ohne Papier und Bescheinigungen ist bei einer Bewerbung auch dort keiner mehr was. Mir wurde bei einer Bewerbung sogar gesagt, man könne mich nicht einstellen, weil zu belegen wäre, daß für diesen Job kein Amerikaner zu finden sei.

Gerne zeichnen Amerikaner im Ausland ein sonniges erstrebenswertes Amerika. Doch in diesem sonnigen Land gibt es auch das andere, das kalte, schattige Amerika, in dem die Menschen von Zukunftsängsten heimgesucht werden, in Scharen die Hilfe von Therapeuten erbitten, Psychopharmaka einwerfen und nicht selten den Freitod wählen.

Statt Beschimpfung erhielt ich Mails, die mir zeigten, daß hier bei vielen eine echte Lücke existiert. Die Menschen möchten jemanden, der ihnen die Wahrheit sagt. Amerika ist nicht schlecht, sondern großartig wenn man den rechten Weg findet. Wer es fertigbringt in der dortigen Alltagswirklichkeit, die wie beschrieben von unserer abweicht, dieses wundersame Anderssein in vielen Dingen, von der banalen Alltäglichkeit bis zur Weltanschauung, nicht lächerlich oder gar ärgerlich zu erleben, wird nicht fremd bleiben. Jene werden sich ihren Traum erfüllen können, es wird gut gehen aber genaugenommen hätten sie es auch in Deutschland gepackt. Die USA sind eben nur eine der Optionen. In ihrer Heimat hätten sie unter Anpassung an die geografischen Möglichkeiten, und an die finanziellen sowieso, ein ebenso erfolgreiches und zufriedenes Leben führen können.

ANHANG

Rezept für New York Cheesecake

Zutaten für eine Backform mit 26 cm
Zubereitungszeit : ca. 30 Minuten
Backzeit: ca. 50 Minuten
Kühlzeit: mindest 5 Stunden

Für den Teig: 90 g. Butter (plus etwas Butter für die Form)
150 g. Butterkekse z.Bsp. von Leibnitz
Fülle: 850 g. Frischkäse (Doppelrahmstufe) bevorzugt von
Philadelphia
220 g. Zucker
50 g. Mehl oder 1 gehäufter Eßlöffel Mondamin
1 Prise Salz
3 Eier
1 Eigelb
Fein abgeriebene Schale von einer unbehandelten Zitrone
200 g. saure Sahne

Zubereitung: Die Butter schmelzen. Die Kekse in einen
Gefrierbeutel geben und mit dem Wellholz zerbröseln.
Keksbrösel mit der Butter vermischen.

Backofen auf 180 Grad vorheizen. Evtl. Backform mit
Backpapier belegen. Auf den Boden der Backform die
Brösel-Buttermasse gleichmäßig verteilen und festdrük-
ken. 10 Minuten backen. Form wieder herausnehmen und
abkühlen lassen.

Die Ofentemperatur auf 240 Grad erhöhen. Erster Teil
der Fülle; den Frischkäse und Zucker, mit der Küchenma-

schine oder dem Rührer 4 Minuten cremig schlagen. Dann die übrigen Füllezutaten, zuletzt das Mehl, nach und nach zugeben.

Die Seiten der Backform fetten und Fülle einfüllen. Bei den 240 Grad nur 10 Minuten backen, dann auf 110 Grad weitere 30 Minuten.

Zum Schluß den Kuchen bei leicht offener Backofentüre noch 2 Stunden im Ofen lassen.

Mit Folie abgedeckt am besten über Nacht in den Kühlschrank stellen.

Freuen Sie sich auf den New York Cheesecake ! Amerika läßt grüßen!